黄山学院学术著作出版基金

U0459522

◎安徽省人文社科一般项目（SKHS2020B06）：全域旅游背景卜皖南旅游文化创意人才
开发与管理模式研究

◎安徽省教育厅教学研究项目（2020jyxm1760）：基于多元智能的实践教学体系构建
研究——以黄山学院人力资源管理专业为例

◎省级质量工程项目（2022jyxm1486）基于 DDCC 理论的线上线下混动式教学模式创
新研究——以人力资源管理专业为例

◎黄山学院教学研究项目（2020JXYJ33）：新文科背景下基于 OBE 理念的系统性人才
培养体系构建研究——以人力资源管理为例

企业员工情绪劳动管理研究

汪颖达　金一星　著

吉林大学出版社

·长春·

图书在版编目（CIP）数据

企业员工情绪劳动管理研究 / 汪颖达，金一星著. --
长春：吉林大学出版社，2023.6
ISBN 978-7-5768-1841-3

Ⅰ. ①企… Ⅱ. ①汪… ②金… Ⅲ. ①组织管理学－
研究 Ⅳ. ① C936

中国国家版本馆 CIP 数据核字 (2023) 第 121678 号

书　　名：企业员工情绪劳动管理研究
　　　　　QIYE YUANGONG QINGXU LAODONG GUANLI YANJIU

作　　者：汪颖达　金一星
策划编辑：邵宇彤
责任编辑：冀　洋
责任校对：李适存
装帧设计：优盛文化
出版发行：吉林大学出版社
社　　址：长春市人民大街4059号
邮政编码：130021
发行电话：0431-89580028/29/21
网　　址：http://www.jlup.com.cn
电子邮箱：jldxcbs@sina.com
印　　刷：三河市华晨印务有限公司
成品尺寸：170mm×240mm　　16开
印　　张：15.25
字　　数：270千字
版　　次：2023年6月第1版
印　　次：2023年6月第1次
书　　号：ISBN 978-7-5768-1841-3
定　　价：88.00元

序

　　很高兴汪颖达老师和金一星老师的《企业员工情绪劳动管理研究》即将在吉林大学出版社出版，在此向他们表示祝贺，并感谢吉林大学出版社对此部著作出版的支持。之前收到汪颖达老师和金一星老师的邀请，请我为他们的专著作序。我欣然答应，这不仅仅是因为他们是我们研究团队的成员，更重要的是，这本书的研究对酒店以及旅游企业都有一定的实践价值。

　　酒店和旅游业非常注重客户服务，因而管理者非常关注员工能否遵守组织要求的情绪规则，进行情绪劳动，进而践行以服务为导向的文化。随着组织对客户和员工之间的互动日益关注，以及对尝试管理和引导员工情绪表现的研究兴趣日益浓厚，自 20 世纪 90 年代初以来，研究情绪劳动影响的文献引起了人们的兴趣。2000 年，Grandey 在 *Emotion regulation in the workplace: a new way to conceptualize emotional labor* 中指出，员工要采用表层扮演、深层扮演两种情绪劳动策略，以满足组织或职业对情绪表现的要求。表层扮演是指员工隐藏或伪装情绪表现，以表现出符合组织要求的情绪；深层扮演是指员工努力体验应该表达的情绪。这两种策略同样提供了"微笑"服务，最终导致的结果却不同。表层扮演由于需要隐藏自身情绪，导致员工情绪表里不一，即外表展示出微笑，但内心并无此情绪，这种微笑是假装出来的，员工如果长时间处于这种状态，必将导致不良后果。而这种不良后果将作用于个体和组织。采用深层扮演策略的员工则体现为外在表现情绪与内心情绪一致，因此，员工如果采用深层扮演策略，将对个人及组织产生有益的结果。因此，激励员工进行深层扮演并限制其表层扮演是组织的重要任务。

　　基于上述原因，学者对情绪劳动前因变量开展了一系列研究。总的来说，情绪劳动前因变量可以分为三个层面。第一个层面为个体前因变量，如性别、情绪智力、人格特质等。例如，Kim et al. 考察了酒店员工的情绪智力和情绪劳动关系，发现情绪智力对情绪劳动有显著影响。[①]Lee 和 Ok 将情绪智力概

---

①KIM T, JUNG-EUN YOO J, LEE G, et al. Emotional intelligence and emotional labor acting strategies among frontline hotel employees[J]. International journal of contemporary hospitality management, 2012, 24(7): 1029-1046.

念化为一种个人资源，认为其可以促进服务接触中的情绪劳动。①Gursoy et al. 使用 COR 理论（资源保存理论），将人格作为影响因素，发现神经质型人格影响了土耳其酒店管理专业学生的情绪劳动，而外向型人格对情绪劳动并没有产生影响。②第二个层面为组织因素变量，如工作自主性、组织支持、组织文化、客户行为等。以组织支持为例，组织支持是一种工作环境，它不仅会影响员工的情感状态（如焦虑、愤怒或开心），还会影响员工对情绪劳动策略的使用（深层扮演或表层扮演）。第三个层面为情景因素，如交往期望（频率、持久性等）、情绪事件（积极的或消极的）等情境因素对员工情绪劳动的影响。例如，员工服务的顾客数量越多，其所要付出的情绪劳动也越多，进而情绪负担也越大。如果员工的工作时间和私人时间没有清晰界定，当其私人时间不断被挤压，他们便很少或没有时间卸下情绪面具，释放情绪压力。工作持续时间的延长也会增加其情绪劳动负担。

领导力对情绪劳动的影响属于组织层面的前影响因素。目前关于领导力与情绪劳动关系的研究包括包容型领导、仆人式领导、伦理型领导、变革型领导、交易型领导和自由放任型领导。有学者用情绪感染理论解释了变革型领导、交易型领导影响员工情绪劳动策略的选择。还有学者用资源保存理论解释了伦理型领导如何影响员工情绪劳动策略的选择。最后，国内学者用社会学习理论解释了包容型领导对员工情绪劳动策略选择产生的影响。根据这些研究的具体内容，我们发现各种领导力都是通过满足员工的一定需求来实现对员工情绪劳动策略产生影响。

根据上述领导力对情绪劳动的影响研究，我们发现领导力对员工情绪劳动策略的影响是通过满足员工需求来实现的。只有满足员工的需求，管理者才能表现出超出预期的能力和水平，才能让员工更加认同直接领导。当员工对领导者的认同感提高时，员工将能够更好地完成目标和维护组织的利益，并愿意遵守组织制定的规则（情绪劳动）。精神型领导的各种特征都符合这一要求。精神型领导不同于其他类型的领导（往往忽略追随者的精神价值需求），对消除酒店员工工作中的排斥感具有重要意义。精神型领导能创造一种以自我主动、积极情绪、自愿帮助他人、参与决策和关心他人为特征的工作氛围，从而帮助

①LEE J H, OK C. Reducing burnout and enhancing job satisfaction: Critical role of hotel employees'emotional intelligence and emotional labor[J]. International journal of hospitality management, 2012, 31(4): 1101-1112.

②GURSOY D, BOYLU Y, AVCI U. Identifying the complex relationships among emotional labor and its correlates[J]. International journal of hospitality management, 2011, 30(4): 783-794.

酒店企业提高员工安全绩效。精神型领导保留了组织的一些重要属性，如自我实现和生活的意义，它们可以为工作场所的人们带来健康。精神型领导可以通过精神价值观的应用对员工的幸福感产生重要影响，从而减少他们在工作中的疏离感。因此，精神型领导对员工精神需求的关注是其他类型的领导所不具备的。忽视酒店环境中员工的精神需求会减少员工的好客行为，进而导致酒店服务品质下滑。也就是说，忽视员工的精神需求会导致敷衍行为（表层扮演）。精神型领导关心追随者的精神需求，有助于实现酒店的商业价值和体现酒店精神实质，从而增加员工的积极行为。精神型领导通过描绘公司美好未来、关心支持员工的生活和工作来满足员工的需求。需求得到满足的员工更愿意采取深层扮演策略。此外，在研究领导力对员工情绪劳动的影响的过程中，我们发现，工作场所精神性可以通过将个人经历的情绪与组织的预期保持一致来增加参与深层扮演的需要并减少参与表层扮演的需要。这也印证了精神型领导风格对情绪劳动可能会产生的影响。

该书从三个层面对研究内容进行了深入的研究：一是在理论研究层面，对酒店员工情绪劳动策略选择的前因变量做了详细的理论描述，对个体因素、组织因素、情景因素进行了深入挖掘，对可能影响酒店员工情绪劳动的影响因素之间的关系进行了梳理，尤其是对精神型领导、工作旺盛相似概念进行了界定。二是在实证研究层面，作者与酒店行业管理者进行访谈，验证了精神型领导对员工情绪劳动选择产生影响的机制。作者通过问卷调查分析了精神型领导以及工作旺盛感等自变量对情绪劳动的影响，对精神型领导对工作旺盛感和员工情绪劳动的作用进行了实证分析。三是立足对策层面，对酒店管理者如何管理员工情绪劳动提出了有效的管理方案。

《企业员工情绪劳动管理研究》是两位作者多年来在精神型领导与情绪劳动研究领域研究的结晶。两位作者分别在精神型领导领域和情绪劳动研究领域有所建树，该研究也是两位作者通力合作的结果。此外，课题组成员走访了大量的酒店，采集数据、分析数据，也为本研究做出了较大的贡献。

在书稿最后的修订阶段，课题组提供了大量的建议。该书部分观点值得进一步商榷，样本的采集区域也需要进一步扩大，这也是课题组今后需要努力的方向。从整体而言，该书是一本具有较高价值的作品。我对这部专著能及时出版表示由衷的期许。

程　棪

2022 年 7 月 19 日于黄山学院

　　"服务"是酒店业最重要的因素之一，它要求酒店员工为顾客服务时不要表现出负面情绪。因此，酒店管理者经常要求员工管理好自己的情绪，在为顾客服务中始终保持积极的情绪状态。通过管理员工的情绪劳动来更好地完成工作任务一直是酒店研究的重要课题。服务互动中的积极情感表现（如微笑和传达友善）与重要的顾客绩效（如回访意愿、向他人推荐的意愿以及对整体服务质量的感知）呈正相关。然而，服务提供者并不总是积极。他们从事表演是为了产生情感表现。这种表演有两种形式：表层扮演，即"绘画"情感展示或伪装；深层扮演，即修改内心感受以匹配表达。研究进一步表明，表层扮演与工作倦怠和抑郁有关，并可能导致观察者的负面反应。

　　具体来说，表层扮演是指假装情绪或表现出不为人知的情绪（例如，服务员外显微笑，但在面对不讲道理的顾客时内心会泛起波澜）。深层扮演意味着根据工作的需要改变内心的情绪，以求达到内外合一的情绪表达（例如，服务员同情顾客并且他的愤怒消失了）。当员工对工作环境做出负面评价时，他们通常会产生愤怒、沮丧等负面情绪。但是，员工无法将自己的挫败感发泄到顾客身上，只能采取表层扮演的形式。每个酒店必须认清一点：一线员工经常与顾客进行密集的互动，他们的表现决定了酒店的服务质量。

　　表层扮演会给个人和企业带来诸多负面影响。从个人层面看，表层扮演行为会造成自我疏离感、压力、工作倦怠、情绪失调和离职意向等负面因素的产生。员工越多地投入表层扮演中，就会越多地经历情绪的耗竭。而在消极的服务环境中，当管理者的情绪耗竭较为严重时，下属的情绪耗竭对积极情绪呈现的负面影响越明显。表层扮演抑制了个人表达，令员工感到不快。表层扮演行为对员工的情绪耗竭及离职倾向有直接影响，对实际的离职行为有间接影响。从企业层面看，表层扮演会造成顾客满意度下降、顾客忠诚度下降和负面口碑等。员工的情绪劳动策略不同，顾客对服务的评价也不同。服务传递结果包括顾客导向感知和服务质量感知。顾客对员工情绪劳动策略判断的准确性对情绪劳动和顾客服务结果的关系有调节作用，对服务的不同类型无显著调节作用。在顾客对员工策略判断的准确性方面，若顾客感知到员工运用的是表层扮演，则这种情绪劳动策略就会对顾客产生负面影响。即表层扮演一旦被顾客识别，顾客会认为员工是虚伪地表达情感，微笑服务就变成了假笑服务。这会对顾客产生一种负面影响，进而影响到酒店的口碑。

相反，深层扮演可以对酒店以及个人产生好的影响。深层扮演对组织绩效质量和员工热情有积极影响。员工的深层扮演有助于营造良好的互动氛围，酒店通过这种情绪传染效应可以提高顾客对服务质量的评价、提高员工绩效以及促进团队合作。酒店应通过具体的管理策略，如控制工作休息时间、短期工作轮换等，管理控制负面结果的出现。在模拟服务接触场景中，员工情绪的真实性对顾客情绪有显著影响。"情感传递"理论认为，顾客在服务传递中感知到的热情和友好会加深其对酒店服务的积极感受。情感传递效果是情绪劳动策略的影响结果之一，深层扮演对其有积极影响，表层扮演则有负面影响。

因此，在这项研究中，本书力图解决的问题聚焦于"鉴于表面/深层扮演的不可避免性，酒店的服务型组织该做些什么来确保表面/深层策略产生预期的性能？"这也是本书的关键性研究动机。在此基础上，本书对情绪劳动的前因变量的相关研究做了系统的梳理，总结了三个层面的前因变量，即个体自身因素、组织层面因素、情景层面因素，并将这三个层面的因素进行了细致的分析，对以往学者提出的解决方案在酒店内实现的可行性进行了分析，同时根据酒店的实际情况，从组织层面提出了新的方案：从精神型领导的角度来解决酒店对员工情绪劳动管理的问题。

精神型领导实际上是工作场所研究"精神"领域的一个子领域。精神型领导理论侧重工作的精神方面。它假定领导力、精神性和个人意义之间存在联系。它非常重视追随者的价值感在实现领导效能中所起的重要作用。精神型领导主张通过满足追随者对精神存在的基本需求，获得有利于个人、团体（或团队）、组织和社会的结果。该领域最近的研究趋势表明，来自不同文化背景的研究人员逐渐同意 Fry 的观点，即精神型领导是指内在地激励自己和他人，使他们能够基于召唤和成员资格而产生精神存在感。[①]

精神型领导对员工精神需求的关注是其他领导类型不具备的。通过文献的梳理，笔者发现精神型领导可以消除酒店员工工作中的排斥感和疏离感，进而创造一种以自我主动、积极情绪、自愿帮助他人、参与决策和关心他人为特征的工作氛围，激励员工的自我实现，为工作场所的人们带来健康和积极的生活意义，提升酒店员工的幸福感。研究发现，其他类型的领导往往忽略追随者的

①FRY L W. Toward a theory of spiritual leadership[J]. Leadership quarterly, 2003, 14(6): 693-727.

精神价值需求，而在酒店中忽视员工的精神需求会导致酒店的衰落，从而减少员工的好客行为。这正是其他类型的领导在解决情绪劳动管理问题时欠缺的方面，这也是本书的一个重要创新点。

在研究精神型领导是如何对员工情绪劳动策略选择产生影响的过程中，笔者们还发现了一个现象，即精神型领导提升了员工的工作旺盛感。通过实证分析，笔者发现工作旺盛感高的员工选择深层扮演的程度更高，选择表层扮演的程度比较低。因此，工作旺盛作为精神型领导与员工情绪劳动之间的中介变量，也是本书的一个创新点。

此外，本书内容新颖，主要围绕企业员工情绪化劳动管理展开研究，为酒店管理提供了新的研究视角。在本书的写作过程中，研究团队整理了大量的经典文献和最新的研究资料。在此，笔者对研究团队的成员以及本领域先前的研究者表示深深的感谢。

本书主要由汪颖达（黄山学院旅游学院）、金一星（黄山学院旅游学院）共同编撰。汪颖达列出全书大纲，确定全书的结构和框架，撰写了 12.5 万字。金一星撰写了 12.4 万字，并协助文字校对等工作。本书由黄山学院学术著作出版基金资助。

由于笔者研究水平有限，书中难免存在不足之处，敬请各位读者批评指正。

汪颖达、金一星

2022 年 7 月 19 日

目　录

的精神需求，这将减少员工的好客行为，导致酒店本质（为客人提供服务，从而获得经济收益）水平的下降。换句话说，忽视员工的精神需求会导致敷衍的行为（表层扮演）。精神型领导关心追随者的精神需求，这有助于实现酒店的业务和精神实质，从而增加员工的积极行为。精神型领导通过描绘公司光明的未来，关怀和支持员工的生活和工作，满足员工的需求，从而促使员工进行深层扮演。因此，笔者合理地认为精神型领导对员工的情绪劳动策略选择有影响。工作旺盛被定义为一种个人在工作中同时经历活力和学习的精神状态。活力反映了员工在当前工作中可以表现出的热情状态，学习则意味着员工可以提高他们应对未来工作挑战的能力。只有当员工同时具备活力和学习这两种条件时，他们才能在工作中进入旺盛的状态。因此，工作中的旺盛是员工积极发展的标志，这也是一个组织提高绩效的重要基础。研究表明，员工在工作中的旺盛与其对组织的忠诚度高度相关。当员工对公司忠诚和热爱时，他们对公司的态度和行为就会按照公司的规范来表达。根据认知失调理论，[①] 当员工自身的内在情绪感受与工作要求的表现规则不一致时，员工就会通过思考、记忆等方式进行心理调整，使其真实的情绪与工作需要表现的情绪保持一致。因此，有高度旺盛感的员工更有可能采取深层扮演行为，减少表层扮演行为。

强调尊重和支持员工的领导行为可以激发员工的潜力。精神型领导除能满足追随者的精神存在的需求外，还能进一步提高他们的内在激励水平，使他们产生更高的组织承诺和生产力。具体来说，精神型领导会根据成员身份，挖掘追随者精神生存的基本需求，并在个人、授权团队和组织层面实现愿景和价值的一致，从而获得更高层次的组织承诺和生产力。精神型领导一方面可以让员工在工作中感受到关心和认可，增强归属感，从而产生通过提高自己的能力来回报组织的意愿；另一方面，精神型领导对员工的信任增加了个人的自主感，从而激发了个人内部的一种活力感。两者（学习和活力）的结合增强了员工在工作中的旺盛感。前面提到在工作中有高度旺盛感的员工更有可能采取深层扮演行为，减少表层扮演行为。因此，本研究预测，工作旺盛在精神型领导和员工的情绪劳动之间起着中介作用。

---

① 范雯. 国有企业管理人员组织承诺对情绪劳动的影响研究：基于 BP 神经网络模型 [J]. 甘肃社会科学，2022(1): 227−236.

第一节　研究意义

一、理论意义

随着社会的进步、人们需求的增长，企业在管理中遇到越来越多的问题。过去，旅游企业往往依赖物质激励，甚至使用惩罚策略对员工进行管理。这种管理模式已经远远不能满足当前的需求。企业管理面临着各种多元化的问题，如性别、年龄、文化多元化，这些问题给企业管理带来了复杂的影响。比如，90后、00后的成长环境不同，导致其价值观念也不同，他们对精神方面的需求往往比70后、80后更高，这给企业管理带来了新的挑战。近年来，管理者若不能从根本上满足这些员工日益增长的精神需求，甚至在忽视员工职场精神性的同时，频繁引发与员工间的需求冲突，将导致员工自愿离职的不良后果。

马斯洛提出的"需求层次理论"认为，人类最高层次的需求是自我实现的需求，将实现自我的价值、自主性等作为最终的目标。从这个角度来说，人的自主性仍然是值得倡导的。麦格雷戈提出了X、Y理论，其核心正如荀子提出的人性本善和人性本恶的假设。X理论认为，人性本恶，人追求的只有物质；Y理论认为，人性本善，只要为员工提供适当的舞台，员工将发挥自身的自主性，为实现自身价值而主动进行创造性的工作。大内则提出了Z理论，该理论认为人们会主动追求自我超越，这是人们在精神方面的一种最高追求，也是员工的终极需求。随着心理学的发展，精神性的研究越来越深入，目前已经成为管理学研究的新方向。而后又诞生了心理学与管理学的交叉——组织行为学，而积极组织行为学的出现又推动着积极心理学的不断发展，人们的精神性在心理中的研究越来越重要。相对现实而言，我国企业管理者在管理实践中对精神性在管理中的应用还不够普遍，很多旅游企业的管理者还在使用单一的物质激励的方法管理员工，没有意识到精神层面更重要的作用。忽视了精神性在员工工作中的重要性是企业发展的阻力，旅游企业应多反思并进行改变。

随着管理学、心理学等学科的融合，社会的不断进步，人们的需求不断变化，现代旅游企业对员工管理的研究已从简单的物质激励变为更复杂的精神激励，从员工的心理角度不断进行研究。企业开始关注不同员工的需求，并对员工的积极心理进行研究。学者开始对积极心理学对员工的影响机制进行探究，如员工在工作中展现出来的情绪问题，员工与企业之间的心理契约问题，员工的组织承诺问题、组织公民行为、工作伦理等问题。同时，企业开始关注员工的精神需求。然而，员工的精神需求具有个体性，他们的精神需求并不相同。员工的精神需求与组织的价值观和企业的终极目标可能不同。这就要求管理者引导员工，如通过愿景来引导员工，或者通过激发员工的认同感来引导员工，通过创建组织文化来引导员工，通过培育员工的价值观念来引导员工，等等。类似的研究已经开始进行。管理员工的精神需求、引导员工的精神需求、满足员工的精神需求、创设企业工作场所精神性等工作已经成为当下最新的课题。

本研究旨在引起酒店对员工情绪劳动的关注，并将精神型领导作为解决当前情绪劳动管理困境的手段，对企业情绪劳动管理模式的新思路进行探讨。精神型领导对员工情绪劳动管理的影响成为值得深入探究的重要课题。本书致力研究酒店如何通过精神型领导者的持续影响，改变员工的情绪劳动方式，营造积极的工作氛围，从而促进员工的积极行为，给酒店带来积极的影响。具体来说，本研究有以下理论意义。

第一，本研究提出了一项关于精神型领导对员工工作旺盛感的影响的研究。以前关于领导力对员工工作旺盛感影响的研究包括真实型领导力、包容型领导力、授权型领导力、变革型领导力、服务型领导力、悖论型领导力和家庭支持型领导力对工作旺盛感的影响。在这些研究中，领导者倾向通过改善员工心理因素和组织状况来改善员工的工作状态。而这正是精神型领导最擅长的。然而，学者还没有提出精神型领导对员工工作旺盛感的影响。这项研究有助于丰富有关领导力的文献。基于精神型领导理论、自我决定理论和资源保存理论，我们的研究结果表明，精神型领导可以被视为一种内在的动力，它满足了员工的精神需求，使员工在职场中感到精力充沛。精神型领导者可以为员工提供有助于产生积极情绪的工作资源，从而激发个人活力，进而提高员工工作旺盛的可能性。

第二，本研究为领导力和情绪劳动之间关系的研究提供了新视角，对现有文献进行了一定的补充。现有文献揭示了某些类型的领导力（包容型领导力、服务型领导力、伦理型领导力、变革型领导力、交易型领导力、放任型领导力等）和情绪劳动之间的关系。通过文献综述，笔者亦发现精神性与工作息息相关，工作价值观和意义可能对员工的工作行为（情绪劳动）产生影响。然而，关于精神型领导与员工情绪劳动之间关系的研究却出人意料地被忽视了。本研究与现有的关于领导力和情绪劳动的研究有明显的不同。精神型领导注重员工的精神需求，其对员工情绪劳动的影响不同于其他类型的领导。本研究对精神型领导如何对员工产生积极影响进行了深入研究，这填补了相关研究文献的空白。

第三，本研究扩展了精神性对情绪劳动的影响的研究。考虑到员工情绪劳动对组织的影响，相关学者探索了其前因后果。然而，探索影响情绪劳动的因素远远不够。邹氏等的研究提出了精神性对情绪劳动的影响：员工通过感受工作的意义和价值来体验实际感受与表达的情感之间的和谐。[①] 即精神性影响员工情绪劳动。在此基础上，本研究进一步研究了精神型领导如何实现这一目标的过程。本研究具体探讨了精神型领导如何通过精神价值观逐步影响员工的认知，从而改变员工的行为，最终影响员工的情绪劳动策略选择。重要的是，本研究将工作旺盛作为精神型领导与酒店一线员工情绪劳动之间的中介因素，探索了具备积极领导风格的精神型领导与酒店一线员工工作行为（情绪劳动）之间关联的潜在机制。

第四，本研究扩展了关于工作旺盛对员工情绪劳动的影响的研究。工作旺盛会影响员工的组织忠诚度、组织公民行为、适应性行为、信心、满意度和创造力。总的来说，工作旺盛与一些积极的行为有关。鉴于此，本研究扩展了工作旺盛对员工行为的研究，提出工作旺盛会影响员工的情绪劳动策略选择。本研究发现，个人可以凭借自己的旺盛感来衡量自己是否在朝着积极的方向发展。具有旺盛感的员工将通过实施积极主动的行为（如深层扮演）来加强积极意义，以获得持久的旺盛感。因此，在与客户的互动中，员工会主动通过深层扮演来内化和表达组织想要的情感。

二、现实意义

本研究具有一定的现实意义，可以帮助酒店改善员工的深层扮演行为，给予客户更好的体验，提升客户忠诚度和酒店美誉度，从而为持续提升酒店的竞争力做出贡献。

---

①ZOU W C, HOUGHTON J D, LI J J. Workplace spirituality as a means of enhancing service employee well-being through emotional labor strategy choice[J]. Current psychology, 2022, 41: 5546-5561.

第二节 研究方法

一、方法论：实证主义

社会研究的方法论（methodology）指社会研究过程的逻辑和研究的哲学基础。社会研究中主要有两种基本的、相互对立的方法论倾向。一种是人文主义方法论，以人的兴趣、价值观和尊严为出发点。即认为研究社会现象和人们的社会行为时，需要充分考虑到人的特殊性，考虑到社会现象与自然现象之间的差别，发挥研究者在研究过程中的主观性。另一种是实证主义方法论，实证主义是指强调感觉经验、排斥形而上学传统的西方哲学派别，又称实证哲学。实证主义的基本特征：将哲学的任务归结为现象研究，以现象论观点为出发点，拒绝通过理性把握感觉材料，认为通过对现象的归纳就可以得到科学定律。它把处理哲学与科学的关系作为其理论的中心问题，并力图将哲学融入科学中。其中心论点是，人们必须通过观察或感觉经验去认识自己身处的客观环境和外在事物。社会研究应该向自然科学研究看齐，通过具体、客观的观察或感觉经验概括得出结论。同时，这种研究过程应该是可以重复的。

本研究主要采用实证主义的方法论，旨在研究酒店员工情绪劳动及其影响因素（精神型领导与工作旺盛）。对研究现象做出系统的、可控制的、可验证的科学研究并发展相关理论是行为科学的研究目的，因此，本书选择客观的实证主义研究方法。

二、研究方式：调查研究

研究方式是指研究的具体类型或者采取的具体研究形式，包括调查研究、实验研究、无干扰研究以及评估研究等。其中，调查研究是科学研究中最常用的方式之一。它是有目的、有计划、有系统地搜集有关研究对象现实状况或历史状况的材料的方法。它综合运用历史法、观察法等方法以及谈话、问卷、个案研究、测验等科学方式，对教育现象进行有计划的、周密的和系统的了解，并对调查搜集到的大量资料进行分析、综合、比较、归纳，从而为人们提供规律性的知识。基于本研究的研究问题，即精神型领导与情绪劳动的性质及特点，本研究采用调查研究中问卷调查的定量研究方法，主要采用自填式问卷的调查方式，对中国东部和南部旅游城市中的 26 家星级酒店进行了调查。课题组向酒店的一线服务人员分发了问卷。问卷回收后，课题组对获取的数据进行统计、实证分析，对反映服务组织中精神型领导与员工情绪劳动之间关系的现象、规律进行分析，研究其特点，解释精神型领导影响情绪劳动的内在机制。

三、具体研究方法及技术

调查研究中最常用的是问卷调查法，它是以书面提出问题的方式搜集资料的一种研究方法，即调查者将调查项目编制成表，分发或邮寄给有关人员，请他们填写答案，然后回收整理、统计和研究。

在问卷调查研究中，本研究采取的具体方法与技术包括以下几个方面。

（1）调查问卷设计。本研究采用国外精神型领导、工作旺盛和情绪劳动相关研究中被广泛应用的成熟量表，设计调查问卷。先邀请英语专业人员将英文量表翻译为中文，再由酒店管理研究人员和酒店业管理人员对量表进行调整修正。需要注意的是，在此过程中，课题组要根据 Podsakoff 和 Organ 的建议，尽量避免同源方差（common method variance）。[①]

（2）问卷预测。经专业人员修正问卷初稿，在抽样酒店的人力资源部经理的协助下，选取 30 名人员进行预测，并通过面对面访谈、信度效度检验、因子分析等对调查问卷和概念模型进行修改。

（3）正式调查。本研究运用随机抽样的方法，进行大样本问卷调查（现场抽样）。

（4）统计结果的初步分析。本研究采用描述性统计分析、信度效度检验、独立样本 T 检验、方差分析等对调查问卷所得数据进行初步的统计分析，描述样本的特征及分布，描述变量的统计特征、人口统计特征与变量的差异性分析等。

（5）概念模型和假设检验。本研究运用 AMOS 软件进行结构方程模型拟合检验。对提出的假设通过结构方程拟合优度和路径系数进行检验，得出概念模型，并在理论分析的基础上进行中介效应检验。

①PODSAKOFF P M, ORGAN D W. Self-reports in organizational research: problems and prospects[J]. Journal of management, 1986, 12(4): 531-544.

第三节 研究内容与本书结构

本研究选取中国东部和南部旅游城市中的 26 家星级酒店进行抽样调查，获取数据，旨在探讨酒店行业中精神型领导与员工情绪劳动之间的关系。本研究的具体内容如下。

第一部分，问题的提出。此部分明确了本研究的研究背景与研究意义，提出本研究的研究视角与方法及创新之处，在此基础上对相关领域的研究成果进行综述分析，提出目前研究中存在的问题以及值得进一步研究的领域，具体包括以下内容。

第一章，绪论。本章提出本研究的研究背景与研究意义，介绍本研究的研究内容与方法，并选择分析视角，提出本研究的技术路线以及可能的创新之处。

第二章，精神型领导、情绪劳动与工作旺盛的研究现状。本章主要从精神型领导、情绪劳动与工作旺盛三个方面分析国内外学者的研究现状及已有研究成果，提出相关领域的主要观点，分析精神型领导与情绪劳动关系研究的现状与进展，提出目前存在的问题，以及尚未取得进展的领域，在上述分析基础上形成本研究的出发点。

第二部分，概念模型的构建。此部分明确了本研究涉及的关键概念，在理论分析的基础上提出相关假设，构建概念模型。此部分主要包括以下内容。

第三章，精神型领导对情绪劳动影响研究的理论基础。本章梳理了不同类型领导对酒店业员工情绪劳动影响的不同之处，并将其作为进一步分析精神型领导影响情绪劳动的基础。

第四章，精神型领导、工作旺盛和情绪劳动之间关系的假设。本章在文献综述和理论分析的基础上，对精神型领导、工作旺盛与情绪劳动之间的关系提出相应的假设。

第五章，研究设计。本章明确了研究变量的选择、变量测量量表的选取依据、条目的设置，以及调查问卷的设计方法、设计过程、发放和回收过程，最后明确了本研究中数据处理的方法与过程。

第三部分，模型检验。此部分以大样本数据为基础对假设进行实证检验，对本研究提出的概念模型予以验证。此部分主要包括第六章，精神型领导对情绪劳动的影响研究：工作旺盛的中介作用。首先，本章进行描述性统计分析，对样本分布、被调查样本所在酒店的精神型领导、员工的工作旺盛和情绪劳动情况进行统计分析，也对样本各变量的差异性等进行独立样本 T 检验和方差分析，并对调查问卷的信度和效度进行了分析。其次，本章对概念模型进行结构方程分析。先通过验证性因子分析对量表的适应性进行检验，然后通过结构方程分析对理论模型进行适配性检验。最后，本章对工作旺盛的中介效应进行检验。

第四部分，研究结论、局限性与启示。此部分主要包括第七章，对本研究的结论进行总结，提出本研究的研究局限性，说明其对管理实践的启示，为今后的相关研究提供了参考。

第二章　精神型领导、情绪劳动与工作旺盛的研究现状

本章对精神型领导、工作旺盛与情绪劳动相关文献进行梳理，对国内外学者的研究现状进行总结，并从概念、维度、特征、前因变量、调节变量、中介变量、结果等角度进行剖析，同时对精神型领导、工作旺盛与情绪劳动三个变量的相近研究领域进行比对分析以及界定，从而找出未来可以进行研究的领域。

第一节　精神型领导的研究现状

一、精神型领导的概念与维度

（一）精神型领导的概念

精神型领导（spiritual leadership）是在学者对"工作场所精神性"（workplace spirituality）的研究下形成的一个子领域。它是一种新型的领导理论，它与过去的领导理论不同的是它的关注点不一样。精神型领导理论关注的是人们在工作中的精神需求，而过去的领导理论很多并没有关注人们的精神需求，仅仅停留在物质层面。精神型领导理论假设人们是有精神需求的，每个人对自身的存在意义都是有需求的，并且领导者能够影响人们的这两种需求。精神型领导者（spiritual leader）非常重视他所领导的员工的价值感受。能够为员工提供精神上的满足，从而实现一种新型的有效的领导模式。他们扮演一种从精神上能够激励员工的角色。这是过去管理角色所不具备的一种新角色。精神型领导者有能力满足员工的精神需求，如通过成员身份感、职业召唤感等方式来满足员工的这种需求，激发员工的工作积极性，最终使社会、组织、群体、个体都能从中获得利益。1996年，精神因素被 Fairholm 引入领导力的研究中，他认为管理者能够发现员工的精神方面的需求，并且能够满足员工的这

种需求。① 这将使员工将个人的价值观与组织的价值观相融，并将自己的生活与工作也融为一体。2000 年，Moxley 在研究中指出，人类的存在需要满足四个基本点：精神、情感、思想和物质。② 物质需求只是其中之一，而随着时代的发展，基本的物质需求早已得到满足。现代旅游企业的员工在工作的时候产生了更高的需求，即精神需求。员工还需要在工作时实现精神方面的需求，在工作中产生精神上的满足感，如工作有意义让员工体验到满足，工作有挑战性让员工觉得满足，工作让员工实现自身价值，工作让员工有存在的意义感，等等。工作场所精神性（workplace spirituality）表现为一种氛围、价值观念，组织中存在精神性使得员工形成一种社区意识，员工有相似的价值观念，他们有共同的目标，即组织的目标。员工互相关心、互相尊重、互相认可并形成一种知识共享的氛围。他们对组织认同，从身份上认可自己是组织的一员。

精神性在企业中的应用研究变得越来越重要，因此学者持续对其进行研究。在这期间，学者对精神性的定义众多，并未形成统一的意见。

Zohar 和 Marshall 将生命的意义与精神性相联系，认为精神性是人类赖以生存的一种资产，是一种能够被社会文化和个体使用在精神层面的技能和知识。③

Fernando et al. 认为，精神性是一种能激励员工向着目标前行，促使个体不断提升自己，最后实现人生价值的一种个体素质。④

Fryling 指出，精神性就是个体追求爱、追求信仰、追求和谐、追求生活意义等精神层面的需求。⑤

Pandey et al. 认为，精神性是一种能够从精神层面帮助人们解决工作和生活中遇到的问题的力量。⑥

Lean 认为，精神性是一种心理，是一种态度，它是无形的，但它能帮助

①FAIRHOLM G W. Spiritual leadership: fulfilling whole-self needs at work[J]. Leadership & organization development journal, 1996, 17(5):11-17.

②MOXLEY R S. Leadership and spirit: Breathing new vitality and energy into individuals and organizations[M]. New York: Jossey-Bass Publishers, 2000: 18-22.

③ZOHAR D, MARSHALL I. Spiritual capital: Wealth we can live by[M]. San Francisco: Berrett-Koehler Publishers, 2004: 45-60.

④FERNANDO M, BEALE F, GEROY G D. The spiritual dimension in leadership at Dilmah Tea[J]. Leadership & organization development journal, 2009, 30(6): 522-539.

⑤FRYLING R A. The leadership ellipse: Shaping how we lead by who we are[M]. Downers Grove: Inter Varsity Press, 2010: 41-60.

⑥PANDEY A, GUPTA R K, KUMAR P. Spiritual climate and its impact on learning in teams in business organizations[J]. Global business review, 2016, 17(3): 159-172.

人们成功，它在人们的思想上、工作中、行为上都是必不可少的，是一种非常强大的内在力量。[1]

综上，精神性的含义涵盖以下几种特点：意义性、情感性、非物质性、能动性以及内部知觉性。它能够对个体的行为产生影响，能够促使人们产生积极行为。

通过对精神性的概念的回顾，笔者发现其与物质对人的影响不同，它存在于心理层面，由内而外地对人的行为产生影响。它是激励个体的最核心的因素，其以一种无形的方式对人们的行为进行改变。通过精神性，个体不断获得能量，并从中获得认可的感觉。因此，越来越多的人开始关心精神性以及其带来的行为上的改变。此外，学者开始研究精神性对行为的影响模式，并对精神性开展多方面的测量，形成了多种相应的理论。

工作场所精神性（workplace spirituality）应运而生。企业管理者发现对员工精神方面需求的关注非常重要。因此，企业开始关注员工的价值观念，尤其关注员工在工作中体验到的意义感和员工在工作时的目标感对员工本身产生的影响。工作场所精神性是工作中产生的社区意识，是一种价值观念，影响着员工的想法、态度，并最终对员工行为产生影响。这种精神性使得员工对工作更认同，从而形成合作以及团结的意识。它能帮助员工发现工作的意义以及生活的意义，帮助个体找到自身与企业的价值观契合点。表 2-1 是学者对工作场所精神性的定义。

表 2-1　工作场所精神性概念的界定

学者	年份	概念
Giacalone and Jurkiewicz	2003	工作场所精神性是一种价值观体系，员工身处其中能够获得成就感和较高的组织承诺
Krahnke et al.	2003	工作场所精神性是体现组织文化的一种价值观体系，它会在工作过程中促进员工的卓越体验，并让员工感到与组织中的其他人相处是和睦和快乐的
Marques	2006	工作场所精神性是组织成员彼此之间产生的信任感和联系感，其关键是团结互惠，有利于提升团队创造力和组织绩效

[1] LEAN E R. The construct development of spiritual leadership[D]. Arkansas: University of Arkansas, 2012: 20-32.

续　表

学者	年份	概念
王明辉等	2009	工作场所精神性是员工在组织情境下的一种卓越体验，它会通过工作过程促进不同个体之间的联系、提升工作的意义，从而满足个体的内在精神需求。相关研究表明，工作场所精神性不仅能带来有益的个人结果，如提升个体愉悦感、情绪智力和组织自尊，还能持续提高组织生产力，减少旷工和人员流动
Asrunetal	2012	员工在工作中寻求自身存在的意义和价值。在这种情况下，员工工作具有目标性，拥有良好的人际关系和组织归属感

从以上定义可以看出，工作场所精神性能够满足员工的精神需求，能为个体带来有益的结果。工作场所精神性的研究局限在于它没有研究管理者的行为，而只是对工作氛围方面进行了研究，其研究重点是组织文化、组织的价值观念对个体行为的影响。其与精神型领导力概念存在差异。因此，学者还需要对精神型领导者的领导行为进行研究，对其改善员工行为的机制进行探究。

精神型领导最初由国外学者提出并进行研究。其概念初期提法也很多，但初期精神型领导的概念与宗教信仰之间并没有分离，大部分学者还是认同将精神型领导与宗教信仰关联起来，认为还是有某些单独或关联的成分存在它们之间。精神型领导的初期定义如表 2-2 所示。

表 2-2　精神型领导的初期定义

学者	年份	定义
Fairholm	1998	与传统的领导理论不同之处在于它深入人在工作中的精神层面，认为精神型领导在领导下属的过程中，将组织愿景传递给下属，通过愿景连接员工，满足员工的精神性需要。精神型领导是领导者在终极价值目标、信仰和原动力方面的素养
Hicks	2002	认同精神型领导和宗教信仰两者之间存在某种相关性，有效性的领导行为体现在建立一种环境，在这个环境中的领导者和员工都可以像信仰宗教文化一样尊崇组织内部赋予的工作
Fleming	2004	从宗教的角度出发来界定精神型领导的概念
Martinez and Schmidt	2005	研究出一个基于基督教信仰的精神型领导模型。在模型之中，精神型领导的影响与其领导行为风格均离不开宗教文化的"指引"，在宗教文化的带领下，领导才能更好地、以身作则地引导员工

然而，精神型领导的理论不断推陈出新，新的看法被提出，学者将宗教信仰从精神型领导的定义中分离出来。其中，Fry 明确指出，宗教信仰并不一定存在于精神型领导力中。[1] 精神型领导的后期定义如表 2-3 所示。

表 2-3 精神型领导的后期定义

学者	年份	定义
Fairholm	1996	Fairholm 最先把领导行为和精神性相结合，认为精神型领导着眼于建立一个共同愿景，并将员工的价值观融入其中，通过满足员工内在需求和塑造彼此信任的组织氛围来影响员工的态度和行为表现
Greenleaf	1997	精神型领导是管理者提倡的精神型价值观，这种精神型价值观主要包括真诚和信任两方面
Fairholm	1997	精神型领导可以有效地将员工的工作和生活联系起来，形成一个系统，从而利于工作场所的管理。精神型领导主要存在于个体在工作中的精神层面
Goertzen and Barbuto	2001	精神型领导为组织保留了一些重要的属性，如自我实现和人生的意义，这些属性可以为工作场所的人带来健康
Guillory	2002	精神型领导就是形成一种可以让员工充分发挥天赋和价值的组织环境
Fry	2003	Fry 认为精神型领导是精神性和领导行为的联结，是领导者在领导员工时满足员工精神方面追求的一种领导方式，目的是对员工进行内部激励。[2] 在工作场所精神性和领导力的研究的基础上，他提出了精神型领导的定义，即内在激励自己和他人，以获得一种基于使命和成员身份的精神存在感所必需的价值观、态度、行为的总和，包含愿景（vision）、希望／信念（hope/faith）、利他之爱（altruistic love）三个维度

---

①FRY L W. Toward a theory of spiritual leadership[J]. The leadership quarterly, 2003, 14(6): 693-727.
②FRY L W. Toward a theory of spiritual leadership[J]. The leadership quarterly, 2003, 14(6): 693-727.

续 表

学者	年份	定义
Hicks	2003	精神型领导与个人信仰之间存在着一种联系，通过创建一种有信仰的组织文化，让处于这种环境的领导者和员工都能够认真、积极地完成自己的工作任务，实现人生价值和目标，这样的精神型领导才是有效的
Thompson	2004	精神型领导是一种强调组织层面意义的重要领导方式
Eggert	2004	精神型领导与个体的感知、需求、思维和价值观相联系，并且更重视团队精神，而不是个人表现
Fry	2005	精神型领导是指内在地激励自己和他人，以便他们能够基于使命和成员身份拥有一种精神存在感所需要的价值观、态度和行为的总和
Dent, Higgins, and Wharff	2005	精神型领导对员工的激励行为是基于意义感和工作目标而不是奖励或者安全感
Fry	2005	精神型领导是将精神性与领导力结合的产物，领导者在领导的过程中，注重工作场所精神性，不断满足员工的精神需求，从而产生内在激励作用。精神型领导注重领导者和追随者对精神生存的需求，使他们变得更加组织化、更具生产力。这就意味着需要创造一个愿景，让组织成员体验到他们的生活有意义，需要有所作为；需要建立基于利他之爱的社会/组织文化，让领导和追随者关心自己和其他人，而关心和欣赏能够使其产生身份认同感，被理解和欣赏
Guillory	2010	精神型领导是指营造有助于员工完全展示自己才能和作用的工作环境
Altman	2010	精神型领导的核心品质是对自己和他人的理解，基于爱的领导方式，对任务、员工和过程有相互联系的想法和对未来的清晰展望
Menon	2010	精神型领导和宗教信仰之间并不存在什么相关性。精神型领导不只是现有领导理论的延伸概念，也是将精神性与领导力结合的一种领导类型

学者	年份	定义
张军成	2011	系统地概括了国外对精神型领导的最新研究成果，其文章具体内容包括精神型领导的定义、结构维度和测量方法、作用模式、作用结果以及相关其他原理
杨付	2014	杨付对 Fry et al.① 编制的精神型领导问卷在中国语言情境下进行了翻译，并进行了多次测试，最后通过探索性因素分析和验证性因子分析证明了该问卷在中国的语言环境下具有较高的效度和信度，可以在中国的领导学和心理学研究中广泛使用

目前，精神型领导的概念仍然是众说纷纭。但是，根据最近十几年的研究情况，多数学者认同 Fry 对精神型领导的定义：这种类型的领导力能够激发追随者的积极性，提升追随者的职业召唤感，让追随者产生一种成员身份感，从而满足追随者的精神需求，使得追随者出现更积极的行为。②

（二）精神型领导的维度与测量

关于精神型领导的维度与测量，通过文献分析，笔者将国内外学者的研究内容归为四个类型，如表2-4所示。

表2-4　精神型领导的维度与测量

类型	学者	年份	内容	评价
二维说	孟奕爽、唐健雄	2013	孟奕爽与唐健雄将研究重点放置于证实精神型领导这一理念与中国文化的契合程度上，对精神型领导进行了中国情境下的维度划分；在 Fry③ 编制的量表的基础上，构建了愿景和利他之爱两个维度组成的中国精神型领导模型	概念上可能存在问题，因此维度划分并没有被认同

①FRY L W, VITUCCI S, CEDILLO M. Spiritual leadership and army transformation: theory, measurement and establishing a baseline[J]. The leadership quarterly, 2005, 16(5): 835−862.
②FRY L W. Toward a theory of spiritual leadership[J]. The leadership quarterly, 2003, 14(6): 693−727.
③FRY L W. Toward a theory of spiritual leadership[J]. The leadership quarterly, 2003, 14(6): 693−727.

续 表

类型	学者	年份	内容	评价
三维说	Fairholm	1996	Fairholm 认为精神型领导可以划分为团队合作、管家角色以及品格领导三个维度。[1] 同时，他认为精神型领导包含愿景、希望/信念、利他之爱三个维度，并总结和归纳了精神型领导在各维度下所具备的特征。[2] 其中，愿景描绘了组织的未来，明确了员工努力工作的方向和原因，并通过激发员工工作热情、赋予工作意义以及获得员工承诺来实现组织目标；希望/信念是确信不论遇到多大困难，组织愿景一定能够实现的精神力量；利他之爱则是通过关心、支持、理解自己和他人而形成的一种和谐感、幸福感	无
	Fry	2003	在此基础上，Fry et al. 在不同的组织情境开展了大量研究，[3] 最后编制了一份含17个测项的精神型领导量表。该量表包括三个分量表，分别对应愿景、希望/信念、利他之爱三个维度。经检验其信度和效度水平均比较高	信度、效度较高

①FAIRHOLM G W. Spiritual leadership: fulfilling whole-self needs at work[J]. Leadership & organization development journal, 1996, 17(5):11-17.

②FAIRHOLM G W. Spiritual leadership: fulfilling whole-self needs at work[J]. Leadership & organization development journal, 1996, 17(5):11-17.

③FRY L W, VITUCCI S, CEDILLO M. Spiritual leadership and army transformation: theory, measurement and establishing a baseline[J]. The leadership quarterly, 2005, 16(5): 835-862；FRY L W, SLOCUM J W. Maximizing the triple bottom line through spiritual leadership[J]. Organizational dynamics, 2008, 37(1): 86-96.

类型	学者	年份	内容	评价
四维说	Sendjaya	2007	Sendjaya 在回顾相关文献时将精神型领导划分成四个维度，即整体性、使命感、互联性和宗教性，并编制了一份含四个条目的单维度量表来测量精神型领导。然而，后续多数学者认为用单维度量表来测量四维度的概念缺乏足够的说服力	缺乏说服力
五维说	Jones	2008	Jones 采用质性方法，对女性社区学院主席进行调查研究，指出精神型领导包含五个方面：工作和生活具有精神性、宽容、建立和维护关系、自我反省以及从事富有意义的工作。然而，Jones 并没有根据这五个方面开发出对应的测量工具	无
	Karadag	2008	Karadag[①]编制了一份精神型领导量表，共 26 个测项，并以土耳其教师为调查对象，对收集到的有效数据进行因子分析。结果显示，精神型领导包括信任、归属、生产力、愿景及承诺五个方面的内容，其中，前两个维度归为维护成分，后三个维度归为绩效成分	无

①KARADAG E. Spiritual leadership and organizational culture: a study of structural equation modeling[J]. Educational sciences: theory and practice, 2009, 9(3): 1391-1405.

续　表

类型	学者	年份	内容	评价
五维说	杨付等	2014	杨付等根据中国文化情境，对精神型领导相关问卷结构进行了适当的调整，使其更加符合中国的各大企业组织，也便于以后的学者更准确地探讨和研究中国情境下的精神型领导问题。杨付等基于中国文化背景对Fry①编制的精神型领导量表进行信度和效度检验。结果显示，该量表具有较高的信度和效度，这说明该量表在中国文化情境下也是适用的	信度、效度高

本研究综合已有研究发现，国外大多数学者在研究精神型领导行为时，均同意并采用了 Fry② 关于精神型领导的特征维度的划分及其编制的精神型领导量表，为此，本研究采用 Fry 的观点，认为精神型领导包含愿景、希望／信念、利他之爱三个维度。

二、精神型领导的特征

精神型领导的第一个特征是领导者有强烈的人与人相互关联的感觉。精神性研究表明，拥有强烈精神信仰的人往往会有更强烈的相互关联的感觉——人和人都相互关联的感觉。这样的想法可能与一个人的宗教信仰无关。领导者和追随者之间人际关系的一般话题在早期的几个领导框架中已经讨论过了。例如，Fiedler 的权变模型就体现了领导者和追随者之间的关系。③ 关系型领导理论是一种直接和独家解决领导者和追随者之间的关系和关联性问题的理论。④Dobbs 提出领导力应该被视为一个关系网络，在这个网络中，个体之间互动、分享想法、制订计划，并共同努力推动一个单位（组织、团队等）的发

---

①FRY L W. Toward a theory of spiritual leadership[J]. The leadership quarterly, 2003, 14(6): 693−727.

②FRY L W. Toward a theory of spiritual leadership[J]. The leadership quarterly, 2003, 14(6): 693−727.

③FIEDLER F E. A Theory of Leadership Effectiveness[M]. New York: Academic Press, 1967: 35−42.

④UHL−BIEN M. Relational leadership theory: exploring the social processes of leadership and organizing[J]. The leadership quarterly, 2006, 17(6): 654−676.

展。① 之后，Dobbs 并不将这种方法仅限于二元甚至三元关系，而是将组织成员之间的关系作为一个整体来考虑。对于许多人来说，这种相互关联与精神性有关。事实上，Fry 通过列举领导者在追随者内部或在领导者自身内部引发的几种社会情绪（如感恩）来暗示这一方面。②

精神型领导的第二个特征是领导者有魅力。精神型领导（如 Ostee、Shiri）经常与魅力的使用联系在一起。事实上，当德国社会学家 Max Weber 将"魅力"一词从最初的教会意义"神圣地赋予权力"重新定义为"一种使个人能够激励和影响他人的特殊品质"时，就意味着 Max Weber 对魅力领导概念进行了初步的界定。随后，Max Weber 的《经济与社会》（Economy and society）为魅力领导作为一种主流领导结构的发展奠定了概念基础。因此，根据该术语最初定义的性质，魅力可以被视为与神圣力量有关。

尽管相互关联的感觉、魅力的使用为精神型领导的两个重要特征，但笔者并不认为这两个特征是精神型领导的完整构念。事实上，除了这两个特征之外，还有许多其他特征可能与精神型领导有关。

三、精神型领导的前因与结果

精神型领导是如何对员工产生影响的，具体机制如何？ 2003 年，Fry 在研究中构建了相关模型，如图 2-1 所示。③该模型在近年来被很多学者认可。Fry④认为精神型领导者首先会提出愿景，这个愿景包含强烈的意愿和宏大的目标，能够让员工愿意为之而努力。其次，精神型领导者需要坚定员工的信念，进一步提升员工的积极性，让其对所从事的工作充满希望。通过这两个维度，可以引发员工的工作意义感，使员工对所从事的工作产生一种召唤感，或者也可以称之为一种使命感。这样，员工在工作过程中将更具热情，愿意为之付出。最后，精神型领导展现出一种利他之爱，这种爱可以解释成一种对员工的无私关爱。在这种关爱下，员工的身份得到了认同，即员工产生一种自己人或者内部人的看法，认为自己被领导重视、器重，从而更愿意为组织付出。总的来说，精神型领导通过这三个中介因素进一步对员工的积极行为产生影响，员工的积极行为最终又会产生利于企业的结果。在因果模型提出后，大量的研究

①DOBBS R L T. The relationship between leadership effectiveness and personality type for a group of urban elementary school principals[D]. Memphis: Memphis State University, 1988: 12−18.

②FRY L W. Toward a theory of spiritual leadership[J]. The leadership quarterly, 2003, 14(6): 693−727.

③FRY L W. Toward a theory of spiritual leadership [J]. The leadership quarterly, 2003, 14(6): 693−727.

④FRY L W. Toward a theory of spiritual leadership [J]. The leadership quarterly, 2003, 14(6): 693−727.

围绕该模型展开，近年来形成了一大批相关研究，使结果变量不断扩大。在这个过程中，三维度量表也被不断验证。

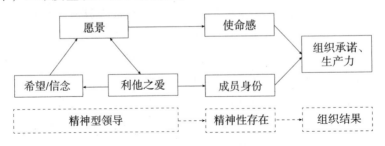

图 2-1　精神型领导因果模型

由图 2-1 可以看出，使命感和成员身份是愿景、希望/信念、利他之爱与组织承诺和生产力之间的中介变量。使命感和成员身份合起来是一种精神性存在，我们可以将其理解为一种精神方面的感受。这种感受对个体是非常重要的，它会对个体的行为产生影响，即精神型领导的三个维度共同使个体形成一种精神方面的感受，紧接着这种精神方面的感受促使个体产生积极的组织结果。从逻辑上说，精神型领导影响了员工的感知，员工的感知又进一步决定了员工的行为。使命感和成员身份定义如表 2-5 所示。

表 2-5　使命感及成员身份定义

中文	英文	概念
使命感	calling	使命感是对社会赋予的使命的一种感知和认同
成员身份	membership	成员身份是精神性存在的关键维度之一，它包括被理解和受赏识两个方面

精神型领导的后置结果变量种类不断地被扩大，具体如表 2-6 所示。

表 2-6　精神型领导的结果变量

学者	年份	研究结果	结果变量	模型图
Malone and Fry	2003	精神型领导的愿景维度通过意义/使命的中介作用正向影响员工的组织承诺和生产力，精神型领导的利他之爱维度则通过成员身份的中介作用正向影响员工的组织承诺和生产力	组织承诺、生产力	图 2-2
Fry et al.	2007			

学者	年份	研究结果	结果变量	模型图
Fry and Slocum	2008	Fry 和 Slocum 从关心员工个体的伦理、实现人类幸福以及企业社会责任和组织绩效三方面出发，把企业的利润、销售增长、可持续性、财务绩效和社会责任，以及员工的伦理幸福、精神幸福和生活满意等也作为精神型领导的结果变量，认为除了员工的组织承诺和生产力以外，精神型领导还能对上述结果变量产生积极的影响	组织承诺、生产力、利润、销售增长、可持续性、财务绩效、社会责任、员工身体健康、员工伦理幸福、员工精神幸福和员工生活满意	图 2-3
Fry and Cohen	2009	精神型领导还能消除当代流行的延长工时文化（extended work hours cultures, EWHC）的负面影响，从而在不影响组织盈利能力、收益增长和其他财务绩效的前提下，提升员工的幸福感。借鉴平衡计分卡的思想构建了精神型领导作用模型，把精神型领导的结果变量分为学习与成长、输出产品与服务的质量、消费者满意度、财务绩效四个方面，认为精神型领导通过满足追随者对基于使命和成员身份的精神性存在的需求，来使追随者产生卓越的精神体验，并调动其积极性与能动性，从而有效促进组织及其成员的学习与成长。把精神型领导过程与组织的输入/输出过程相联系，把组织及其成员的学习与成长作为精神型领导过程的直接结果，有助于提高组织把输入转换为输出的效率，有助于为顾客提供卓越的产品和服务。有了卓越的产品和服务，组织就能有效提高消费者满意度并最终提高组织财务绩效	组织承诺、生产力、利润、销售增长、可持续性、财务绩效、社会责任、员工身体健康、员工伦理幸福、员工精神幸福和员工生活满意	图 2-3

续　表

学者	年份	研究结果	结果变量	模型图
Fry and Matherly	2006	通过结构方程建模分析发现，除影响组织承诺和生产力外，精神型领导的愿景维度还可以通过意义/使命的中介作用正向影响组织的销售增长，并且它对销售增长的变异解释比例达13%	销售增长	图2-4
Aydin and Ceylan	2009	对土耳其钢铁制造行业的研究表明，精神型领导每个维度都与组织学习能力呈显著正相关关系（$p < 0.001$），但精神型领导对组织学习能力的变异解释比例很低（9%）	组织学习能力	
Karadag	2009	通过研究土耳其伊斯坦布尔地区小学校长的精神型领导行为与小学教师组织文化感知之间的关系发现，小学校长精神型领导行为对小学教师组织文化感知（包括管理、社交、价值观和目标等方面）有积极影响。由此可见，精神型领导的拓展作用模式也在一定程度上获得了实证支持	组织文化感知	
杨付、刘军、张丽华	2014	在中国文化背景下，对精神型领导如何影响员工职业发展进行了研究。通过对直接领导与员工的配对的问卷调查，发现精神型领导行为对员工职业发展具有显著的正向预测效果，员工战略共识在其中起完全中介作用；员工战略柔性感知水平对精神型领导行为与员工战略共识之间的关系存在显著的正向调节效应；员工战略柔性感知水平显著正向调节了员工战略共识对精神型领导行为与员工职业发展之间关系的中介作用，即员工战略柔性感知水平越高，上述中介作用就越强	员工职业发展	图2-5

续　表

学者	年份	研究结果	结果变量	模型图
王明辉	2015	对中国 6 个城市 8 家企业共 403 名员工进行问卷调查，发现精神型领导三个维度对情感承诺均具有显著的正向影响	员工情感承诺	图 2-6
盛宇华	2017	对 15 个团队共 235 个在职员工和领导进行调查，结果发现精神型领导对员工的创新行为有正面影响	员工创新行为	图 2-7
陈庆文、杨振芳	2017	采用问卷法对 151 名大学生村官进行调查，结果发现精神型领导对大学生村官的职业承诺（$\beta=0.526$，$p<0.001$）与适应性绩效（$\beta=0.558$，$p<0.001$）有显著的正向影响作用	职业承诺、适应性绩效	图 2-8
史珈铭	2018	基于 363 位企事业单位和政府机构员工的调查研究发现：精神型领导显著正向影响员工的职业呼唤（career calling），员工的自主性动机在其中发挥部分中介作用；员工的权力距离倾向正向调节精神型领导与其职业呼唤之间的关系，进一步表现为有中介的调节作用，即对于高权力距离倾向的员工，精神型领导通过自主性动机的中介作用对其职业呼唤的积极影响会更加显著	职业呼唤	图 2-8

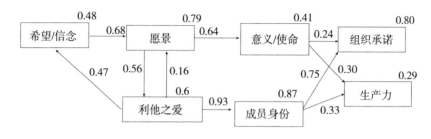

图 2-2　精神型领导——组织承诺、生产力

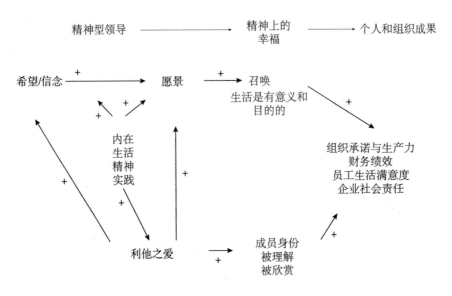

图 2-3　精神型领导——组织承诺等

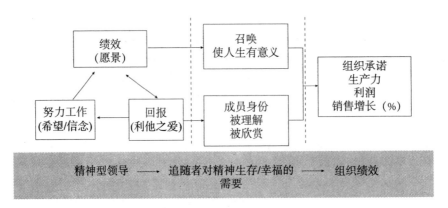

图 2-4　精神型领导——销售增长

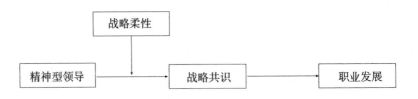

图 2-5　精神型领导与员工职业发展关系模型

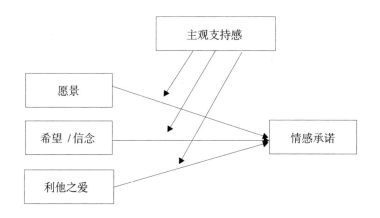

图 2-6　精神型领导与员工情感承诺关系模型

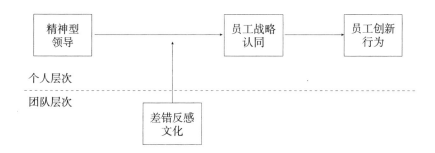

图 2-7　精神型领导与员工创新行为关系模型

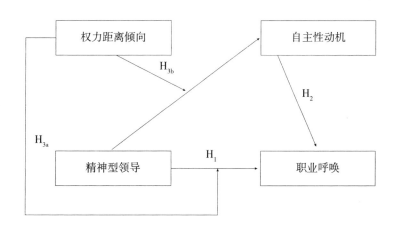

图 2-8　精神型领导与职业呼唤关系模型

近年来，关于精神型领导的研究还有很多，如职业承诺、适应性绩效、职业呼唤、员工主动变革行为、员工建言行为、创新绩效、工作偏离行为、员工工作投入、新生代员工任务绩效、知识共享行为、组织公民行为、工作场所排斥、员工安全绩效、和谐工作激情、员工工匠精神、员工内部创业行为、研发人员创新行为、工作异化。总的来说，从开始到后来出现的各种相关模型，都遵循着一个原则，它们的中介变量都是精神性方面的感受和知觉（精神性存在），即个体总是被精神型领导从精神上感染，产生一种积极态度，感受到自身所从事的工作具有意义，认同自己所在的组织，从而产生具体的积极行为，最后给组织、个体本身带来积极的结果。近十几年来，越来越多的相关研究不断涌现，精神型领导的结果变量不断丰富。这将为旅游企业今后解决相关的管理问题提供参考。

四、精神型领导的调节变量

正如许多传统领导模式（如费德勒的权变模型）中存在偶然性（或"如果—然后"条件）一样，精神型领导中存在重要的偶然性。精神型领导的综合模型包含许多偶发因素或调节因素，如自恋、亲社会的领导动机（pro-social motivation to lead）、感受到的组织支持（perceived organizational support）和感受到的领导者的诚信（perceived leader integrity）。表 2-7 列举了几种精神型领导调节变量的作用机制。

表 2-7　精神型领导调节变量的作用机制

学者	年份	调节变量	作用机制
杨付、刘军、张丽华	2014	战略柔性	在动态的环境中，战略柔性是组织生存和发展的重要保障，[1] 它包括资源柔性和协调柔性，是组织快速而准确地识别市场机会和威胁、有效识别和应用资源、进一步增强组织竞争力的保障。[2] 相应地，基于感知的战略柔性反映的是员工对组织在动态环境中识别资源和利用资源的能力的判断。据此观点，战略柔性感知水平高的员工认为组织能够根据环境变化对资源进行重新配置和使用，不断地调整资源组合，进而保持组织的竞争优势。相反，

---

[1]HITT M A, KEATS B W, DEMARIE S M. Navigating in the new competitive landscape: building strategic flexibility and competitive advantage in the 21st century[J]. Academy of management perspectives, 1998, 12(4): 22-42.

[2]BAKER W E, SINKULA J M. Does market orientation facilitate balanced innovation programs? An organizational learning perspective[J]. Journal of product innovation management, 2007, 24(4): 316-334.

续　表

学者	年份	调节变量	作用机制
杨付、刘军、张丽华	2014	战略柔性	战略柔性感知水平低的员工会感知到组织没有能力去应对环境的变化。[1] 因而，对员工而言，战略柔性感知水平是影响个体预测行动结果的一个情境因素 战略柔性能够强化精神型领导行为与员工战略共识之间的关系。具体而言，战略柔性感知水平高的员工相信领导有能力应对环境变化，对领导产生较高的社会认同，[2] 而员工对领导的接受或拒绝决定了领导的效能。[3] 精神型领导行为意味着爱护、关心和重视员工，满足员工基于使命和成员身份的精神性存在的需求，这些会使得员工感知到自己获得领导的认可和信任。[4] 因此，员工愿意接受精神型领导通过愿景、使命/希望和利他之爱等积极领导行为的影响，从而更倾向对组织战略目标的理解、认同和承诺，即员工战略共识更易被精神型领导所塑造。相反，对于战略柔性感知水平低的员工而言，他们往往认为领导在应对变化的行为和行动中快速投入资源以及应用自如地投放资源能力较低，[5] 担心和怀疑领导在组织中不能胜任应有的角色，对领导产生不信任感，在身份认同方面与领导产生分歧，而这种较高程度的不信任感和社会认同的分离感使得员工更难以认可并接受领导施加的影响。[6] 因此，精神型领导虽然认可和信任他们的员工，但是员工对其领导不认可和不信任，这使得领导与员工双方的关系处于一个不明确的状态，员工为避免单方面损害自身利益，将会更多地关注个体目标，而忽略对组织战略目标的理解、认同和承诺。[7] 在这种情况下，精神型领导

①SANCHEZ R. Strategic flexibility in product competition[J]. Strategic management journal, 1995, 16(S1): 135−159.

②DAY D V. Leadership processes and follower self−identity[J]. Personnel psychology, 2004, 57(2): 517.

③JAGO A G, VROOM V H. An evaluation of two alternatives to the Vroom/Yetton normative model[J]. Academy of management journal, 1980, 23(2): 347−355.

④FRY L W. Toward a theory of spiritual leadership[J]. Leadership quarterly, 2003, 14(6): 693−727.

⑤SHIMIZU K, HITT M A. Strategic flexibility: organizational preparedness to reverse ineffective strategic decisions[J]. Academy of management perspectives, 2004, 18(4): 44−59.

⑥OLKKONEN M E, LIPPONEN J. Relationships between organizational justice, identification with organization and work unit, and group−related outcomes[J]. Organizational behavior and human decision processes, 2006, 100(2): 202−215.

⑦杨付，王桢，张丽华. 员工职业发展过程中的"边界困境"：是机制的原因，还是人的原因？[J]. 管理世界，2012 (11)：89−109, 155, 188.

续　表

学者	年份	调节变量	作用机制
杨付、刘军、张丽华	2014	战略柔性	行为也就难以对员工战略共识产生影响。因此，员工战略柔性感知水平对精神型领导行为与员工战略共识之间的关系存在显著的正向调节效应；员工战略柔性感知水平显著正向调节了员工战略共识对精神型领导行为与员工职业发展之间关系的中介作用：员工的战略柔性感知水平越高，上述中介作用就越强，反之越弱
王明辉、李婕、王峥峥	2015	组织支持感	组织支持感是指员工对组织如何看待他们的贡献并关心他们的利益的一种总体知觉和信念，换句话说，就是员工所感受到的来自组织方面的支持。员工感受到来自组织支持的程度会影响员工的行为表现。但是，随着终身雇佣制在我国的逐渐瓦解，组织的角色越来越模糊，而主管正逐步取代组织以发挥激励和留住员工的作用。因此，相对而言，主管支持感（perceived supervisor support）对员工行为绩效的作用更大 主管支持感的操作概念在个体层面和组织层面都可能存在。个体层面反映的是员工对主管行为态度的感知，如果该感知被组织或部门内的所有成员共享，则可以汇聚到组织层面，代表了组织内部的支持氛围，成为组织成员行为模型的背景。在不同的支持氛围中，精神型领导对下属员工行为态度的影响可能存在着很大的差异。在以情感承诺为因变量的研究构想中，较高的主管支持感会提高精神型领导的效能，增强员工的组织承诺或工作绩效；反之，员工对组织的忠诚度和情感承诺会受到影响。因此，主管支持感可能对精神型领导各维度与情感承诺之间的关系具有调节作用
盛宇华、蒋舒阳、杜鹏程	2017	差错反感文化	认知理论强调个体对当前情境的理解和学习过程。已有研究表明，团队的氛围是影响员工认知的重要环境因素，会促使员工产生效仿行为。Van Dyck et al. 认为，差错反感文化是用来衡量组织成员害怕犯错的一种组织文化，当错误发生时因为缺乏有效的沟通以及差错的学习能力会给员工带来一定的消极影响，所以员工不敢犯错，一旦犯了错则会尽力掩饰。[1] 但差错往往是难以避免的，人们总是在犯错中成长。既然差错不可避免，对差错的管理就有了重要意义

---

[1]VAN DYCK C, FRESE M, BAER M, et al. Organizational error management culture and its impact on performance: a two-study replication[J]. Journal of applied psychology, 2005, 90(6): 1228-1240.

学者	年份	调节变量	作用机制
盛宇华、蒋舒阳、杜鹏程	2017	差错反感文化	Edmondson 对组织团队的研究表明，如果组织能够包容员工意外所犯的错误，将大大提高个体员工的学习积极性并且带动组织创新能力的提升。[1] 团队中的差错反感文化会影响员工对每一次行动后果的预期，团队氛围对员工行为的反馈都会影响员工下一次所做的决策。与差错反感文化弱的团队相比，在差错反感文化较强的团队氛围中，一旦员工发生错误就会得到环境强烈的负向反馈，给员工带来巨大的心理压力，因此，员工可能选择通过隐瞒或者推卸责任来规避；相反，如果团队文化普遍认为犯错是不可避免的并且是有价值的，员工个体之间就会重视差错反思、学习以及加强犯错后的交流。因此，团队层次的差错反感文化能够影响这一中介作用，在差错反感文化较低的团队，精神型领导通过员工战略认同影响创新行为的正向中介作用更为显著，而在差错反感文化较高的团队，上述正向中介作用较弱
史珈铭、赵书松、吴侯含	2018	权力距离	Hofstede 在跨文化研究中将权力距离定义为社会对权力分配不平等现象的认可程度，中国社会具有典型的高权力距离特征。[2]Clugston 将权力距离引申至组织情境，并将其界定为员工对领导和下属之间权力差异现象的认可程度。[3] 随着经济社会的不断发展，平等理念渐入人心，社会成员之间权力距离的差异逐渐增加，[4] 反映在组织中则是员工更加独立，不再对领导言听计从，敢于挑战权威。[5] 这启示我们，领导行为的有效性会在一定程度上受到个体权力距离倾向高低的影响。以个体权力距离倾向为边界条件，探究转型期中国社会的领导行为对不同权力距离倾向员工的影响具有理论和现实意义。高权力距离倾向的个体认为领导与员工间的权力差异是合法的，应该积极维护这种等级差异；低权力距离倾向的员工则对组织

①EDMONDSON A. Psychological safety and learning behavior in work teams[J]. Administrative science quarterly, 1999, 44(2): 350−383.

②HOFSTEDE G. Attitudes, values and organizational culture: disentangling the concepts[J]. Organization studies, 1998, 19(3): 477−493.

③CLUGSTON R. Ethical framework for a sustainable world: Earth Charter Plus 10 conference and follow up[J]. Journal of education for sustainable development, 2011, 5(2): 173−176.

④李劲松. 领导伦理会有回报吗？：伦理型领导与员工绩效关系研究 [J]. 经济管理，2013 (5): 72−82.

⑤廖建桥，赵君，张永军. 权力距离对中国领导行为的影响研究 [J]. 管理学报，2010(7): 988−992.

续 表

学者	年份	调节变量	作用机制
史珈铭、赵书松、吴侯含	2018	权力距离	内权力分配不平等感到厌恶低权力距离倾向的员工似乎更容易受到精神型领导的影响，因为二者之间的心理距离更近，更有可能产生高频率、高质量的互动。然而，事实或许并非如此。Schaubroeck et al. 研究发现，高权力距离倾向的个体对上级权威的认可度更高，进而会按照领导期望的方式对自身态度和行为进行调整；低权力距离倾向的员工更加独立，敢于挑战权威，因此，他们的心理认知和行为受领导的影响较小。[①] 再者，与变革型领导强调组织利益高于个人利益不同，精神型领导实现了个人目标与组织目标的协调，因此，高权力距离倾向个体在认可权威合法性的基础上，还会发自内心基于维护个体和组织共同利益的动机而接受精神型领导的影响。此外，不同权力距离倾向的员工对领导行为的期望程度是不同的，这也会影响领导行为有效性的发挥。低权力距离倾向的个体认为，他们与领导之间应该是平等的，因此，他们认为受到领导的关怀和尊重是理所应当的。而高权力距离倾向的个体尊重和维护权威，他们并不关心自身是否得到领导的关心和平等对待
史珈铭、赵书松、吴侯含	2018	权力距离	也就是说，他们对领导对待自己的期望较低，而倘若领导展现出精神型领导行为，如对于个人利益的重视和关注员工精神性需要的满足，就会超出高权力距离倾向员工的心理期望，并对其产生更加显著的影响。综上，精神型领导对高权力距离倾向个体的影响会更大 因此，员工的权力距离倾向正向调节精神型领导与其职业呼唤之间的关系，进一步表现为有中介的调节作用，即对于高权力距离倾向的员工，精神型领导通过自主性动机的中介作用对其职业呼唤的积极影响会更加显著

总的来说，这些调节变量包括两个类型：一是个体因素，如自恋、亲社会的领导动机、性别、集体主义价值观、工作价值观、权力距离、政治技巧（political skill）；二是环境因素，如感受到的组织支持（perceived organizational support）和感受到的领导者的诚信（perceived leader integrity）、

①SCHAUBROECK J, LAM S S K, CHA S E. Embracing transformational leadership: team values and the impact of leader behavior on team performance[J]. Journal of applied psychology, 2007, 92(4): 1020−1030.

战略柔性、团队氛围（差错反感文化）、关系人力资源管理实践、领导认同、职场排斥、正义取向、动态环境、工作中心性（work centrality）、组织创新支持、同事关系能量。

五、精神型领导的中介变量

课题组将精神型领导的中介变量也进行了统计，表2-8列举了精神型领导中介变量的作用机制。

表2-8 精神型领导中介变量的作用机制

学者	年份	调节变量	作用机制
杨付、刘军、张丽华	2014	战略共识	工作场所中，个体和组织目标的实现都要经过员工的认同和投入，[1]而战略共识正是员工对组织战略目标和手段一致性的认同。[2]以往关于领导行为对员工行为影响机制的研究认为，领导行为并不直接对员工行为造成影响，而需要通过员工的内在心理和认知状态间接地影响员工的行为。[3]基于以上论述可以推断，精神型领导行为对员工职业发展的影响也不是直接的，而是通过员工战略共识的中介作用来传递的。更进一步地，我们认为精神型领导行为能够对员工战略共识施加正向影响在这种情况下，精神型领导促进员工的战略参与，使员工由关注个体目标转变为关注组织战略目标，加深了员工对组织战略目标的理解，从而有利于提升员工战略共识的程度。[4]与此同时，战略共识对员工职业发展也有积极作用。当员工能够准确理解、认同组织战略目标时，如果战略共识能够指示员工朝着实现战略目标的方向努力，最终达到组织所期望的

[1]ASHKANASY N M, HUMPHREY R H. Current emotion research in organizational behavior[J]. Emotion review, 2011, 3(2): 214–224.

[2]FLOYD S W, WOOLDRIDGE B. Middle management involvement in strategy and its association with strategic type: A research note[J]. Strategic management journal, 1992, 13(S1): 153–167.

[3]WANG H, LAW K S, HACKETT R D, et al. Leader–member exchange as a mediator of the relationship between transformational leadership and followers' performance and organizational citizenship behavior[J]. The academy of management journal, 2005, 48(3): 420–432; CHO J, DANSEREAU F. Are transformational leaders fair? A multi–level study of transformational leadership, justice perceptions, and organizational citizenship behaviors[J]. The leadership quarterly, 2010, 21(3): 409–421.

[4]AMBROSINI V, BOWMAN C. Managerial consensus and corporate strategy: why do executives agree or disagree about corporate strategy?[J]. European management journal, 2003, 21(2): 213–221.

续　表

学者	年份	调节变量	作用机制
杨付、刘军、张丽华	2014	战略共识	绩效，[1] 则员工的态度和行为符合组织期望的一致性就越高。[2] 根据内在激励理论，[3] 如果员工能够识别出实现组织战略目标过程中的挑战和机遇，他们就会发现自己的努力和贡献对组织战略目标的达成具有突出意义而感知到卓越的精神体验，内在激励员工对组织目标的投入，从而激发员工的积极态度和行为，[4] 而这些态度和行为是员工职业发展的重要决定因素。[5] 因此，精神型领导行为对员工职业发展具有显著的正向预测效果，员工战略共识在其中起完全中介作用
王明辉、李婕、王峥峥	2015	战略认同	与组织认同、目标一致性等相近概念不同，战略共识的主体起初主要涉及组织各级的管理人员，最早将其定义为处于支配地位的战略决策联盟内部关于组织战略目标和手段的看法的一致程度，但其忽视了基层人员战略认同的重要性。随着研究的深入，员工的战略认同被提出。员工的战略认同即企业各个级别的员工对本企业制定战略的理解程度、所认同程度以及执行意愿的程度。一方面，精神型领导通过建立一致的愿景为企业奠定基调，使员工明白自己从事工作的意义所在；通过树立强大的信念鼓舞员工在失败中进取并持续向目标前进；提供关怀，给予员工精神和物质上的慰藉，为社会福祉尽心尽力。从上述描述可以看出，精神型领导满足了员工的需求，因而往往受到员工爱戴。精神型领导能够帮助。团队营造良好的团结协作氛围，从而促进团队的共同价值观的形成。精神型领导将社会目标、组织目标与个人目标融合，并在团队内部形成一个高度统一的价值观，当员工感知到企业、

①BOSWELL W R, BOUDREAU J W. How leading companies create, measure and achieve strategic results through "line of sight"[J]. Management Decision, 2001, 39(10): 851−860.

②BOSWELL W R. Employee alignment and the role of"line of sight"[J]. People and strategy, 2000, 23(4): 48−49.

③DECI E L. Effects of externally mediated rewards on intrinsic motivation[J]. Journal of personality and social psychology, 1971, 18(1): 105−115.

④CARMELI A, BEN−HADOR B, WALDMAN D A, et al. How leaders cultivate social capital and nurture employee vigor: implications for job performance[J]. Journal of applied psychology, 2009, 94(6): 1553−1561.

⑤GIBSON D E. Role models in career development: New directions for theory and research[J]. Journal of vocational behavior, 2004, 65(1): 134−156; CRAWSHAW J R, VAN DICK R, BRODBECK F C. Opportunity, fair process and relationship value: career development as a driver of proactive work behaviour[J]. Human resource management journal, 2012, 22(1): 4−20.

续　表

学者	年份	调节变量	作用机制
王明辉、李婕、王峥峥	2015	战略认同	社会的愿景与自己存在意义的诉求高度一致时，对企业的战略也会产生高度认同。随着这种共同价值观的传播，根据社会类化理论，群体中个体对具有与自己相似价值观的人表现出更为积极的情感，进而促进集体主义的形成，反过来又促进工作嵌入程度和战略认同感的提高。另一方面，根据控制理论，如果员工能够准确理解组织的战略目标和为实现其所需的行动，员工做出符合企业利益行为的可能性就越高。对企业的战略高度认同的员工有更少的任务模糊和角色冲突，在进行工作时能够专注于事物本身而不被外界环境所干扰。同时，高度的战略认同会带来更高程度的共享心智模式，团队内部频繁有益的交流无疑会促进新思想、新方法的产生，进而加快创新活动的发生。因此，员工战略认同在精神型领导与员工创新行为之间起中介作用
王明辉、郭腾飞、陈萍等	2016	主管承诺	作为主管与下属之间的一种垂直水平的心理依附关系，主管承诺对员工工作绩效具有正向的影响作用。[1]精神型领导所带给员工的被理解和被接纳的精神性体验不仅能够满足员工的精神需求，还能够增加员工对领导和主管的认同和心理依附感，而下属与直接主管之间的心理依附强度正是员工对主管承诺水平的反映。因此，精神型领导能够有效提升员工对主管的承诺。根据互惠原理，精神型领导能够以完整的视角看待员工心灵、精神、社会等方面的需求，员工则会用积极的方式回报自己的领导，以更高水平的任务绩效回馈主管。因此，主管承诺在精神型领导和任务绩效之间起中介作用
王明辉、郭腾飞、陈萍等	2016	组织自尊	实证研究表明，基于组织的自尊能够提升员工的组织认同。[2]基于组织的高自尊个体通常认为自己在组织中是重要的和有价值的，在完成组织安排的任务时也更有信心，而这种信心必将对员工任务绩效的提升具有重要意义。精神型领导通过工作场所的精神性为下属营造良好的团队氛围，并且通过员工在工作环境中的积极互动及对他人的帮助形成价值感和自豪感，最终形成积极的自我评价，而个体在组织情境下所获得的自我评价与体验将在很大程度上影响组织中个体的

① 谢俊，储小平，汪林.效忠主管与员工工作绩效的关系：反馈寻求行为和权力距离的影响 [J]. 南开管理评论，2012, 15(2): 31-38, 58.

② BERGAMI M, BAGOZZI R P. Self-categorization, affective commitment and group self-esteem as distinct aspects of social identity in the organization[J]. British journal of social psychology, 2000, 39(4): 555-577.

续 表

学者	年份	调节变量	作用机制
王明辉、郭腾飞、陈萍等	2016	组织自尊	的自尊。① 因此，精神型领导能够让员工在工作过程中产生基于组织的自尊。组织的自尊在精神型领导和员工任务绩效之间起中介作用
王明辉、郭腾飞、陈萍等	2016	领导成员交换	精神型领导基于利他之爱的价值观所营造出的组织文化有利于领导者与成员之间建立积极的互动关系，获得高质量的领导成员交换。而社会交换理论认为，人类的一切活动可以归结为一种交换，高质量的领导成员交换能够让员工在工作过程中获得领导者更多的关注和丰富的工作资源，与领导者建立亲密关系的员工则会因为得到领导的赏识和关注而以更加积极的态度对待工作，从而产生较高的任务绩效。因此，领导成员交换在精神型领导和员工任务绩效之间起中介作用
陈庆文、杨振芳	2017	职业承诺	由 Ashkanasy 和 Humphrey② 的观点可知，在工作场所中，员工的认同和投入是个体和组织目标得以实现的必要条件，而根据龙立荣等 ③ 的观点，职业承诺正是个体对自己所从事的职业或专业的认同和情感依赖。职业承诺是个体对职业的一种态度，因此，基于以上论述，我们可以得出结论：精神型领导对大学生村官适应性绩效的影响也不是直接的，而是通过大学生村官的职业承诺的中介作用来传递的。另外，根据内在激励理论，精神型领导并不是通过物质奖惩来发挥其有效性的，而是强调通过构建清晰且令人向往的共同愿景来激发成员内心强烈的召唤感，并真心地表达对成员的关心、关怀和重视，以及对成员充满信心，以使追随者体验到强烈的成员身份感，满足追随者的精神性需要，最终达到激励员工的积极结果。在这种领导方式下，随着使命感和成员身份感的体验，员工对所从事职业的认同和情感依赖也会相应增加。而随着个体对自身职业的认同和情感依赖的增加，其在多变的环境中抓住机遇的可能性以及做出积极反应的可能性也会相应增加。④ 因此，职业承诺在精神型领导影响大学生村官适应性绩效的过程中起部分中介作用

①PIERCE J L, GARDNER D G. Self-esteem within the work and organizational context: a review of the organization-based self-esteem literature[J]. Journal of management, 2004, 30(5): 591-622.
②ASHKANASY N M, HUMPHREY R H. Current emotion research in organizational behavior[J]. Emotion review, 2011, 3(2): 214-224.
③ 龙立荣, 方俐洛, 凌文铨, 等. 职业承诺的理论与测量 [J]. 心理学动态, 2000(4): 39-45.
④ 高艳, 乔志宏, 宋慧婷. 职业认同研究现状与展望 [J]. 北京师范大学学报 (社会科学版), 2011 (4): 47-53.

续　表

学者	年份	调节变量	作用机制
史珈铭、赵书松、吴俣含	2018	自主性动机	自我决定理论揭示了组织情境因素促使个体外在动机内化的基本路线。该理论认为，能够满足个体自主、能力和关系三种基本心理需要的情境因素是促成自主性动机的重要因素。再者，具备自主性动机的员工能够表现出更积极的工作结果。[①] 自我决定理论认为，自主性心理需求的满足来源于两个方面：完成任务过程中所感知到的心理自由以及听取领导建议过程中所感知到的自主满意度。[②] 首先，精神型领导倡导组织与个人利益协调的愿景，这使得员工在完成工作任务的过程中感知到更多的工作意义、心理自由和较少的压力，并且精神型领导关心、器重员工，在与员工互动过程中重视上下反馈，竭力满足员工的需要，这既能使精神型领导的建议和任务得到贯彻，又能提高员工在互动过程中的满意度。其次，精神型领导通过为员工提供更好的发展机会以及增强员工的心理资源以满足员工的能力需要。一方面，精神型领导关心员工的真实需要，会为员工提供展示自我和培训的机会，并且会将员工的能力与相应的工作岗位和任务相匹配，从而促进员工的职业发展；另一方面，精神型领导能使员工感知到较小的职业压力，并体会到工作与生命意义的联结，由此，员工能拥有更多的心理资源，这对员工能力的形成至关重要。最后，精神型领导能够满足员工的关系需要。自我决定理论认为，关系需要的满足来源于他人的赞赏以及员工与他人建立的亲密关系。精神型领导会赞扬员工已有的工作成果，向员工传递能够实现目标的信念。而且，以员工为中心满足精神性需要的特质还会使得员工感知到来自领导和组织的尊重，进而提升员工对领导的认同度，建立亲密的上下级关系。综上，精神型领导能够满足员工自主、能力和关系三种基本心理需要，进而促进自主性动机的产生。自主性动机能够引发正向积极的情感体验，[③]与个体最佳工作状态显著正相关，如职业承诺、生活幸福

①AMABILE T M. Motivation and creativity: effects of motivational orientation on creative writers[J]. Journal of personality and social psychology, 1985, 48(2): 393−399.

②VAN DEN BROECK A, VANSTEENKISTE M, DE WITTE H, et al. Capturing autonomy, competence, and relatedness at work: construction and initial validation of the Work−related Basic Need Satisfaction scale[J]. Journal of occupational and organizational psychology, 2010, 83(4): 981−1002.

③ 郭桂梅，段兴民．变革型领导行为与创造性：内在动机和创造性工作氛围的中介作用——针对中国企业管理实践的分析 [J]. 科学学与科学技术管理，2008(3): 189−196.

续　表

学者	年份	调节变量	作用机制
史珈铭、赵书松、吴侯含	2018	自主性动机	感和工作满意度等。① 职业呼唤是能够给员工带来较高水平的工作满意度、组织依附和组织公民行为的积极心理构念，因此，与员工内在化动机存在较强的相关性。赵海霞和郑晓明也认为，职业呼唤强的员工通常也会有较高的内在动机。② 另外，Hirschi 的研究结论揭示了具备职业呼唤的个体还需具备较高程度的职业认同感、职业承诺和职业自信等特点，而这些特点与自主性动机紧密相关。③ 从自主性动机的认同和内部动机维度看，对工作的认同能使员工感知到与工作环境的匹配并体验到工作的意义；具有高度内部动机的员工对工作有极大的热情，他们参与工作仅仅是出于一种贡献的意愿，④ 因此，他们在工作动机中能体现利他性和亲社会性，而职业呼唤的本质特征就是意义性和亲社会性。⑤ 从这点看，自主性动机能够促进员工职业呼唤的产生。精神型领导影响员工职业呼唤不是一个自发的过程，而是一个心理认知的过程，自主性动机很有可能就是这个心理认知过程的重要方面。精神型领导之所以与员工职业呼唤显著正相关，可能正是因为精神型领导激发了员工的自主性动机，而自主性动机又能够积极作用于职业呼唤。因此，员工的自主性动机在精神型领导与职业呼唤之间发挥部分中介作用

图 2-9 显示了精神型领导对任务绩效的影响机制（领导成员交换作为中介）。

①JUDGE T A, BONO J E, EREZ A, et al. Core self-evaluations and job and life satisfaction: the role of self-concordance and goal attainment[J]. Journal of applied psychology, 2005, 90(2): 257-268.

② 赵海霞, 郑晓明. 工作使命感研究现状与展望 [J]. 经济管理, 2013, 35(10): 192-199.

③HIRSCHI A. Callings in career: a typological approach to essential and optional components[J]. Journal of vocational behavior, 2011, 79(1): 60-73.

④DECI E L, RYAN R M. The"what"and"why"of goal pursuits: Human needs and the self-determination of behavior[J]. Psychological inquiry, 2000, 11(4): 227-268.

⑤ELANGOVAN A R, PINDER C C, MCLEAN M. Callings and organizational behavior[J]. Journal of vocational behavior, 2010, 76(3): 428-440.

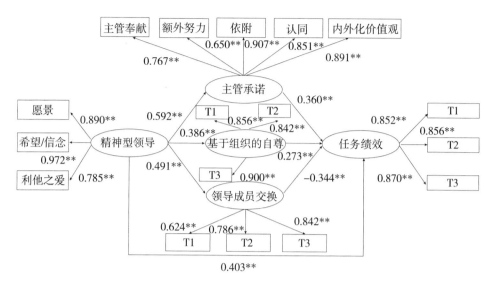

图 2-9 精神型领导对任务绩效的影响机制

图 2-10 为精神型领导与大学生村官适应性绩效关系模型（职业承诺作为中介）。

图 2-10 精神型领导与大学生村官适应性绩效关系模型

综上，笔者发现精神型领导各种中介模型遵循一个规律，那就是精神性存在经常被作为中介因素，这个中介因素可以是一种认知状态，如召唤感、战略共识、战略认同、主管承诺、组织自尊、领导成员交换关系、职业承诺、自主性动机、内部人身份感知、知识分享（知识分享意愿、知识分享能力）、心理韧性、正性情感、组织认同、情感承诺、工作社会支持、和谐安全激情、企业家精神、自主需求满足、胜任需求满足、关系需求满足、心理授权（psychological empowerment）、社会资本（social capital）。这些中介因素往往是精神型领导通过对员工的认知产生影响，从而进一步引导员工产生某种认知。这个认知会影响最终的行为。

六、精神型领导与其他类型领导的比较

早期领导理论主要可以归纳为特质理论、行为理论和权变理论，而在当代

领导理论中，比较有代表性的包括变革型领导、魅力型领导、交易型领导、服务型领导、精神型领导、真诚型领导、伦理型领导等理论。在如此纷繁的理论体系中，明确精神型领导理论所处的位置，以及它与当代其他主要领导理论的联系与区别，对理解并确立精神型领导理论的合法性及理论和实践价值具有十分重要的意义。为此，表2-9在对有关领导研究文献进行回顾的基础上，结合 Fry 和 Kriger[①] 的不同存在层次领导理论构思，从含义、发展过程以及层次三个方面对变革型领导、魅力型领导、交易型领导、服务型领导、精神型领导真诚型领导、伦理型领导理论进行比较。

表2-9　各类型领导的比较

领导类型	创始人	年份	含义	发展过程	层次
变革型领导	Downton	1973	变革型领导通过对追随者进行道德价值观感召，来增强他们对伦理问题的意识，并为他们提供进行制度改革的能量和资源，使领导者和追随者双方的动机、道德水平和伦理意识都得到提升。变革型领导理论处于印象和想象层次，它主要从 Maslow 的需求层次理论出发，认为领导者可以通过激发下属对更高层次需求的追求，改变下属的价值观与信念，引导下属超越自我利益，追求更高的目标	Downton 在《起义者领导力》（Rebel Leadership）一书中提出了变革型领导的概念。Downton 根据反叛型政治领导力提出了交易型、魅力型与鼓舞型领导力理论。个人规则系统的合法性可能源自对奖励和惩罚的运用（交易型领导力），对赋予行动、痛苦以及意义的虚构故事和符号的运用（鼓舞型领导力），而且这种合法性能够为那些心理上或社交活动中要求遵守秩序的人提供安全感，对新身份认同或文化强化的领导者的形成有影响（魅力型领导力）。1978 年，Burns 在研究政治领袖的基础上提出了变革型领导的概念。变革型领导作为一种新的领导理论，一经提出就受到了学者的广泛关注，但至今还没有统一的说法 虽然 Downton 创建了变革型领导和魅力型领导理论的基础，但是对该领域的影响不大。真正使变革型领导成为一种重要领导方法的是 Burns。在他看来，变革型领导是领导和下属相互提高动力水平和成熟度的过程，这进一步解释了变革型领导的概念。他在《领袖论》一书中指出："当一个人或多个人与人交往，	精神

①FRY L, KRIGER M. Towards a theory of being-centered leadership: Multiple levels of being as context for effective leadership[J]. Human relations, 2009, 62(11): 1667-1696.

续　表

领导类型	创始人	年份	含义	发展过程	层次
变革型领导	Downton	1973		从而使领袖及其追随者彼此将其动机和品行提升到更高的层次时，便产生了变革型领导关系。"[1]Burns 的研究成果为 Bass 的研究提供了基础，尤其是在领导者对追随者产生的变革性影响方面。20世纪 80 年代中期，Bass 提出了一种范围更广、更加完善的变革型领导理论。在变革型领导中，追随者对领导者信任、钦佩、忠诚和尊敬，他们受到激励，所做的事情比最初提出的更多。Bass 认为，领导者改变和激励追随者的方式如下：①使他们更多地意识到任务结果的重要性；②引导他们觉得组织利益超越自身利益；③激活他们更高层次的需求。[2]Bass 的理论核心是变革型与交易型领导的区别。Bass 认为，变革型领导和交易型领导有区别但并不相互排斥。[3]变革型领导比交易型领导更能提高追随者的动力和绩效，但是有效领导者能够综合运用这两种领导模型。从不同学者对变革型领导的不同定义看，变革型领导在西方文化中的维度和实现方式主要表现在四个方面：一是领导魅力，即领导者自身的魅力可以使下属产生信任和崇拜，从而引发员工自豪感，赢得员工的信任和尊重；二是激励感召力，即领导者构建伟大的组织未来愿景，激励员工提高工作期望值和工作动力；三是个性化关怀，即领导者通过各种手段关注每个员工的个人需求和个人发展需求，从而提高员工的满意度；四是智力激发，即领导者激励员工从不同的视角思考和解决问题，从而增强他们的创造力	精神

---

①BURNS J M . Leadership[M]. New York: Harper & Row, 1978.

②BASS B M, RIGGIO R E. Transformational leadership(2nd ed.)[M]. Mahwah: Lawrence Erlbaum Associates Publishers, 2006: 26−56.

③BASS B M, RIGGIO R E. Transformational leadership(2nd ed.)[M]. Mahwah: Lawrence Erlbaum Associates Publishers, 2006: 26−56.

续　表

领导类型	创始人	年份	含义	发展过程	层次
魅力型领导	House	1977	魅力型领导理论认为，"领导"是领导者通过本身的卓越才能和超凡魅力来影响下属，从而使既定目标得以实现[1]	魅力型领导理论最早来源于宾夕法尼亚大学沃顿商学院 House 教授的一篇论文。他提出，领导要素中的个人特征就是其对信念的执着和对前途与目标的丰富想象力。[2]在 House 看来，魅力型领导使下属非常相信领导的想法和观点，无条件地接受领导，对领导有情感上的依赖，对领导心甘情愿地服从。House 认为，魅力型领导拥有非常大的权力，其中，部分来自他对影响其他人的一种需求，因此他应该具备强烈的自信心、强大的支配力，以及对信念和道德的坚定性，以便使下属确认跟随他是正确的。[3]House 还指出，魅力型领导能提出一个有想象力的、更远大的目标，从而赢得追随者的支持。[4]这样的领导者还应该细心地创造一个成功而又能胜任的形象，并以自己的榜样来表达自己坚持的价值观，以便使追随者确信能实现领导者的期望。英国拉夫堡大学 Bryman 教授指出，魅力型领导能够对被领导者产生积极影响，使被领导者乐于接受其领导。[5]通常魅力型领导具有高度自信心、能建立未来愿景、坚持理想、塑造改革形象、表现创新行为与对环境变化敏感等人格特质或行为	精神

①HOUSE R J. A 1976 theory of charismatic leadership[C]//HUNT J G, LARSON L L.Leadership: the cutting edge. Carbondale: Southern Illinois University Press, 1977: 189−207.

②HOUSE R J. A 1976 theory of charismatic leadership[C]//HUNT J G, LARSON L L.Leadership: the cutting edge. Carbondale: Southern Illinois University Press, 1977: 189−207.

③HOUSE R J. A 1976 theory of charismatic leadership[C]//HUNT J G, LARSON L L.Leadership: the cutting edge. Carbondale: Southern Illinois University Press, 1977: 189−207.

④HOUSE R J. A 1976 theory of charismatic leadership[C]//HUNT J G, LARSON L L.Leadership: the cutting edge. Carbondale: Southern Illinois University Press, 1977: 189−207.

⑤BRYMAN A. Charismatic leadership in business organizations: some neglected issues[J]. The leadership quarterly, 1993, 4(3/4): 289−304.

领导类型	创始人	年份	含义	发展过程	层次
魅力型领导	House	1977		魅力型领导的根本特征是领导者存在着使命感，以及他人对这种使命的接受。Bryman 强调，魅力型领导在某种程度上可被看作一种"社会交换"，交换的内容是其包含的情感因素，而非理性成分。这种交互作用的情绪性质可以被看作魅力型人格特征的核心。此外，这种交互作用还与情境因素有关 加拿大麦吉尔大学 Conger 教授在他自称能够给人们以灵感的《魅力型领导》一书中，描述领导者的职能为"意义制造者"：以描述将来最大的可能性。①Conger 的基本假设：如果政治家和企业领导者正在努力实现的目标在概念上缺乏想象力和灵感，但又是程序化的、官僚主义的或者不明确的，那么他们可能发现他们的领导才能受到了怀疑。不过，Conger 强调，成功的变革型领导者必然具有"魅力"这项重要特质，但是拥有"魅力"的领导者未必是成功的变革型领导者。②因为过度自我陶醉的魅力型领导者会对组织产生负面的管理作为，如不良的人际关系、反传统行为的抗拒、印象管理的负面效应、太过自信的负面效应及无法培养继承者。Bass 指出，当团体或组织发生持续性危机时，魅力型领导便容易产生③ 魅力型领导者的人格特质为自信与自尊，并且其具有解决内在冲突的能力。纽约州立大学的 Yukl 教授认为，魅力型领导是一种互动过程，涉及追随者如何认知领导者的特殊属性，并将实际领导行为	精神

---

①CONGER J A. Leadership: the art of empowering others[J]. Academy of management perspectives, 1989, 3(1): 17-24.

②CONGER J A. Leadership: the art of empowering others[J]. Academy of management perspectives, 1989, 3(1): 17-24.

③BASS B M. Leadership: good, better, best[J]. Organizational dynamics, 1985, 13(3): 26-40.

续　表

领导类型	创始人	年份	含义	发展过程	层次
魅力型领导	House	1977		予以归因。[1]Yukl et al. 认为，House 的魅力型领导理论实际上是对 Weber 个人魅力理论的发展，是领导理论的新韦伯主义。[2]在 Weber 看来，个人英雄气质及典范行为是魅力和权力形成的因素之一。[3]魅力型权力来源于下属的崇拜与追随。魅力型权力是人们对魅力型领导人物的忠诚或对个人英雄主义及他们的命令的忠诚，这样的组织通常是以其领导者的个人魅力为基础的。在下属眼里，魅力型领导具有天才般的超越人类本身的力量，下属不仅对领导尊敬和信任，还将他当成英雄或神话来崇拜。伴随着工业革命和社会组织化的是权力从个人到体制的转移过程，这一过程被 Weber 称为"领袖魅力常规化"，从某种意义上说在今天已经完成。新型的巨型企业或者说处在今天这个变革时代的组织，需要的是更为激动人心的具有超凡个性魅力的首席执行官（CEOs）。不管正确与否，新闻媒体助长了这样一种观念，即一个庞大复杂的组织的命运主要取决于一位卓越领袖的个性魅力。哈佛商学院组织行为学副教授 Khurana 在《寻找公司拯救者》（*Searching for a Corporate Savior*）一书中指出，首席执行官不再被定义为职业经理人，而是被称作领袖。[4]	精神

①YUKL G, KENNEDY J, SRINIVAS E S, et al. Cross-cultural comparison of influence behavior: a preliminary report[J]. Academy of management annual meeting proceedings, 2001, 2001(1): D1-D6.

②YUKL G, KENNEDY J, SRINIVAS E S, et al. Cross-cultural comparison of influence behavior: a preliminary report[J]. Academy of management annual meeting proceedings, 2001, 2001(1): D1-D6.

③WEBER M. The theory of social and economic organizations[M]. New York: Free Press, 1947: 328-340.

④KHURANA R. Searching for a corporate savior: the irrational quest for charismatic CEOs[M]. Princeton: Princeton University Press, 2002: 50-61.

续　表

领导 类型	创始人	年份	含义	发展过程	层次
魅力型 领导	House	1977		这些领袖之所以成为领袖，是因为他们的个性，或者更简单地说，是因为他们有非凡的魅力。Conger 和 Kanungo[1]以及 Waldman 和 Yammarino[2]认为，魅力型领导指的是领导者主要通过调动追随者对愿景在情感上的承诺与一系列价值准则的共享等途径来影响追随者与交易型领导者依赖奖赏权力（reward power）、专家权力（expert power）等相比,魅力型领导依赖的是参照权力（referent power）与奖赏权力。广义的魅力型领导概念包括以下特性：强调共同的愿景与价值观，能够促进共享意识，形成理想型的行为模式，能够将力量表现出来。从某种意义上说，魅力型领导就是愿景领导（vision leaders）最先提及愿景领导的是 Downton,[3]在美国政治家和社会学理论家 Burns 的《领袖论》出版后而备受关注的变革型领导（trans-formational leaders）实质上也是一种愿景领导。目前，愿景领导一词还无统一的定义，Conger 和 Kanungo 认为，愿景领导是追求理想化目标的领导。[4]愿景领导的特点如下：①创设并交流组织愿景与目标；②制订组织战略与计划；③促进下属和团队发展；④促进组织发展；⑤保护个人免受不利因素影响；⑥保护组织免受不利因素影响；⑦在团队之间寻找并交流共同点；	精神

①CONGER J A, KANUNGO R N. Charismatic leadership in organizations[M]. Thousand Oaks: Sage Publications, 1998: 35−41.

②WALDMAN D A, YAMMARINO F J. CEO charismatic leadership: Levels−of−management and levels−of−analysis effects[J]. Academy of management review, 1999, 24(2): 266−285.

③DOWNTON J V. Rebel leadership: commitment and charisma in the revolutionary process[M]. New York: Free Press, 1973: 25−33.

④CONGER J A, KANUNGO R N. Toward a behavioral theory of charismatic leadership in organizational settings[J]. Academy of management review, 1987, 12(4): 637−647.

续 表

领导类型	创始人	年份	含义	发展过程	层次
魅力型领导	House	1977		⑧详述组织哲学、价值观，并创建组织文化；⑨培养员工对环境和组织的洞察力；⑩激励群体行动以实现目标。因此，魅力型领导理论也处于印象和想象层次，其主要理论基础是归因理论和认同理论。魅力型领导理论认为，魅力型领导者能够基于个人的超凡魅力，激发追随者对愿景的认同，从而实现既定目标	精神
交易型领导	Burns	1978	交易型领导主要通过奖励与下属工作进行交换，是一种短期的交换结果。其强调成员与领导者之间的关系是互惠的，是基于经济的、政治的以及心理的价值交换	1978年，Burns在《领袖论》一书中提出了交易型领导的概念。1985年，Bass在《领导与超越期望的绩效》一书中对交易型领导进行了建构。Bass认为交易型领导以领导—成员交换理论和途径—目标理论为基础发展而来，并认为交易型领导往往通过在奖酬基础上的即时交换来影响追随者，即交易型领导是领导者在了解下属需要的基础上，明确成员达成组织目标时可获得的报酬，并提供必要的工作资源，促使员工努力完成工作，从而满足员工需要的领导行为。① 因此，交易型领导理论存在于物质层次，其主要理论观点建立在社会交换理论的基础上，认为领导者可以通过心理性、政治性和经济性奖励换取下属的工作付出	物质

①BASS B M. Leadership and performance beyond expectations[M]. New York: Free Press, 1985: 481-484.

续　表

领导类型	创始人	年份	含义	发展过程	层次
服务型领导	Greenleaf	1998	服务型领导分享权力，将他人的需求放在首位，并帮助人们尽可能地发展和表现。所以，服务型领导理论处于精神层次，它主要基于内在激励理论，认为领导者应该以服务他人为先，通过服务追随者，使其成为更有智慧、更自由、更善于自我管理的个体	服务型领导（servant leadership）通常被称为仆人型领导或者公仆型领导，这一概念最早由美国学者 Greenleaf 提出。[①]1998年，Spears 在 Greenleaf 研究的基础上指出，服务型领导是通过其自身 10 个关键特征，即倾听、共情、抚慰、察觉、说服、概念化技能、服务者、战略远见、帮助他人成长、建立社群，有效改善组织品质的管理实践方式。[②]2004 年，Ehrhart 认为服务型领导是一种将"以下属为中心"为根本目的的领导风格，其最突出的特征就是具有较高的道德品质和优先考虑下属利益。[③]2005 年，Sims 认为服务型领导是在充分尊重和信任其团队成员的基础上，通过赋予员工自我领导的自主权、满足员工的需求，并以为员工谋求发展和成长的机会来激发员工的潜能，进而促使团队成员认同其领导的管理模式。[④]2008 年，Liden et al. 认为服务型领导最显著的特征就是关注员工的成长和授权。[⑤]2019 年，Eva et al. 在一篇元分析文章中，综合前人的研究，总结了服务型领导所具备的三点特征，并将其作为概念进行界定，即服务型领导具有以下特征：①在工作过程中体现出"服务导向""利他精神"的领导方式；②通过一对一的方式优先考虑员工的	精神

①GREENLEAF R K. The power of servant-leadership[M]. San Francisco: Berrett-koehler publishers, 1998: 12-25.

②SPEARS L C, WAGNER-MARSH F. Insights on leadership: service, stewardship, spirit, and servant-leadership[M]. New York: Wiley, 1998:12-43.

③EHRHART M G. Leadership and procedural justice climate as antecedents of unit-level organizational citizenship behavior[J]. Personnel psychology, 2004, 57(1): 61-94.

④SIMS B J. Servanthood: leadership for the third millennium[M]. Eugene: Wipf and Stock Publishers, 2005.

⑤LIDEN R C, WAYNE S J, ZHAO H, et al. Servant leadership: development of a multidimensional measure and multi-level assessment[J]. The leadership quarterly, 2008, 19(2): 161-177.

续　表

领导类型	创始人	年份	含义	发展过程	层次
服务型领导	Greenleaf	1998		需求、兴趣和目标；③不仅关心组织内效益，更关注组织在社会中应承担的社会责任。① 服务型领导主要关注人民及其所属社区的成长和福祉。虽然传统的领导通常涉及"金字塔顶端"的人积累和行使权力，但服务型领导不同	
精神型领导	Fairholm	1998	精神型领导理论处于精神层次，并且主要基于内在激励理论，认为领导者可以通过满足追随者对基于使命和成员身份的精神性存在的基本需求来内在地激励他们，从而促成更高水平的组织承诺和生产力	详见"一、精神型领导的概念与维度"	精神
真诚型领导	Burns	2003	真诚型领导是一个不断整合的过程，即领导和员工的行为、信念、动机以及目标相互发生冲突但又不断走向一致，并且诚信始终贯穿整个领导过程	Burns被认为是最早提出真诚型领导这一概念的学者。George以美国安然等公司的一些假账丑闻事件为背景，最早提出真诚型领导的概念内涵。他认为，真诚型领导者能够忠于自身价值观，有明确的发展目标，激励员工，满足利益相关者的需求，保证组织的持续发展，② 而不是领导者所固有的一种心理特质此后，学术界对真诚型领导的阐述和研究都是在此基础上展开的。Kernis认为，真诚型领导构念包括自我意识、无偏处理、	心灵

①EVA N, ROBIN M, SENDJAYA S, et al. Servant leadership: a systematic review and call for future research[J]. The leadership quarterly, 2019, 30(1): 111-132.
②LUTHANS F, AVOLIO B J. Authentic leadership development[J]. Positive organizational scholarship, 2003, 241(258): 1-26.

续　表

领导类型	创始人	年份	含义	发展过程	层次
真诚型领导	Burns	2003		行动和关系。① 有学者以积极组织行为学为视角，提出真诚型领导能够促使领导者与下属总以一种积极的心态调整自己的行为，同时能够促进员工积极向上地自我成长与发展，其原因就是真诚型领导是由领导者自身积极的心理资源与高度开发的组织情境相互整合的过程。② 有学者针对 Kernis 提出的真诚型领导概念，从真诚型领导内容结构视角出发，提出真诚型领导应该包括自我意识、信息无偏处理、诚信行为及关系导向四个维度。③ Avolio 和 Gardner 基于认知心理学的相关研究，对 Kernis 提出的真诚型领导构念进行了修正。由于人类在认知上固有的偏差，他们对事物的认知有很大的局限性。在这种认知局限性的影响下，真诚型领导者以及员工不可能做到对任何事情都进行无偏处理，而倾向一种相对平衡的方式，从多角度做出评价。因此，Avolio 和 Gardner 将无偏处理改为平衡处理，并且认为真诚型领导者自身所拥有的积极心理资源能够对员工的行为调节产生积极的影响作用，从而促进员工的自我成长和发展。④ Walumbwa et al. 也提出了真诚型领导的概念，认为这种领导方式能够增强员工的积极心态，有利于营造积极主动的组织氛围，从而促进员工发展。⑤	心灵

① KERNIS M H. Optimal self-esteem and authenticity: separating fantasy from reality-author's response[J]. Psychological inquiry, 2003, 14(1): 83-89.

② NOVICEVIC M M, HARVEY M G, RONALD M, et al. Authentic leadership: a historical perspective[J]. Journal of leadership & organizational studies, 2006, 13(1): 64-76.

③ NEIDER L L, SCHRIESHEIM C A. The authentic leadership inventory (ALI): development and empirical tests[J]. The leadership quarterly, 2011, 22(6): 1146-1164.

④ AVOLIO B J, GARDNER W L. Authentic leadership development: getting to the root of positive forms of leadership[J]. The leadership quarterly, 2005, 16(3): 315-338.

⑤ WALUMBWA F O, AVOLIO B J, GARDNER W L, et al. Authentic leadership: development and validation of a theory-based measure[J]. Journal of management, 2008, 34(1): 89-126.

续　表

领导类型	创始人	年份	含义	发展过程	层次
真诚型领导	Burns	2003		因此，真诚型领导理论处于心灵层次，它主要基于积极组织行为理论和认同理论，认为领导者可以通过激发追随者对领导者的个人认同以及对所处群体的社会认同，使追随者形成积极的心理资本，从而改善追随者的工作态度、行为与绩效	心灵
伦理型领导	Brown et al.	2005	伦理型领导理论处于心灵层次，它主要建立在社会学习理论的基础上，认为领导者可以通过把自己树立为有吸引力和可靠的角色模范，并辅以相应的奖励和惩罚措施，引导追随者学习和遵守一定的伦理标准	伦理型领导有不同的定义，但最开始是 Brown et al.[1] 提出的定义。这也是使用最广泛的定义，至少有 45 篇文章使用了这一定义。尽管这一概念与 Brown 和 Treviño[2] 以及 Zhu et al.[3] 描述的真实型领导和公仆型领导有部分重叠，但 Bouckenooghe et al. 认为伦理型领导是"一个有效的独特结构，而不仅仅是主要领导实践的另一个方面"[4]。在一项研究中，Toor 和 Ofori 考察了伦理型领导的结构和全系列领导模式之间的关系，发现了它们之间的联系（如积极性与变革型领导、消极性与自由放任型领导）。[5]	

[1] BROWN M E, Treviño L K, HARRISON D A. Ethical leadership: a social learning perspective for construct development and testing[J]. Organizational behavior and human decision processes, 2005, 97(2): 117-134.

[2] BROWN M E, Treviño L K. Ethical leadership: a review and future directions[J]. The leadership quarterly, 2006, 17(6): 595-616.

[3] ZHU W, ZHENG X, RIGGIO R E, et al. A critical review of theories and measures of ethics-related leadership[J]. New directions for student leadership, 2015, 2015(146): 81-96.

[4] BOUCKENOOGHE D, ZAFAR A, RAJA U. How ethical leadership shapes employees' job performance: the mediating roles of goal congruence and psychological capital[J]. Journal of business ethics, 2015, 129(2): 251-264.

[5] TOOR S R, OFORI G. Ethical leadership: examining the relationships with full range leadership model, employee outcomes, and organizational culture[J]. Journal of business ethics, 2009, 90(4): 533-547.

续　表

领导类型	创始人	年份	含义	发展过程	层次
伦理型领导	Brown et al.	2005		还有其余使用了与伦理相关概念的研究，包括家长式领导①、真实型领导②、服务型领导③、变革型领导④和道德满足感⑤。Brown et al. 提出的概念在文献中的使用频率可能表明研究人员普遍接受了这种概念 这种概念也反映了学者对领导者应该具有什么样的道德行为的共同理解。领导者被视为组织内确定价值观和道德环境的主要来源。⑥De Roeck 和 Farooq 强调领导者的决定和行动应该反映他或她的个人价值观和信仰。⑦ 因此，具有强烈个人价值观的领导者很容易与员工建立联系。事实上，个人价值观是指导信念、	心灵

①CHENG M Y, WANG L, LESMANA S D. The relationship between paternalistic leadership and organizational citizenship behavior—the mediating effect of ethical climate[J]. International journal of research in commerce & management, 2013, 4(10):5.

②HANNAH S T, AVOLIO B J, WALUMBWA F O. Relationships between authentic leadership, moral courage, and ethical and pro—social behaviors[J]. Business ethics quarterly, 2011, 21(4): 555−578.

③JARAMILLO F, BANDE B, VARELA J. Servant leadership and ethics: a dyadic examination of supervisor behaviors and salesperson perceptions[J]. Journal of personal selling & sales management, 2015, 35(2): 108−124.

④GROVES K S, LAROCCA M A. An empirical study of leader ethical values, transformational and transactional leadership, and follower attitudes toward corporate social responsibility[J]. Journal of business ethics, 2011, 103(4): 511−528.

⑤KANG S W, BYUN G, PARK H J. Leader—follower value congruence in social responsibility and ethical satisfaction: a polynomial regression analysis[J]. Psychological reports, 2014, 115(3): 725−740.

⑥MISHRA P, SCHMIDT G B. How can leaders of multinational organizations be ethical by contributing to corporate social responsibility initiatives? Guidelines and pitfalls for leaders trying to do good[J]. Business horizons, 2018, 61(6): 833−843.

⑦DE ROECK K, FAROOQ O. Corporate social responsibility and ethical leadership: Investigating their interactive effect on employees'socially responsible behaviors[J]. Journal of business ethics, 2018, 151(4): 923−939.

续　表

领导类型	创始人	年份	含义	发展过程	层次
伦理型领导	Brown et al.	2005		态度和行动的基本原则。[1]Resick et al.声称领导者的正直、道德意识和以人为本的价值观会进一步影响领导者的行为方式和使用权力的方式[2] Russell 认为，个人价值观不仅影响领导者的行为，还能提高组织绩效。[3]具有强烈个人价值观的领导者成功地与他或她的团队建立联系，成功地培养战略愿景并获得合作伙伴的支持。[4]因此，个人价值观的正确组合，如诚实、正直、利他主义和领导行为中的可信赖性，会带来令人印象深刻的领导成果 伦理型领导树立的伦理标准也有望成为组织决策过程中伦理型领导和有效性的预测指标。[5]Treviño et al.发现道义价值观与变革型领导之间存在很强的相关性。[6]Hood 强调领导者的积极性和强烈的个人价值观能促进组织中的价道德实践，进而建立互信和提高组织生产力。[7]	心灵

[1]PICCOLO R F, GREENBAUM R, HARTOG D N, et al. The relationship between ethical leadership and core job characteristics[J]. Journal of organizational behavior, 2010, 31(2/3): 259–278.

[2]RESICK C J, HANGES P J, DICKSON M W, et al. A cross-cultural examination of the endorsement of ethical leadership[J]. Journal of business ethics, 2006, 63(4): 345–359.

[3]RUSSELL R F. The role of values in servant leadership[J]. Leadership & organization development journal, 2001, 22(2): 76–84.

[4]KATHERINE L. ARMSTRONG DPH. Launching a family-centered, neighborhood-based human services system[J]. Administration in social work,2008,21(3/4):109–126.

[5]GROVES K S, LAROCCA M A. An empirical study of leader ethical values, transformational and transactional leadership, and follower attitudes toward corporate social responsibility[J]. Journal of business ethics, 2011, 103(4): 511–528.

[6]Treviño L K, BROWN M, HARTMAN L P. A qualitative investigation of perceived executive ethical leadership: perceptions from inside and outside the executive suite[J]. Human relations, 2003, 56(1): 5–37.

[7]HOOD J N. The relationship of leadership style and CEO values to ethical practices in organizations[J]. Journal of business ethics, 2003, 43(4): 263–273.

续　表

领导类型	创始人	年份	含义	发展过程	层次
伦理型领导	Brown et al.	2005		此外，一些学者还发现了伦理型领导与其他相关主题之间关系的研究，如正义、公平和信任。关于正义和公平的主题出现在七项研究中。第一个是 Kalshoven et al. 于 2011 年发表的《工作中的道德领导力问卷（ELW）：多维度测量的制定和验证》，他们在 Brown 和 Treviño et al. 的研究基础上，提出了公平的概念。公平被视为领导者道德行为的一个重要因素，也是决策过程中使用的一个准则。组织公平的概念包括程序公平、互动公平和信息公平。在 Shin et al. 的研究中，程序公平对企业财务绩效和组织公民行为的影响起中介作用。[1] 在 Mo 和 Shi 的研究中，程序公平在员工和其对组织关注中起中介作用。[2] 在这两种情况下，社会学习和社会交流机制都被用来解释结果在评估员工道德问题的后果时，Hassan、Wright 和 Yukl 控制了程序公平的影响，[3] 以避免将影响与员工道德行为混为一谈，因为之前的研究已经发现程序公平对这一行为的影响。然后，社会学习和社会交换理论被用来解释这些影响。最后，Mayer et al. 将交互公平作为一个与伦理型领导相关的概念进行了研究，发现这些概念部分重叠，但也确定了伦理型领	心灵

[1]SHIN Y, SUNG S Y, CHOI J N, et al. Top management ethical leadership and firm performance: mediating role of ethical and procedural justice climate[J]. Journal of business ethics, 2015, 129(1): 43−57.

[2]MO S J, SHI J. Linking ethical leadership to employees' organizational citizenship behavior: Testing the multilevel mediation role of organizational concern[J]. Journal of business ethics, 2017, 141(1): 151−162.

[3]HASSAN S, WRIGHT B E, YUKL G. Does ethical leadership matter in government? Effects on organizational commitment, absenteeism, and willingness to report ethical problems[J]. Public administration review, 2014, 74(3): 333−343.

续 表

领导类型	创始人	年份	含义	发展过程	层次
伦理型领导	Brown et al.	2005		导的不同方面。① 在 Wang et al. 的研究中，互动公平作为中介角色在员工自我效能感与对上级忠诚之间的关系中发挥了中介作用。② 与上述研究一致的是，社会学习理论为这些研究的结果提供了理论背景。总而言之，78%（n=39）的研究直接基于 Bandura1977 年的社会学习理论，或间接基于 Brown 和 Trevino 的社会学习框架。在这些研究中，有 14 项研究是对社会学习理论和 Blau1964 年的社会交换理论的补充，目的是解释员工在"组织通过任务表现和额外角色行为积极对待"方面的互惠③ 在 Kacmar et al.④ 以及 Lee⑤ 的研究中，社会交换理论也被认为是解释角色外行为对追随者角色外表现影响的基本理论，但在这些研究中，没有社会学习理论来解释两者之间的关系。如上所述，追随者对组织和个人的 OCB（组织公民行为）的影响是最常提到的问题。由于社会交换理论表明双方之间的关系质量会影响回报的意愿，如对伦理待遇的回报，因此，该理论在试图理解组织间合作的研究中被采用也就不足为奇了	心灵

①MAYER D M, AQUINO K, GREENBAUM R L, et al. Who displays ethical leadership, and why does it matter? An examination of antecedents and consequences of ethical leadership[J]. Academy of management journal, 2012, 55(1): 151−171.

②WANG H, LU G, LIU Y. Ethical leadership and loyalty to supervisor in china: the roles of interactional justice and collectivistic orientation[J]. Journal of business ethics, 2017, 146(3): 529−543.

③KACMAR K M, ANDREWS M C, HARRIS K J, et al. Ethical leadership and subordinate outcomes: the mediating role of organizational politics and the moderating role of political skill[J]. Journal of business ethics, 2013, 115(1): 33−44.

④KACMAR K M, BACHRACH D G, HARRIS K J, et al. Fostering good citizenship through ethical leadership: Exploring the moderating role of gender and organizational politics[J]. Journal of applied psychology, 2011, 96(3): 633−642.

⑤LEE K. Ethical leadership and followers'taking charge: trust in, and identification with, leader as mediators[J]. Social Behavior and Personality: an international journal, 2016, 44(11): 1793−1802.

续　表

领导类型	创始人	年份	含义	发展过程	层次
伦理型领导	Brown et al.	2005		值得注意的是，所研究的伦理型领导效应的一个共同点是它们都是与工作有关的效应	心灵

第二节　情绪劳动的研究现状

一、情绪劳动的概念、特征和维度

（一）情绪劳动的概念

酒店和旅游业的员工强烈关注客户服务，他们从事情绪劳动，遵守组织展示规则，维护以服务为导向的客户文化。随着组织对客户和员工之间互动的日益关注，以及对试图管理和引导员工情绪的研究兴趣日益浓厚，自20世纪90年代初以来，考察情绪劳动的影响的文献开始引起人们的兴趣。多年来，情绪劳动理论的三个主要阵营帮助定义和解释了情绪劳动及其前因和结果。

第一，Hochschild认为，服务性职业的特点是与客户有频繁的互动。[①]因此，员工不仅要管理情绪，还要让管理层强制和监督自己的情绪。这些条件有利于员工进行情绪劳动。Hochschild进一步提出情绪劳动是通过两种机制表现出来的：表层扮演和深层扮演。[②]员工通过压抑自己的负面情绪和展示预期的积极表情进行表层扮演，致使自己感受情绪和展示情绪不协调。相比之下，员工通过改变自己的感受来激发真正的积极情绪，从而进行深层扮演。通过将表层扮演和深层扮演作为调节情绪的策略，员工进行情绪劳动以遵守组织展示规则。[③]可以说，Hochschild最早提出了情绪劳动的概念，即情绪劳动是个体致力情感管理，做出公众可以观察到的面部表情和肢体语言。同时，他开创性地提出了情绪劳动的成本、情绪社会化、情绪商品化等概念，并指出了情绪劳动

①HOCHSCHILD A. Comment on Kemp's "social constructionist and positivist approaches to the sociology of emotions"[J]. American journal of sociology, 1983, 89(2): 432−434.

②HOCHSCHILD A. Comment on Kemp's "social constructionist and positivist approaches to the sociology of emotions"[J]. American journal of sociology, 1983, 89(2): 432−434.

③BROTHERIDGE C M, LEE R T. Testing a conservation of resources model of the dynamics of emotional labor[J]. Journal of occupational health psychology, 2002, 7(1): 57−67.

发生的 3 个条件：①必须与公众进行面对面接触或者语言沟通；②目的是影响顾客产生某种情绪状态或者情绪反应；③雇主能够对员工的情绪活动实施控制。在情绪劳动状态下，情绪已不再是个人拥有，而成了被商品化的产品。员工从事情绪劳动的目的是与雇主交换而获取工资，因此，情绪劳动具有交换价值。Hochschild 强调情绪劳动是管理自己内心的感受，提出应关注情绪劳动对工作绩效产生的影响，而不仅仅关注情绪劳动对员工产生的压力和健康的影响。Hochschild 按照活动场所的差异以及是否支付工资对情绪劳动和情感劳动进行了概念区分。前者指人们在公众场所为了获取报酬而开展的情绪管理；后者指人们在日常生活中的情绪管理，并没有工资。此外，情绪劳动与情感劳动密切相关，但又不完全对等。情感是情绪的本质内涵，情绪则是情感的外在表现。情感较稳定而持久，情绪较短暂而动荡。情感对情绪有激励与制约作用，而情绪具有明显的情景性，并且依赖情感。情感劳动能够体现员工的尊严与价值，以工作实现员工的愿望与梦想，它是员工的额外付出。情绪劳动则是基于完成工作的需要，是工作的一部分和员工的正常付出。

第二，Ashforth 和 Humphrey[1] 对 Hochschild 于 1983 年所做出的情绪劳动的定义进行了扩展，包括自发的和真实的情绪以及情绪劳动对任务效率的影响。虽然深层扮演和表层扮演是用来遵守展示规则的情绪劳动策略，但员工也可以自发地感受到符合展示规则的情绪，而不必改变自己的情绪。例如，前台员工可能已经感觉到积极和快乐，因此，他们在与客户互动时的情绪展示便符合酒店的展示规则。因此，Ashforth 和 Humphrey 对情绪劳动的定义包括员工无须付出太多努力就能表现出情绪的情况。[2] 他们认为，情绪劳动是指表达适当情绪的行为，并且要符合组织的要求。[3]

第三，Morris 和 Feldman 进一步扩展了情绪劳动的结构，提出情绪劳动的一个关键组成部分在于组织对员工—客户互动的期望。[4] 每个员工与客户的

①ASHFORTH B E, HUMPHREY R H. Emotional labor in service roles: the influence of identity[J]. Academy of management review, 1993, 18(1): 88-115.
②ASHFORTH B E, HUMPHREY R H. Emotional labor in service roles: the influence of identity[J]. Academy of management review, 1993, 18(1): 88-115.
③ASHFORTH B E, HUMPHREY R H. Emotional labor in service roles: the influence of identity[J]. Academy of management review, 1993, 18(1): 88-115.
④MORRIS J A, FELDMAN D C. The dimensions, antecedents, and consequences of emotional labor[J]. Academy of management review, 1996, 21(4): 986-1010.

互动频率、时间和强度等因素对员工的情绪劳动有显著影响。此外，组织展示规则强烈影响员工的预期表达，并影响情绪劳动。这些关于情绪劳动的早期研究不仅帮助学者定义了情绪劳动，还刺激了相关研究的大量增长。Morris和Feldman指出，情绪的产生在很大程度上取决于社会情景，因此，将情绪劳动定义为在人际交往过程中，个体通过目标确认、计划、监控等内在心理活动使自己表现出达到组织要求的情绪行为。[1]Grandey提出，情绪劳动是为表达组织期望的情绪，而进行的目标确认、计划、监控、信息反馈等内在心理活动。[2]Zhan et al.情绪劳动是对情绪和表情的调节，以支持一个组织及其目标所提倡的展示规则。[3]情绪调节包括表层扮演和深层扮演，这两者是情绪劳动的核心。Brotheridge和Grandey进一步将情绪劳动分为两个中心：①工作中心，描述职业的情绪要求，主要从交流的频率、强度种类、持续时间等方面对情绪工作进行测量；②人员中心，描述满足组织和工作情绪要求的员工心理行为过程，主要根据员工的情绪调节过程、情绪失调监控等研究情绪劳动。[4]Diefendorff et al.从心理控制论的角度，将情绪劳动界定为员工对情绪失调的监控和调节的过程。[5]Groth et al.则认为，情绪劳动是员工根据组织的期望表达情绪，不断进行自我情绪调节的过程。[6]

在考察酒店和旅游业的情绪劳动文献时，两个理论常被用来作为员工提

[1]MORRIS J A, FELDMAN D C. The dimensions, antecedents, and consequences of emotional labor[J]. Academy of management review, 1996, 21(4): 986-1010.

[2]GRANDEY A A. Emotional regulation in the workplace: a new way to conceptualize emotional labor[J]. Journal of occupational health psychology, 2000, 5(1): 95-110.

[3]ZHAN Y, WANG M, SHI J. Interpersonal process of emotional labor: the role of negative and positive customer treatment[J]. Personnel psychology, 2016, 69(3): 525-557.

[4]BROTHERIDGE C M, GRANDEY A A. Emotional labor and burnout: comparing two perspectives of "people work"[J]. Journal of vocational behavior, 2002, 60(1): 17-39.

[5]DIEFENDORFF J M, CROYLE M H, GOSSERAND R H. The dimensionality and antecedents of emotional labor strategies[J]. Journal of vocational behavior, 2005, 66(2): 339-357.

[6]GROTH M, HENNIG-THURAU T, WALSH G. Customer reactions to emotional labor: the roles of employee acting strategies and customer detection accuracy[J]. Academy of management Journal, 2009, 52(5): 958-974.

供情绪劳动的前因和结果理论基础：资源保存理论（COR）[1]和情感事件理论（AET）[2]。

首先，COR 理论是一个一般的工作压力框架，提出员工有动力拥有和维持资源倾向，特别是在面临工作需求的时候。因此，员工有工作资源（如组织支持、工作自主性、决策自主性、乐观个性、心理健康和积极的奖励制度）和工作需求（如工作超负荷、角色冲突和有压力的工作互动）。COR 理论主要应用于压力研究，也广泛用于为理解服务情境中情绪劳动的前因和结果提供理论框架。

其次，AET 理论提出，工作中的离散事件会引起情感反应（包括情绪），从而影响工作态度和行为。AET 理论对工作事件的情感反应有一个双层的评估过程。第一层评估是评估事件与个人的相关性。第二层评估是一种情感反应，会导致不同的情感反应（如愤怒或快乐）。AET 理论还提出，工作环境对情感反应有直接影响。例如，工作事件（困难的客户互动）影响情感状态（恐惧、愤怒和蔑视），而情感状态又影响服务人员的工作行为（如情绪化的劳动策略和服务质量）和工作态度（如工作满意度和离职意图）。

综上，情绪劳动定义为对感觉和表达的调节，通过深层或表面的行为来表现出适当的情绪。因此，表层扮演和深层扮演都是情绪劳动策略——员工从事情绪劳动和遵守组织展示规则的工具。例如，当员工改变情绪以表达积极情绪时，他们从事的是深层扮演，那些压抑和假装自己的情绪以表达积极情绪的员工则从事的是表层扮演。尽管在一些研究中，情绪失调和情绪努力被当作情绪劳动的衡量标准，但从理论上讲，情绪失调和情绪努力是情绪劳动的结果。表层扮演和深层扮演准确地反映了 Hochschild[3]、Ashforth 和 Humphrey[4] 以及 Morris 和 Feldman[5] 所描述的情绪劳动的定义。例如，情绪失调不是调节一个人的情绪来表达适当的情绪；相反，它是表层扮演的产物，感觉和表达的情绪

---

①HOBFOLL S E. Conservation of resources: a new attempt at conceptualizing stress[J]. American psychologist, 1989, 44(3): 513-524.

②WEISS H M, CROPANZANO R. Affective events theory: a theoretical discussion of the structure, causes and consequences of affective experiences at work[J]. Research in organizational behavior, 1996, 18(3): 1-74.

③HOCHSCHILD A. Comment on kemp's "social constructionist and positivist approaches to the sociology of emotions"[J]. American journal of sociology, 1983, 89(2): 432-434.

④ASHFORTH B E, HUMPHEY R H. Emotional labor in service roles: the influence of identity[J]. Academy of Management Review, 1993, 18(1): 88-115.

⑤MORRIS J A, FELDMAN D C. The dimensions, antecedents, and consequences of emotional labor[J]. Academy of management review, 1996, 21(4): 986-1010.

之间存在差异。同样，情感努力反映了深层扮演的积极后果。情绪失调和情绪努力已分别被衡量为从事表层扮演和深层扮演的近端结果，加强了从表面和深层扮演方面衡量情绪劳动的论点。此外，由于情绪失调是表层扮演而非深层扮演的直接结果，因此，不应将情绪失调作为情绪劳动变量来衡量。同样，由于情绪努力是深层扮演而非表层扮演的结果，因此，它不应该是情绪劳动的衡量标准。可见，情绪失调和情绪努力不是情绪劳动的可靠衡量标准。

（二）情绪劳动的特征

情绪劳动的特征如表 2-10 所示。

表 2-10　情绪劳动的特征

特征	内容
调节的主动性	员工的情绪表达不仅会影响公众的情绪体验和反应，也会受到公众情绪反应的影响。当受到公众消极的或意料之外的情绪影响时，员工就需要按照角色要求和组织期望及时调整自己的情绪劳动方式及策略，以便更有效地引导公众的情绪反应。情绪劳动调节的主动性说明情绪劳动提供者的个人特征直接影响其情绪劳动策略与产出
实施的目的性	情绪劳动是有目的地表现情绪来影响他人情绪的过程。在与人打交道的过程中，员工常常需要按要求表达情绪，以影响他人的态度和行为。员工的工作行为是由其内在的情感及情绪驱动来完成的。员工通过表达适当情绪，进而影响公众的情绪、态度或行为，以提高组织效率、促进组织目标达成以及增加组织信誉等。情绪劳动实施的目的性在某种程度上说明了情绪劳动的"可控性"与"可管理性"
表现规则的差异性	员工在实际工作中管理和表达情绪的方式恰当与否，取决于其所属职业或组织的具体要求。不同职业或组织在情绪劳动的具体要求上存在着一定的差异。目前，许多企业虽然没有明确制定情绪表达规则，但将其包含在组织文化内。Wong et al. 提出，可从三个方面处理这些问题：①提高员工教育水平，加强职业培训，提升员工在实践工作中管理情绪的能力；②建立一套完整的奖励惩罚机制，监督并评价员工在服务过程中的表现；③利用社会规范的影响直接或间接达成顾客期望[①]

①WONG C S, WONG P M, LAW K S. The interaction effect of emotional intelligence and emotional labor on job satisfaction: A test of Holland's classification of occupations[M]//HÄRTEL C E, ZERBE W J, ASHKANASY N M. Emotions in organizational behavior. New Jersey: Lawrence Erlbaum Associates Publishers, 2005: 235-250.

续 表

特征	内容
过程的互动性	情绪劳动是在情绪性交易中情绪发出者与接收者之间一系列的沟通。情绪性交易是一种双重互动：发出者通过情绪表演刺激目标对象，目标对象根据一系列表现出来的情绪做出显性或隐性的反馈，即产生了双方的互动。随后，情绪发出者会做出相应的回应，根据对方的反馈再调整，包括放弃、改变或维持之前的情绪表演，即完成双重互动的过程。在情绪表演过程中，发出者与接收者需要通过双重互动，从而就传递或隐藏哪些情绪达成一致意见或减少分歧。互动性说明服务情境的设置会对情绪劳动产生显著影响
发展的动态性	Beal et al. 指出，情绪和情绪劳动都是动态变化的，个体情绪劳动会随着时间和情境的变化而不断发生改变。[1] 目前，关于情绪劳动的动态性方面的研究相对较少。Scott 指出，从情绪劳动的动态性出发，可以进一步剖析个体之间和个体内部因素对情绪劳动的影响。[2] 情绪劳动发展的动态性说明只有综合考虑多个层次因素的相互作用，才能从本质上把握情绪劳动的属性

（三）情绪劳动的维度

关于情绪劳动的维度划分，不同的学者结合其研究情境提出了不同的研究维度，具体如表 2-11 所示。

表 2-11 情绪劳动的维度

维度	学者	维度内容
二维度	Kruml et al. Chu et al.	①情绪失调，包括表层扮演和自然表现；②情绪努力，指员工积极改变内在状态与所要表达的情绪进行匹配的程度，即主动的深层扮演
	Glomb et al.	将情绪劳动的概念进一步扩大，引入积极情绪状态和消极情绪状态，并假设消极情绪表现是被禁止的，积极情绪表现则是被允许的，且每个方面存在正性和负性的情绪体验，从而确定了情绪劳动的 2 个维度：①表现维度，包括情绪表现恰当和情绪表现不恰当；②感受维度，包括表现与内部感受相一致的情绪和表现与内部感受不一致的情绪

---

①BEAL D J, TROUGAKOS J P, WEISS H M, et al. Episodic processes in emotional labor: perceptions of affective delivery and regulation strategies[J]. Journal of applied psychology, 2006, 91(5): 1053-1065.

②SCOTT B A, BARNES C M. A multilevel field investigation of emotional labor, affect, work withdrawal, and gender[J]. Academy of management journal, 2011, 54(1): 116-136.

续　表

维度	学者	维度内容
二维度	Seery et al.	将情绪劳动划分为聚焦自我的情绪劳动（表层扮演）和聚焦他人的情绪劳动（情绪增强），并探讨了情绪劳动与工作满意度、情感认同、情绪耗竭以及离职意图之间的关系
四维度	Morris et al.	基于情绪劳动的工作属性将其划分为以下 4 个维度：①情绪劳动的频率，指客户和服务提供者之间交往的次数；②情绪表现规则的专注程度，包括互动的持续时间和情绪表现要求的强度；③情绪表达的多样性，指工作角色需要表现情绪的类别；④情绪失调，指真正感受到的情绪状态和组织需要表现的情绪状态之间的冲突
六维度	Brotheridge et al.	互动的频率、情绪表达的强度、情绪表达的多样性、互动的持续时间、表层扮演、深层扮演
七维度	Zapfl	情绪劳动的维度除了情绪表达、情绪压抑及情绪失调等维度之外，还应加入具有人际沟通意义的维度。同时，通过因子分析，得出情绪劳动的 7 个维度，即正向情绪表达、情绪表达的多样性、敏感度要求、同理心展现、情绪失调、规则性、互动控制

二、情绪劳动的前因

（一）个体前因变量

情绪智力和个性是最常被研究的情绪劳动的个体前因。COR 理论为理解情绪智力对情绪劳动的影响提供了理论框架。例如，Kim et al. 考察了酒店员工的情绪智力和情绪劳动关系，发现情绪智力对情绪劳动有显著影响。[1] 将情绪劳动作为表层扮演和深层扮演来衡量，他们得出结论，对于一线酒店员工来说，情绪智力是帮助员工在服务接触中从事情绪劳动的一种资源。同样，Lee 和 Ok 将情绪智力概念化为一种个人资源，认为它可以促进服务接触中的情绪

---

[1]KIM T, JUNG-EUN YOO J, LEE G, et al. Emotional intelligence and emotional labor acting strategies among frontline hotel employees[J]. International journal of contemporary hospitality management, 2012, 24(7): 1029-1046.

劳动。[1] 这些研究的结果表明，情商是服务人员与客户互动的资源，因为情商高的人擅长处理社交互动。事实上，这些结果与 Newman et al. 的元分析是一致的，即情绪智力对工作绩效的影响在需要情绪劳动的工作中比不需要情绪劳动的工作更强。[2]

Kim[3]、Gursoy et al.[4] 以及 Sohn 和 Lee[5] 研究了人格作为情绪劳动的先行因素。只有 Gursoy et al. 使用 COR 理论，将人格作为影响因素，发现外向型人格对情绪劳动影响不显著，反而是神经质型人格影响了土耳其酒店管理专业学生的情绪劳动。[6] 人格和情绪劳动之间的联系与 COR 理论是一致的，因为人格等个人特征为员工与客户互动提供了资源，帮助他们从事有效的情绪劳动。但是，Kim 及 Sohn 和 Lee 都没有提供人格与情绪劳动之间联系背后的理论基础。

Chu et al.[7] 以及 Medler-Liraz[8] 考察了情绪劳动的前因情感（包括消极情感和积极情感）。例如，Chu et al. 研究发现，具有较高积极情绪的员工表现出的情绪不和谐较少，具有较高消极情绪的员工则表现出更多的情绪不和

①LEE J H, OK C. Reducing burnout and enhancing job satisfaction: Critical role of hotel employees' emotional intelligence and emotional labor[J]. International journal of hospitality management, 2012, 31(4): 1101-1112.

②NEWMAN D A, JOSEPH D L, MACCANN C. Emotional intelligence and job performance: the importance of emotion regulation and emotional labor context[J]. Industrial and organizational psychology, 2010, 3(2): 159-164.

③KIM H J. Hotel service providers' emotional labor: the antecedents and effects on burnout[J]. International journal of hospitality management, 2008, 27(2): 151-161.

④GURSOY D, BOYLU Y, AVCI U. Identifying the complex relationships among emotional labor and its correlates[J]. International journal of hospitality management, 2011, 30(4): 783-794.

⑤SOHN H K, LEE T J. Relationship between HEXACO personality factors and emotional labour of service providers in the tourism industry[J]. Tourism management, 2012, 33(1): 116-125.

⑥GURSOY D, BOYLU Y, AVCI U. Identifying the complex relationships among emotional labor and its correlates[J]. International journal of hospitality management, 2011, 30（4）: 783-794.

⑦CHU K H, BAKER M A, MURRMANN S K. When we are onstage, we smile: the effects of emotional labor on employee work outcomes[J]. International journal of hospitality management, 2012, 31(3): 906-915.

⑧MEDLER-LIRAZ H. Negative affectivity and tipping: the moderating role of emotional labor strategies and leader-member exchange[J]. International journal of hospitality management, 2014, 36: 63-72.

谐。[①] 然而，Chu et al. 没有提供情感和情绪劳动之间联系的理论基础。情绪劳动的其他个体前置因素包括正念[②]、工作家庭冲突和疲惫[③] 以及民族文化[④]。

因此，情绪劳动的个体前因变量有性别、情绪智力、人格特质等。

（二）组织前因变量

情感事件理论（affective event theory，AET）作为将组织结构与情绪劳动联系起来的理论框架，Lam 和 Chen[⑤] 以及 Hur et al.[⑥] 的研究考察了组织支持作为情绪劳动的前因。他们的研究表明，组织支持是一种工作环境，它不仅会影响员工的情感状态（如焦虑、愤怒或开心），还会影响员工对情绪劳动策略的使用（深度或表层扮演）。

Kim[⑦] 以及 Gursoy et al.[⑧] 考察了工作特征作为情绪劳动的前置因素。Kim考察了酒店员工服务接触的频率、种类、持续时间、强度、自主性和展示规则

①CHU K H, BAKER M A, MURRMANN S K. When we are onstage, we smile: The effects of emotional labor on employee work outcomes[J]. International journal of hospitality management, 2012, 31（3）: 906−915.

②LI J J, WONG I K A, KIM W G. Does mindfulness reduce emotional exhaustion? A multilevel analysis of emotional labor among casino employees[J]. International journal of hospitality management, 2017, 64: 21−30.

③ZHAO X, MATTILA A S, NGAN N N. The impact of frontline employees' work−family conflict on customer satisfaction: The mediating role of exhaustion and emotional displays[J]. Cornell Hospitality Quarterly, 2014, 55(4): 422−432.

④NEWNHAM M P. A comparison of the enactment and consequences of emotional labor between frontline hotel workers in two contrasting societal cultures[J]. Journal of human resources in hospitality & tourism, 2017, 16(2): 192−214.

⑤LAM W, CHEN Z. When I put on my service mask: determinants and outcomes of emotional labor among hotel service providers according to affective event theory[J]. International journal of hospitality management, 2012, 31(1): 3−11.

⑥HUR W M, MOON T W, JUN J K. The role of perceived organizational support on emotional labor in the airline industry[J]. International journal of contemporary hospitality management, 2013, 25(1): 105−123.

⑦KIM H J. Hotel service providers' emotional labor: the antecedents and effects on burnout[J]. International journal of hospitality management, 2008, 27(2): 151−161.

⑧GURSOY D, BOYLU Y, AVCI U. Identifying the complex relationships among emotional labor and its correlates[J]. International journal of hospitality management, 2011, 30(4): 783−794.

等因素。[①]结果表明，频率、种类、持续时间和自主性对深层扮演有预测作用，负性表现规则对表层扮演有预测作用。以 COR 理论作为理论基础，Gursoy et al.考察了作为先决条件的工作自主权。[②]他们的理论是，工作自主权是一种资源，可以让员工自由控制自己与客户互动时使用的情绪劳动策略。然而，结果并不支持这一观点。

情绪劳动的其他组织前因包括客户导向文化、客户不当行为和人力资源实践（授权、招聘、选拔和培训）。例如，Lee et al.引入了另一种考察情绪劳动的理论：人—工作（P–J）框架的人—环境（P–E）匹配理论。[③]以客户为导向的文化表明，组织的文化将客户作为战略计划和执行的重点。Lee et al.发现员工的客户导向对深层扮演有正向影响，但对表层扮演有负向影响。[④]

最后，以 COR 理论为理论基础，Hu et al.检查发现，客户不当行为会影响情绪劳动。[⑤]Karatepe et al.还使用 COR 理论研究了客户言语攻击性如何在酒店员工中引发情绪不和谐。[⑥]

因此，影响情绪劳动的组织因素有工作自主性、组织支持、组织文化、客户行为等。

（三）情境因素

Grandey 指出，交往期望（频率、持久性等）、情绪事件（积极的和消极

---

①KIM H J. Hotel service providers'emotional labor: The antecedents and effects on burnout[J]. International journal of hospitality management, 2008, 27（2）: 151−161.

②GURSOY D, BOYLU Y, AVCI U. Identifying the complex relationships among emotional labor and its correlates[J]. International journal of hospitality management, 2011, 30（4）: 783−794.

③LEE J H, OK C M, LEE S H, et al. Relationship between emotional labor and customer orientation among airline service employees: Mediating role of depersonalization[J]. Journal of travel research, 2018, 57(3): 324−341.

④LEE J H, OK C M, LEE S H, et al. Relationship between emotional labor and customer orientation among airline service employees: Mediating role of depersonalization[J]. Journal of travel research, 2018, 57(3): 324−341.

⑤HU H H S, HU H Y, KING B. Impacts of misbehaving air passengers on frontline employees: role stress and emotional labor[J]. International journal of contemporary hospitality management, 2017, 29(7): 1793−1813.

⑥KARATEPE O M, YORGANCI I, HAKTANIR M. Outcomes of customer verbal aggression among hotel employees[J]. International journal of contemporary hospitality management, 2009, 21(6/7):713−733.

的）等情境因素对员工的情绪劳动有影响。[1]Wong et al. 的研究发现，员工服务顾客的数量越多，其所要付出的情绪劳动就越多，进而情绪负担就越大。[2]如果员工的工作时间和私人时间没有清晰界定，当其私人时间不断被挤压，他们便很少或没有时间卸下情绪面具，释放情绪压力，进而增加其情绪劳动负担。

因此，影响情绪劳动的情境因素有交往期望、情绪事件、服务顾客数量、工作时间和私人时间界定清晰度等。

三、情绪劳动的结果

（一）员工层面

职业倦怠及其三个组成部分（情绪衰竭、去人格化和个人成就感降低）是常见的研究员工情绪劳动的结果。资源保存理论是支持情绪劳动和职业倦怠联系的常用理论基础。例如，Hu et al. 发现情绪劳动（以情绪不和谐测量）和情绪衰竭两者之间的联系，并认为从事情绪劳动是一种威胁员工资源的角色需求，耗尽了用于满足情绪劳动需求的资源。[3]同样，Hur et al. 的研究结果也是如此，他们发现情绪衰竭是空乘人员表层扮演的结果，并推断当员工表现出自己没有感受到的情绪（表层扮演）时，他们会感到痛苦或紧张（导致情绪衰竭）。[4]Li et al. 也进行了理论推导，发现表层扮演会导致情绪衰竭，因为假装情绪会消耗认知资源。[5]最后，Lee 和 Ok 还发现，情绪劳动（以情绪不和谐衡量）会导致更严重的情绪衰竭，并在理论上认为当员工与客户互动感受到和

[1]GRANDEY A A. Emotional regulation in the workplace: a new way to conceptualize emotional labor[J]. Journal of occupational health psychology, 2000, 5(1): 95-110.

[2]WONG J Y, WANG C H. Emotional labor of the tour leaders: an exploratory study[J]. Tourism management, 2009, 30(2): 249-259.

[3]HU H H S, HU H Y, KING B. Impacts of misbehaving air passengers on frontline employees: role stress and emotional labor[J]. International journal of contemporary hospitality management, 2017, 29(7): 1793-1813.

[4]HUR W M, MOON T W, JUN J K. The role of perceived organizational support on emotional labor in the airline industry[J]. International journal of contemporary hospitality management, 2013, 25(1): 105-123.

[5]LI J J, WONG I K A, KIM W G. Does mindfulness reduce emotional exhaustion? A multilevel analysis of emotional labor among casino employees[J]. International journal of hospitality management, 2017, 64: 21-30.

表达的情绪不匹配时，他们的认知能量就会耗尽，导致情绪衰竭。[①] 因此，这些研究表明，将假装情绪作为一种情绪劳动策略会耗尽认知资源，随着时间的推移，重复的客户互动会导致情绪衰竭。此外，值得强调的是，Kim[②]、Chu et al.[③]、Lv et al.[④]、Rathi et al.[⑤]、Newnham[⑥]的研究没有提供情绪劳动和情绪衰竭之间联系的理论原因。

情绪劳动的其他员工结果包括幸福感、员工创造力和压力。例如，Geng et al. 详述了情绪劳动的员工相关结果，并调查了一线员工的员工创造力和工作压力。[⑦] 结果表明，表层扮演会挫败员工的创造力，深层扮演则会对创造力产生正向影响。他们还发现，表层扮演与阻碍压力有关，深层扮演则预示着挑战压力。Lazarus 和 Folkman 提出了认知资源耗竭和压力认知评估理论。[⑧] 这个理论可以用来说明 Geng et al. 的情绪劳动对幸福感、员工创造力和压力的影

①LEE J H J, OK C. Reducing burnout and enhancing job satisfaction: critical role of hotel employees' emotional intelligence and emotional labor[J]. International journal of hospitality management, 2012, 31(4): 1101−1112.

②KIM H J. Hotel service providers'emotional labor: the antecedents and effects on burnout[J]. International journal of hospitality management, 2008, 27(2): 151−161.

③CHU K H, BAKER M A, MURRMANN S K. When we are onstage, we smile: The effects of emotional labor on employee work outcomes[J]. International journal of hospitality management, 2012, 31(3): 906−915.

④LV Q, XU S, JI H. Emotional labor strategies, emotional exhaustion, and turnover intention: An empirical study of Chinese hotel employees[J]. Journal of human resources in hospitality & tourism, 2012, 11(2): 87−105.

⑤RATHI N, BHATNAGAR D, MISHRA S K. Effect of emotional labor on emotional exhaustion and work attitudes among hospitality employees in India[J]. Journal of human resources in hospitality & tourism, 2013, 12(3): 273−290.

⑥NEWNHAM M P. A comparison of the enactment and consequences of emotional labor between frontline hotel workers in two contrasting societal cultures[J]. Journal of human resources in hospitality & tourism, 2017, 16(2): 192−214.

⑦GENG Z Z, LIU C, LIU X M, et al. The effects of emotional labor on frontline employee creativity[J]. International journal of contemporary hospitality management, 2014, 26(7): 1046−1064.

⑧LAZARUS R S, FOLKMAN S. Stress, appraisal, and coping[M].Berlin: Springer Publishing Company, 1984: 22−34.

响的模型。Geng et al. 的情绪劳动模型认为，表层扮演会耗尽可用于其他任务的认知资源，如创造力，因此被评估为阻碍压力（阻碍表现的压力源）。[1]

综上，情绪劳动对个体的影响主要是消极影响，包括自我疏远、去个性化、压力、工作倦怠、离职倾向、幸福感降低、创造力下降等。

（二）组织层面

与组织相关的结果是情绪劳动的结果，与员工对组织的感觉有关。这些因素包括工作满意度、离职意向和组织承诺。工作满意度是研究最多的情绪劳动的组织相关结果，而 COR 理论是解释情绪劳动和工作满意度之间联系的常用理论。例如，Gursoy et al. 发现工作满意度是情绪劳动的结果（用情绪不和谐和情绪努力来衡量），并讨论了这种联系，因为情绪劳动耗尽了员工的资源，员工因情绪不和谐而承受更多压力。[2]Lee 和 Ok 发现情绪劳动（以情绪不和谐衡量）通过情绪衰竭间接影响工作满意度。[3] 这两项研究都表明，员工在面对过高的工作要求时，会经历负面过程（工作满意度较低），如情绪不和谐。

相较之下，Lam 和 Chen 使用情感事件理论 AET 来解释情绪劳动和工作满意度之间的联系，认为表面上与客户打交道会导致持续的情绪不和谐，因为员工假装自己具有积极情绪（一种情感驱动的行为），从而体验到较低的工作满意度（工作态度）。[4] 最后，Chu et al. 发现以情绪性的努力衡量的情绪劳动对工作满意度有较好的预测作用。[5]

①GENG Z Z, LIU C, LIU X M, et al. The effects of emotional labor on frontline employee creativity[J]. International Journal of contemporary hospitality management, 2014, 26(7):1046-1064.

②GURSOY D, BOYLU Y, AVCI U. Identifying the complex relationships among emotional labor and its correlates[J]. International journal of hospitality management, 2011, 30(4): 783-794.

③LEE J H, OK C. Reducing burnout and enhancing job satisfaction: Critical role of hotel employees' emotional intelligence and emotional labor[J]. International journal of hospitality management, 2012, 31(4): 1101-1112.

④LAM W, CHEN Z. When I put on my service mask: Determinants and outcomes of emotional labor among hotel service providers according to affective event theory[J]. International journal of hospitality management, 2012, 31(1): 3-11.

⑤CHU K H, BAKER M A, MURRMANN S K. When we are onstage, we smile: The effects of emotional labor on employee work outcomes[J]. International journal of hospitality management, 2012, 31(3): 906-915.

Hur et al.[1]、Rathi et al.[2] 以及 Hofmann 和 Stokburger-Sauer[3] 考察了离职意图和组织承诺作为情绪劳动的结果。使用情感事件理论，Hur et al. 发现组织承诺和离职意向是空乘人员情绪劳动的结果。Rathi et al. 同样考察了一线酒店员工的离职意向和情感组织承诺。然而，该研究缺乏一个将情绪劳动与离职倾向和组织承诺联系起来的理论框架。

Lv et al.[4] 考察了情绪劳动和离职倾向在酒店员工中的作用。通过监测参与者的表层扮演和深层扮演，他们发现两种情绪劳动策略都对离职倾向有贡献。同样，Jung 和 Yoon 从餐饮服务的角度研究了情绪劳动，发现表层扮演与离职意愿显著正相关，深层扮演与离职意愿显著负相关。[5] 然而，这两项研究都缺乏将情绪劳动与离职倾向联系起来的理论框架。

（三）客户层面

与客户相关的结果是与响应直接影响客户服务的员工行为（如客户导向、服务补救绩效）的客户态度（如客户满意度）和行为（如给小费）相关的结果。COR 理论常被用来提供一种理论解释，解释为什么情绪劳动会导致各种

①HUR W M, MOON T W, JUN J K. The role of perceived organizational support on emotional labor in the airline industry[J]. International journal of contemporary hospitality management, 2013, 25(1): 105−123.

②RATHI N, BHATNAGAR D, MISHRA S K. Effect of emotional labor on emotional exhaustion and work attitudes among hospitality employees in India[J]. Journal of human resources in hospitality & tourism, 2013, 12(3): 273−290.

③HOFMANN V, STOKBURGER−SAUER N E. The impact of emotional labor on employees' work−life balance perception and commitment: a study in the hospitality industry[J]. International journal of hospitality management, 2017, 65: 47−58.

④LV Q, XU S, JI H. Emotional labor strategies, emotional exhaustion, and turnover intention: an empirical study of Chinese hotel employees[J]. Journal of human resources in hospitality & tourism, 2012, 11(2): 87−105.

⑤JUNG H S, YOON H H. Antecedents and consequences of employees'job stress in a foodservice industry: Focused on emotional labor and turnover intent[J]. International journal of hospitality management, 2014, 38: 84−88.

与客户相关的结果。例如，Kim et al.[1] 和 Karatepe et al.[2] 研究了情绪劳动如何通过情绪衰竭影响酒店员工的服务恢复绩效。结果表明，表层扮演行为是情绪耗竭的表现，这对服务恢复绩效有负面影响。

Lee 和 Ok 的研究发现，情绪劳动（以情绪不和谐衡量）影响了酒店员工的服务破坏动机。[3] 这些结果也用 COR 理论进行了解释。例如，情绪不和谐被概念化为服务破坏的根源，因为情绪不和谐会耗尽可用于提供服务的资源，特别是在困难的互动期间。Ahn 和 Lee[4] 的研究结果也是如此。他们考察了航空公司员工的情绪劳动与客户导向的关系，发现表层扮演对客户导向有负向影响，深层扮演对客户导向有正向影响。

Zhao et al.[5] 对情绪劳动的结果进行了考察，说明了情绪劳动如何对员工和客户产生影响。他们研究了在客户服务互动中假装积极情绪和抑制负面情绪如何影响客户满意度。假装积极的情绪或表现出虚假的积极情绪与客户识别角色表现的能力呈正相关。研究结果表明，客户能区分真实的积极情绪和虚假的积极情绪，会在真实的积极情绪服务互动中表现出更高的满意度。然而，没有使用理论框架来发展和解释这些关系。

最后，Van Dijk et al. 研究了随着动物园从以娱乐为基础的组织转变为以保护为中心的接待目的地，动物园导游的工作要求也发生了变化。[6] 动物园导游的情

①KIM T, JUNG-EUN YOO J, LEE G, et al. Emotional intelligence and emotional labor acting strategies among frontline hotel employees[J]. International journal of contemporary hospitality management, 2012, 24(7): 1029-1046.

②KARATEPE O M, ALESHINLOYE K D. Emotional dissonance and emotional exhaustion among hotel employees in Nigeria[J]. International journal of hospitality management, 2009, 28(3): 349-358.

③LEE J H J, OK C M. Understanding hotel employees'service sabotage: Emotional labor perspective based on conservation of resources theory[J]. International journal of hospitality management, 2014, 36: 176-187.

④AHN J S, LEE S B. A study on the effects of employees'emotional labor on customer orientation and business performance in restaurants[J]. Culinary science and hospitality research, 2017, 23(8): 67-82.

⑤ZHAO X, MATTILA A S, NGAN N N. The impact of frontline employees'work-family conflict on customer satisfaction: The mediating role of exhaustion and emotional displays[J]. Cornell hospitality quarterly, 2014, 55(4): 422-432.

⑥VAN DIJK P A, SMITH L D G, COOPER B K. Are you for real? An evaluation of the relationship between emotional labour and visitor outcomes[J]. Tourism management, 2011, 32(1): 39-45.

绪劳动会影响向游客传达保护动物和环境的信息，进而又影响游客的人际传播、口碑和对自然的保护意识。但该研究没有提供任何理论框架来解释这些关系。

四、情绪劳动的中介变量

工作倦怠（情绪衰竭、去人格化和个人成就感降低）是情绪劳动及其结果被检验最多的且第一个被研究的中介变量。此外，Hobfoll et al. 的 COR 理论是解释这些关系的常用框架。[1] 例如，这项研究考察了职业倦怠在情绪劳动（以情绪不和谐或表面和深层扮演衡量）对工作满意度、服务破坏和客户导向的影响中所起的中介作用。COR 理论表明，情绪劳动的情感要求性质会导致资源枯竭，导致服务破坏，并对工作满意度和客户导向产生负面影响。例如，Ahn和 Lee 发现表层扮演通过去人格化使认知资源紧张，阻碍了客户导向服务。[2]

Hur et al. 研究发现，倦怠（测量情绪耗竭）在情绪劳动（深层和表层扮演）对组织承诺和离职意图的影响中起中介作用。[3] 这些结果是用认知不和谐理论解释的。具体地说，作者认为表层扮演会导致情绪不和谐，随着时间的推移，情绪会使人精疲力竭，从而对组织承诺和离职意图产生负面影响。

压力是情绪劳动及其结果的第二个被研究的中介变量。例如，使用认知资源耗竭和压力的认知评估理论，Geng et al. 考察了压力在表层扮演和深层扮演对员工创造力的影响中的中介作用，发现表层扮演增加了压力，导致员工创造力降低，而深层扮演减少了员工的压力，从而提高了创造力。[4]

国内学者也对情绪劳动进行了一系列研究。图 2-11 为顾客认同、情绪价值作为中介变量的模型，情绪劳动的中介变量的作用机制如表 2-12 所示。

---

[1]HOBFOLL S E, SHIROM A, GOLEMBIEWSKI R. Conservation of resources theory: applications to stress and management in the workplace[M]//GOLEMBIEWSKI R T.Handbook of organizational behavior.New York: Marcel Dekker, 2000: 57-80.

[2]AHN J S, LEE S B. A study on the effects of employees'emotional labor on customer orientation and business performance in restaurants[J]. Culinary science and hospitality research, 2017, 23(8): 67-82.

[3]HUR W M, MOON T W, JUN J K. The role of perceived organizational support on emotional labor in the airline industry[J]. International journal of contemporary hospitality management, 2013, 25(1): 105-123.

[4]GENG Z Z, LIU C, LIU X M, et al. The effects of emotional labor on frontline employee creativity[J]. International journal of contemporary hospitality management, 2014, 26(7): 1046-1064.

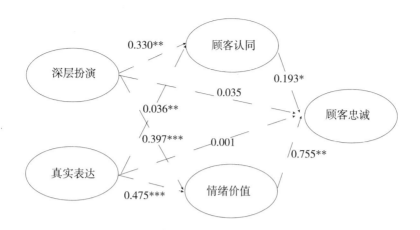

图 2-11 顾客认同、情绪价值作为中介变量的模型

表 2-12 情绪劳动的中介变量的作用机制

学者	年份	中介变量	作用机制
杨勇	2015	顾客认同	深层扮演显著正向影响顾客忠诚；真实表达显著正向影响顾客忠诚；顾客认同在深层扮演与顾客忠诚间起完全中介作用，在真实表达与顾客忠诚间起完全中介作用；情绪价值在深层扮演与顾客忠诚间起完全中介作用，在真实表达与顾客忠诚间起完全中介作用。Bhattacharya et al. 首次基于社会认同理论提出顾客认同构念，将其作为解释顾客与组织长期巩固关系的心理机制。[①] 顾客认同是指经常惠顾某企业的顾客倾向将这个企业的某些特征（如企业的价值观、员工和品牌等）融入自我身份中，成为自我身份的一部分，以满足自我界定的需要。顾客认同之所以能够作为情绪劳动策略与顾客忠诚的中介心理机制，是因为依据社会认同理论观点，经常惠顾某企业的顾客感知这家员工为其服务时，积极情绪（如热情、真诚）表达的频率较高。而积极情绪表达的频率越高，员工与顾客之间越容易建立良好的情绪氛围，从而拉近顾客与组织间的距离，提高组织身份的吸引力。顾客一旦对组织产生认同共鸣，就会自动将组织归类为内群，将组织视为"自己人"，而不是漠不关心的"外部人"。内群"自己人"会驱动顾客与组织发展长期稳定关系以及向他人积极宣传企业等行为

①BHATTACHARYA C B, RAO H, GLYNN M A. Understanding the bond of identification: an investigation of its correlates among art museum members[J]. Journal of marketing, 1995, 59(4): 46-57.

续 表

学者	年份	中介变量	作用机制
杨勇	2015	顾客认同	此外，Ahearne et al. 证实员工越能使顾客感到愉快，顾客对组织的认同程度越高，继而越愿意从事利于组织的行为，如持续惠顾企业消费，积极推荐他人惠顾企业，等等。[①]而表层表演、深层扮演和真实表达正是员工使顾客心情愉快的三种情绪表达策略
杨勇	2015	情绪价值	Freemantle 认为，长期巩固的企业顾客关系不能通过产品或服务的功能性价值获得（如产品质量、获得便利性等）。[②]Barlow et al. 也强调组织与顾客长期巩固的关系是以情感为纽带的，应在服务互动中注入情绪价值，以情绪价值为基础影响顾客的态度和行为。[③]情绪价值是指在员工与顾客的交互中，顾客体验的情绪收益与情绪成本之差，积极情绪体验能够提高顾客的情绪收益，而消极情绪体验会提升顾客的情绪成本。情绪感染理论认为员工积极情绪的表达会使顾客产生积极的情绪体验，所以员工按照组织或社会规范进行的积极情绪传递无论是否真诚（表层扮演、深层扮演和真实表达），都会使顾客产生积极的情绪，从而提高顾客的情绪价值。较高的情绪价值会促进顾客与员工间的和谐，进而提高顾客的忠诚度

综上可知，工作倦怠、压力、顾客认同、情绪价值等是常见的情绪劳动的中介变量。

此外，我们还可以得出结论：这些研究和现有文献的共识是，从事某些类型的情绪劳动，如表层扮演，会导致职业倦怠和压力，这对服务业员工有负面影响。虽然 COR 理论是解释这些关系的常用框架，但并不是所有的研究都提供或使用一个理论来解释。在研究情绪劳动与顾客的关系时，一些学者往往还会使用情绪感染理论框架。

①AHEARNE M, BHATTACHARYA C B, GRUEN T. Antecedents and consequences of customer-company identification: expanding the role of relationship marketing[J]. Journal of applied psychology, 2005, 90(3): 574.

②FREEMANTLE D. Customer service-getting the basics right[J]. Managing service quality: an international journal, 1994, 4(5): 46-50.

③BARLOW J, MAUL D. Emotional value: creating strong bonds with your customers[M]. San Francisco: Berrett-Koehler Publishers, 2000: 31-66.

五、情绪劳动的调节变量

调节变量可能会影响情绪劳动的方向或强度，从而影响各种结果。然而，很少有研究考察这些关系的调节因素。事实上，只找到了少数调节变量。图 2-12 为客户知识、服务绩效作为调节变量的模型，情绪劳动的调节变量的作用机制如表 2-13 所示。

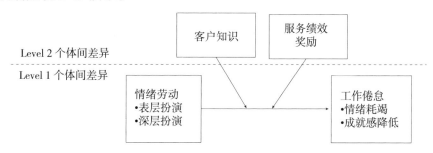

图 2-12　客户知识、服务绩效作为调节变量的模型

表 2-13　情绪劳动的调节变量的作用机制

学者	年份	中介变量	作用机制
Medler-Liraz	2014	领导—成员交换质量	检验了领导—成员交换质量对情绪劳动和小费之间关系的调节作用。结果表明，经理和员工之间的关系质量可以显著调节员工参与情绪劳动策略的结果
Li et al.	2017	真实性氛围	真实性氛围对表层扮演对情绪衰竭的影响具有调节作用。该结果基于 P-E 匹配理论（人—环境匹配理论）。该理论认为，组织的氛围可以缓解表层扮演的负面结果，从事表层扮演但在强烈的组织真实性氛围中工作的员工经历的情绪枯竭较少
Jung and Yoon	2014	性别	在一项针对酒店员工的研究调查中，Jung 和 Yoon 发现员工性别和职位都调节了情绪智力对情绪劳动（深层扮演和表层扮演）的影响。[①] 结果显示，前厅员工比客房员工进行深层扮演的比例更高。此外，女性员工的表层扮演率明显高于男性员工。尽管有这些有趣的结果，但没有提供任何理论框架来解释这些结果
		职位	

---

① JUNG H S, YOON H H. Antecedents and consequences of employees'job stress in a foodservice industry: Focused on emotional labor and turnover intent[J]. International journal of hospitality management, 2014, 38: 84−88.

续　表

学者	年份	中介变量	作用机制
廖化化	2016	客户知识	员工在工作中的表层扮演对一天工作结束时的情绪耗竭、去个性化、个人成就感降低体验有显著的正向影响；员工在工作中的深层扮演对一天工作结束时的去个性化、个人成就感降低体验有显著的负向影响；客户知识显著弱化了表层扮演对情绪耗竭、去个性化、个人成就感降低的正向影响，进一步增强了深层扮演对去个性化、个人成就感降低的负向影响；服务绩效奖励显著弱化了表层扮演对个人成就感降低的正向影响，进一步增强了表层扮演对情绪耗竭的正向影响、深层扮演对个人成就感降低的负向影响。资源保存理论认为，当个体处在非压力情境主动地去获取、储备资源时，对于应对未来的资源损耗有重要意义。但该理论强调，资源获取的价值最大化体现在资源损耗发生过程中对其进行即时替换、支持或补偿。业务知识被公认为工作场所中重要的认知资源，它能提高员工掌控任务情境、发起意志力行动的能力，促进自我调节行为的进程。对于服务业员工而言，客户知识是核心的业务知识。客户知识包括客户特征知识和服务策略知识两个维度，前者指服务业从业者对各种不同类型顾客及其特点的了解，后者指那些有关如何应对不同类型顾客的需求、不同服务情境的知识或技巧。因此，客户知识对情绪劳动与工作倦怠的关系有潜在的调节作用。首先，客户知识是一种预先储备的资源。资源储备会让个体对未来可能发生的资源损耗产生预期。这种心理预期会弱化压力事件发生时个体的紧张感，也可能促使个体提前准备甚至演练一些应对预案，增加对资源损耗进程的掌控感。对行为的掌控感还会让他们对资源损耗变得不再那么敏感。因此，客户知识能让服务工作者对工作中可能出现的一些特殊状况或需要面对的困难有一定的预期，减少情绪压力事件对个体情绪体验的冲击，降低情绪调节的难度，节约资源投入。其次，客户知识能为情绪劳动的实际进程提供关键的认知资源支持。表层扮演、深层扮演的过程都涉及对情绪刺激事件的评价、应对策略的启动、效果评价等内在过程。当服务者具备丰富的客户知识时，便能在上述过程中迅速调动这些知识资源，准确识别顾客要求，执行有效的应对策略，再根据顾客反馈决定

学者	年份	中介变量	作用机制
廖化化	2016	客户知识	继续调整或是维持一定的情绪。情绪调节进程中的资源支持同样会让员工体验到对自己情绪、对当前任务的掌控。最后，由于具备丰富客户知识的员工能快速地、有的放矢地满足顾客需求，因而很可能得到顾客的肯定与赞赏，获得社会性补偿，进一步减少情绪调节过程中的资源损耗。理论上，具有交换价值是情绪劳动的基本属性之一
廖化化	2016	服务绩效奖励	服务绩效奖励是情绪劳动者可以获得的收入形式之一，具体指员工因为顾客提供优质服务而可以获得的小费、佣金、绩效加薪等形式的额外收入。情绪劳动的这一结果会反过来对情绪劳动的作用过程产生影响。例如，Grandey et al. 发现，绩效奖励的主观感知与客观刺激对情绪劳动工作者来说都有积极的意义。[①] 情绪劳动的实质是一种需要付出努力、运用技能的工作行为，员工对自己在工作中的付出将换来合理的经济回报有一定的心理预期。因此，若这一付出没有得到符合预期的经济回报，员工便会减少资源投入。如前所述，组织的情绪劳动要求是相对稳定的。在外部要求恒定、主观意愿减弱的情境下，情绪劳动会逐渐演化成一种受制于外部监管、不得已而为之的个体行为，资源消耗更多却没有机会得到补偿，对心理健康的破坏作用便会增强。相反，如果情绪劳动付出得到了预期的或超预期的经济回报，个体的资源损耗得到补偿，员工在后续的情绪调节中继续投入资源与努力的动机便会增强，从而有效缓解情绪耗竭、去个性化与成就感降低的风险。另外，服务绩效奖励对于员工来说，不仅意味着收入的增加，还能提供重要的绩效反馈信息。获得绩效奖励的员工会感知到自己的工作行为对组织目标做出了有益的贡献，感到自己能胜任工作，进而更有兴趣、更兴奋地继续投入那些能带来奖励的行为中

---

①GRANDEY A A, SAYRE G M. Emotional labor: regulating emotions for a wage[J]. Current directions in psychological science, 2019, 28(2): 131−137.

续　表

学者	年份	中介变量	作用机制
廖化化	2016	服务绩效奖励	额外的绩效奖励具有象征性意义，就情绪劳动而言，象征着组织或顾客对员工努力进行情绪调节的行为与能力的肯定。若员工积极的情绪调节、出色的情绪表现获得了经济上的奖励，这一过程不仅能让他们获得物质资源的补偿，还能获得自我肯定、积极情绪、动机等心理资源的补偿。因此，服务绩效奖励对情绪劳动与工作倦怠的关系有显著的调节作用，会弱化表层扮演的消极作用，强化深层扮演的积极作用

综上，常见的调节变量有领导—成员交换质量、性别、职位、真实性氛围、客户知识、服务绩效。通过对以上文献的研究，课题组总结出几种常见的情绪劳动的调节变量的理论框架：LMX 理论、人—环境匹配理论以及资源保存理论。

第三节　工作旺盛的研究现状

一、工作旺盛的概念、理论基础以及其与类似概念的区分

（一）工作旺盛的概念

关于工作旺盛概念的观点众多，如表 2-14 所示。

表 2-14　工作旺盛的概念

作者	年份	概念
Spreitzer et al.	2005	工作旺盛是一种由活力和学习的共同体验组成的心理状态。处于旺盛状态的人会经历成长和感受活力，其特点是他们会充满生命力和精力，有一种不断进步和做得更好（学习）的感觉 他们提出了工作旺盛的二维概念，工作旺盛由以下两部分组成：活力的感觉和正在学习或变得更好的感觉。活力代表一个人充满活力的感觉和对工作的热情。学习是指获得和

作者	年份	概念
Spreitzer et al.	2005	应用知识与技能以建立能力与信心的感觉。这两个维度共同捕捉了个人成长心理体验的情感（活力）和认知（学习）本质。工作旺盛感是一种积极的心理动机状态，也就是说工作旺盛是一种关键的内部心理和动机状态。在这种状态下，个体在工作中既体验到活力感，又体验到学习感。其中，活力指个体拥有力量、生机的积极感受，学习指个体感受到能够获得并运用知识与技能的体验。其具备类似状态的特征，每个人或多或少都可能存在旺盛的潜能，易被领导等情境因素激活和调动 他们开发了一个社会嵌入的工作旺盛模型，他们在其中定义了旺盛，将其与相关结构区分开来，并解释了旺盛的体验是如何由个人所处的环境塑造的。在这项工作中，工作旺盛被概念化为一种适应性功能，因为它提供了一种内部线索，帮助个人评估自己的前进进度。Spreitzer et al. 认为工作旺盛很重要，因为它可以促进员工的发展[①]
Maslow	1943	当心理发展时，个体的其他方面也处于成长和发展关键期
Rogers	1961	
Alderfer	1972	
Ryff	1989	当个体成长时，他认为自己在以反映增强的自我认识和有效性的方式扩张
Carver	1998	旺盛是一种以积极的能力（建设性的或前进的方向）成长的心理体验，可以激励和活跃自身。这两个维度与先前强调同时考虑人类成长的情感和认知基础的重要性的心理学研究是一致的
Saakvitne et al.	1998	活力和学习结合在一起，抓住了工作旺盛的本质。虽然每个维度都意味着在工作中朝着成长和个人发展取得了一定进步，但只有在它们相互促进的情况下，才能形成工作旺盛的体验。如果一个人在学习，但感到筋疲力尽，那么工作旺盛就会受到影响。例如，如果一个人在掌握新的程序和技术的同时在学习，但他的工作让他感到筋疲力尽，那么他只能经历有限的旺盛，因为他的活力正在衰弱。他的发展受到阻碍——由于精力不足，他不能充分且继续学习。

①SPREITZER G, SUTCLIFFE K, DUTTON J, et al. A socially embedded model of thriving at work[J]. Organization science, 2005, 16(5): 537−549.

续　表

作者	年份	概念
Saakvitne et al.	1998	相反，如果一个人在工作时感到精力充沛、充满活力，但个人学习停滞不前，那么其获得的旺盛感的经验是有限的。呼叫中心的工作人员可能会因为满足客户需求而感到精力充沛，但可能会发现日常工作几乎没有提供学习和改进的机会，也没有提供培训和发展活动。在这种情况下，呼叫中心的工作人员也经历了有限的旺盛，因为这个人充满了能量，但没有学习。工作旺盛代表了生命力和学习感的共同体验，准确的概念是一个连续体，人们在任何时候或多或少都工作旺盛，而不是一个或旺盛或不旺盛的二分状态
Maslach	2003	在当今的工作环境中，工作旺盛尤为重要，因为个人必须学会驾驭千变万化的职业，并随着时间的推移保持他们的表现、健康和幸福。在职业发展的过程中，改善倦怠、恢复健康状态的机会变得越来越稀缺。而工作旺盛是一种缓解倦怠的途径。因此，工作旺盛不仅有可能提高个人的各种关键指标，如职业发展计划和一般健康，还可以通过提高绩效和降低医疗保健成本使组织受益
宋萌	2021	工作旺盛感直接可以作为一种能够增加个体跨界行为的重要的心理资源
杨洁		从资源获取的角度出发，提出工作旺盛是个体的能量资源，是能够获取其他资源的资源条件，其中活力有助于个体从资源损耗中恢复，而学习有利于个体对知识和技能的不断吸收
Tedeschi et al.	1995	工作旺盛感是一种重要的心理能力：旺盛是个体在心理功能上的卓越能力，当个体在工作场所感到有活力时，他们就会精力充沛，并在行动上投入更多的精力和努力
李海红等	2020	将个体在工作中同时体验到活动和学习的一种心理状态称为工作旺盛力。他们通过实证检验证明，领导—成员心智模式一致性可以增强研发人员的工作旺盛感，从而对研发人员的创造力产生作用

　　综上，工作旺盛感是指个体同时体验到的活力和学习的心理状态，是一个集动机、认知和情感于一体的综合构念，具有情境可变性与形神兼备的二元特征，反映了个体心理方面的卓越能力。

（二）工作旺盛的理论基础

工作旺盛能够用很多理论来解释，如表 2-15 所示。

表 2-15　工作旺盛的相关基础理论

理论基础	具体内容
自我决定理论	受 Spreitzer et al. 提出的社会嵌入模型和个人成长模型的影响，自我决定论（self-determination theory）成为解释工作旺盛感形成机制的主要理论基础。其中，基本需求论认为个体具有胜任、自主、归属三大基本心理需要。除此之外，因果定向论、关系动机论、认知评价理论也逐渐开始被国内学者采用
工作需求—资源理论	工作需求—资源理论（job demands-resource theory）注重探讨工作特征对个体工作心理状态的影响。该理论认为，工作需求与工作资源是分别对应个体健康受损和动机激发的两个不同的过程。石冠峰和郑雄提出，非工作时间工作连通行为对工作旺盛感具有"双刃剑"的作用。[①]工作需求还包含挑战性需求和阻碍性需求两类，某些工作需求亦具有二元的性质，如严瑞丽等发现任务不确定性既是挑战性压力，又是阻碍性压力，挑战性压力评价既能够提升工作旺盛感，又能通过阻碍性压力的遮掩效应间接降低工作旺盛感[②]
资源保存理论	资源保存理论（conservation of resources theory）将资源定义为有助于实现个体目标的任何东西。该理论认为，个体资源的发展存在增值螺旋（gain spiral）和丧失螺旋（loss spiral）两种效应。在工作旺盛的研究中，主要的资源包括工作产生的资源和个体资源（个体特质）两类：工作产生的资源与工作需求—资源理论的工作资源范畴基本一致；个体资源既包括年龄、反刍思维（rumination thinking）、主动性人格、关系型自我构念等个人特质方面的因素，也包括工作家庭分割偏好、员工组织自尊、学习目标导向、调节定向（促进定向/预防定向）、调节模式、成就需要等个人动机方面的特征，还包括员工幽默感、传统性、员工真诚性等个体品质习惯性倾向方面的特征

---

① 石冠峰，郑雄. 非工作时间工作连通行为对工作繁荣的"双刃剑"影响 [J]. 软科学，2021，35(4): 106-111.

② 严瑞丽，丁栋虹，何建华. 任务不确定性、工作控制与内部创业行为关系研究：工作繁荣的中介效应和心理资本的调节效应 [J]. 科技进步与对策，2011, 38(11): 143-151.

续 表

理论基础	具体内容
特质激活理论	特质激活理论的引入，则反映出工作旺盛研究从被动视角向主动视角的转变。研究发现，主动性人格是我国学者探讨最多的直接影响员工工作旺盛感形成的个人特质，但是在大部分研究中都是将其作为边界条件，探讨工作旺盛在不同的特质水平下对结果变量（如创新行为、主动性行为等）的调节作用，研究结论还存在不一致的现象。当然，研究也发现了许多积极的探索，如学者逐渐开始尝试从感知资质过剩、自我调节、使命取向、个人的调节定向、积极情感等个人特质或特征等方面，探索其对工作旺盛感的影响机制
外在情境理论	除了个人特质之外，该理论还强调能够激活特质的外在情境，即特质激活线索。其中，任务层情境是指源于工作本身的角色压力、工作要求、工作期限等具体要素；社会层情境源于与工作相关的沟通过程，涉及领导与下属之间、团队成员之间、同事之间等影响个体行为和需要实现的要素，包括授权型领导、变革型领导、服务型领导等各种领导风格因素以及领导下属关系等；组织层情境系统源于组织文化与氛围，包括集体主义、权力距离和政治气氛等要素

（三）工作旺盛与类似概念的区分

积极心理学中有很多能体现积极作用的构念，如工作投入、自我实现、自我沉浸、坚韧性、精力旺盛、主观幸福感。工作旺盛与这些构念有所区别。因为它更加注重个体的成长，而个体感觉到的成长感又需要通过活力和学习来实现。表2-16将积极心理学中的各类积极构念进行了列举。

表2-16 积极心理学构念

构念	概念	与工作旺盛的区别
自我沉浸	自我沉浸指人完全投入某项活动中的自我感受	不包含学习
精力旺盛	精力旺盛指个人在心理和社交上都表现出良好的状态	不包含学习
主观幸福感	主观幸福感指人们对其个人生活感受的一种评价程度	不包含学习

构念	概念	与工作旺盛的区别
心理韧性	心理韧性反映了个体对外部环境的适应及自我调整。心理韧性是个体在受到威胁时所具有的一种力图扭转不利局势的反弹能力	在任何情境中均有可能产生旺盛感这一积极的心理体验
心流	心流反映的是一种当个体全身心地沉浸在某一活动中时的忘我的、超脱的和愉悦的心理状态	一般情况而言,感受到积极能量的个体往往处于这种状态中,但是这种状态下的个体并不一定具有学习体验,而工作旺盛还与学习紧密相关,这是两者最主要的不同点
工作投入	是一种积极的、带有情感激励的认知状态,这种认知状态可以激发员工的活力,使员工奉献和专注	工作旺盛还强调学习,在工作中寻求不断进步和成长。而工作投入更关注员工是否与其工作形成联系,以及是否具有克服工作中的各种阻碍的动力
工作沉浸	它们都包含"活力"这一维度,工作沉浸关注的是工作中的献身精神和全神贯注以及克服困难的动机	但工作旺盛还包括学习以及由此带来的成长
自我实现	自我实现和旺盛感均与个体潜能的发挥相关。自我实现是一种较高层次的需要,只有在较低层次的需要得到满足的前提条件下,员工才会寻求自我实现,因此,极少有个体能够达成自我实现	旺盛感的产生不依赖个体其他需求的满足,与自我实现相比,员工体验到旺盛感这一现象显得更为普遍和常见

续 表

构念	概念	与工作旺盛的区别
自我实现	Maslow 认为，在其他层次的需要得到满足之后只有少数人会达到自我实现[①]	区别主要表现在二者形成所需的条件上。与 Maslow[②]的需要层次理论当中处于最顶层的自我实现概念不同的是，工作旺盛感的实现不需要以低层次需要得到满足作为条件。实证研究证明，许多低层次需要尚未得到满足的人却仍可以达到较高的旺盛感[③]

注：工作旺盛与上述概念都包含类似"活力"的内涵，但是这些类似的概念中不包含"学习"的感受，这也是它们与工作旺盛的主要区别所在。

二、工作旺盛的测量

工作旺盛的测量总的来说有一阶和二阶两种方案，如表 2-17 所示。

表 2-17 工作旺盛的测量方案

方案类型	学者	年份	方案内容
一阶	Carmeli and Spreitzer	2009	用 3 个题项来测量工作旺盛感的学习维度，并借鉴 Atwater 和 Carmeli[①] 开发的量表来测量活力维度（包含 8 个题项）。该量表的所有题项均采用的是 5 点利克特量表（likert scale）评分，1 代表"完全不存在"，5 代表"程度非常大"。该量表的信效度分析结果良好，活力和学习维度分量表的所有题项都分别聚合为一个一阶因子，工作旺盛感整体量表的 Cronbach's α 信度系数为 0.94

①MASLOW A H. Maslow on management[M]. New York: John Wiley & Sons, 1998: 30-88.

②MASLOW A H. Maslow on management[M]. New York: John Wiley & Sons, 1998: 30-88.

③SPREITZER G, SUTCLIFFE K, DUTTON J, et al. A socially embedded model of thriving at work[J]. Organization science, 2005, 16(5): 537-549.

①ATWATER L, CARMELI A. Leader-member exchange, feelings of energy, and involvement in creative work[J]. The leadership quarterly, 2009, 20(3): 264-275.

续　表

方案类型	学者	年份	方案内容
一阶	Porath et al.	2011	Porath et al. 于 2011 年开发了一阶工作旺盛量表。该量表的开发过程较为严谨，经历了项目选取、题项编写、预试、项目修订、正式测试和量表整体检验与评价等过程。该量表的题项包括选自 Ryan 和 Frederick[1]活力量表的题项以及自行开发的题项，原始量表一共包含 24 个测量题项，最终经过多次检验与修正简化的量表包含 10 个测量题项，其中活力和学习维度各 5 个题项（分别包含 1 个反向计分题）。该量表各题项的内部相关系数 Pearson's r 值为 0.54～0.78，并且多个样本的交叉效度检验结果良好
二阶	Niessen et al.	2012	Niessen et al.[2] 在整合 Shirom[3] 量表和 Sonnentag[4] 量表的基础上开发了一个工作旺盛量表。该量表共有 10 个题项，其中测量活力的 5 个题项借鉴了 Shirom-Melamed 量表（内部一致性系数为 0.94～0.97），并做了稍许改动。例如，修改了题项描述以反映下班那一刻的感受，即"刚下班时我感到精力充沛"。另外，测量学习的 5 个题项选自 Sonnentag 的量表，内部一致性系数为 0.89～0.95，如"我很喜欢今天工作中的挑战和困难，我学到了新的技能"。该量表也采用了 Likert 5 点计分法，其中 1 代表"完全不同意"，5 代表"完全同意"

[1]RYAN R M, FREDERICK C. On energy, personality, and health: Subjective vitality as a dynamic reflection of well-being[J]. Journal of personality, 1997, 65(3): 529-565.

[2]NIESSEN C, SONNENTAG S, SACH F. Thriving at work: a diary study[J]. Journal of organizational behavior, 2012, 33(4): 468-487.

[3]SHIROM A. Feeling vigorous at work? The construct of vigor and the study of positive affect in organizations[M]//Emotional and physiological processes and positive intervention strategies. Bradford: Emerald Group Publishing Limited, 2003: 135-164.

[4]SONNENTAG S. Recovery, work engagement, and proactive behavior: a new look at the interface between nonwork and work[J]. Journal of applied psychology, 2003, 88(3): 518-528.

三、工作旺盛的两个模型

（一）工作旺盛的社会嵌入模型

工作旺盛的社会嵌入模型（socially embedded model of thriving at work）是由 Spreitzer et al. 在 2005 年时提出的，该模型建立在 Ryan 和 Deci 的自我决定理论[①]、Tsui 和 Ashford 的自我适应理论[②]基础之上。该模型的社会嵌入性表现在两个方面：一是该模型假设工作中产生的资源、工作部门情境特征、行为等都会对工作旺盛产生影响；二是作为工作旺盛两个维度的活力和学习状态都不能摆脱社会系统的作用。

如图 2-13 所示，该模型展示了较稳定的工作情境特征和可变的资源通过影响个体行为，进而对个体的工作旺盛感产生作用，并进一步促进个体健康成长与发展的过程。工作部门情境特征包括自主决策权、广泛的信息共享、信任和尊重的气氛；工作中产生的资源包括知识资源、积极意义资源、积极情感资源、关系资源；个体积极的工作行为包括工作专注、主动探究、密切协作；个体的工作旺盛感包括活力和学习；工作旺盛在个体层面产生的结果包括个人发展和身心健康。

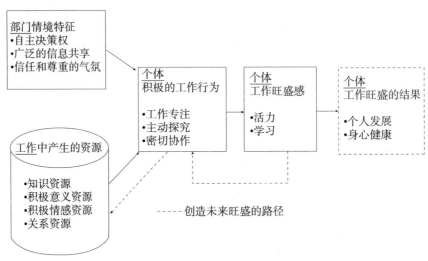

图 2-13　工作旺盛的社会嵌入模型

①RYAN R M, DECI E L. Self-determination theory and the facilitation of intrinsic motivation, social development, and well-being[J]. American psychologist, 2000, 55(1): 68-78.

②TSUI A S, ASHFORD S J. Adaptive self-regulation: a process view of managerial effectiveness[J]. Journal of management, 1994, 20(1): 93-121.

　　由工作旺盛的社会嵌入模型可知，部门情境特征和工作中所获得的资源这两个要素都与工作旺盛相关，但它们的变化情况有所不同。比如，自主决策权、广泛的信息共享以及信任与尊重的气氛是相对稳定的，而知识资源、积极意义资源、关系资源等资源要素是可变的。Spreitzer et al. 认为，这些资源要素可以在工作中产生，也可以被工作消耗，但随后又可以得到更新。①部门情境特征和工作中产生的资源都需要通过个体积极的工作行为对员工的工作旺盛感产生作用。根据自我决定理论，Spreitzer et al. 认为积极的工作行为（如工作专注）对员工形成较高水平的工作旺盛感至关重要，因此，他们提出了三种积极的工作行为，即工作专注、密切协作和主动探索。②

　　下面详述工作旺盛的社会嵌入模型的作用机制。

　　自我决定是一种由内部引导而不是外部强制或控制的动机形式。人们不会因为被老板劝告或被组织系统强迫而工作旺盛。相反，当人们有意志地行动时，他们更有可能以成长为导向并体验活力。自我决定体现在自主性、能力和相关性的感觉中。自主性指的是意志——一个人的行为源于自己并被自己认可的感觉；能力包括处理环境和有效利用周围资源的效能感；相关性是指与他人联系的感觉和归属感。Ryan 和 Deci 认为，这三个维度为代理工作行为提供必要的心理营养，并最终为心理成长和发展提供了必要的心理营养。③

　　自主决策权。当个人接触到促进自主决策权发展的工作环境时，他的自主感会得到加强，他有可能表现得更主动。一位参与者（一家小型杂志的行政助理）在描述自己的主管关于决策的管理理念时指出了自主决策权的重要性："无论你想做什么，就去做。"④首先，自主决策权突出了任务焦点；自主决策权为个人创造了一个机会，让他能够更好地控制自己的工作，并对做什么和如何去做做出选择。自主决策权为个人提供了关于如何开展工作的自由和选择，而不是受到外部控制、监管或压力。那些认为自己因没有多少自主权而难以通过选择工作策略或影响工作条件来自主行动的人，或者怀疑自己的能力的人，

①SPREITZER G, SUTCLIFFE K, DUTTON J, et al. A socially embedded model of thriving at work[J]. Organization science, 2005, 16(5): 537-549.

②SPREITZER G, SUTCLIFFE K, DUTTON J, et al. A socially embedded model of thriving at work[J]. Organization science, 2005, 16(5): 537-549.

③RYAN R M, DECI E L. Self-determination theory and the facilitation of intrinsic motivation, social development, and well-being[J]. American psychologist, 2000, 55(1): 68-78.

④SONENSHEIN S, WERHANE P H, FREEMAN R E. Positive organizational scholarship and business ethics[J]. The blackwell encyclopedia of management: business ethics, 2005, 2: 410-414.

会过早地放弃自己的任务，尤其是在面临挑战时。相比之下，当人们感到自主并能够掌握自己的工作职责时，他们更有可能主动和坚持将自己的技能应用于手头的工作中。其次，自主决策权促进了探索。当个人可以选择做什么和如何做时，他更有可能寻找新的工作方向。作为组织决策的一部分，自主决策权有助于个人形成新的技能和效能感，这使他更愿意承担风险和探索新的机会。最后，支持自主决策权的情境强化了关联信念，从而促进了谨慎关联的形成。作为组织决策的一部分，自主决策权有助于加强人与人之间的联系，从而鼓励个人谨慎地建立联系。

广泛的信息共享。信息共享也助长了代理工作行为。广泛的信息共享增加了个人拥有做出正确决策所需知识的可能性。由于这些知识，个人可以自信地完成自己的工作。除了促进重点任务开展之外，信息共享还提高了个人的能力，因为它提高了个人在问题出现时迅速发现问题以及协调行动的能力。因此，这种在不熟悉或具有挑战性的情况下有效应对的能力增强了对新行为的探索和实验。最后，当信息被广泛传播时，个人可以对次优解决方案做出反应，并加深自己对系统如何工作的理解。有了更广泛的信息和"大局"，个人可以专注于更大的组织贡献，而不是只专注于狭隘的任务。因此，他们可以更加谨慎地相互联系。

信任和尊重的气氛。信任和尊重的气氛也将促进代理工作行为。当个人处于信任和尊重的气氛中时，他可能会感到自主、有效并且能够掌握工作需求。当个人觉得人与人之间可以相互信任时，他更愿意冒险。此外，信任和尊重的气氛也有助于探索和试验新行为，原因之一是个人觉得试验是安全的。最后，当个人处于信任和尊重的气氛中时，他更有可能相信自己是有价值的组织成员。这促进了成员间的联系，因为个人愿意合作并关注他人正在做的事情。

总之，自主决策权、广泛的信息共享以及信任和尊重的气氛增加了个人采取代理工作行动的倾向。

当人们在工作中以代理方式行事时，他们会在工作中产生资源。资源，这里指人们能够制定模式的资产。有时这些资源是个人内部产生的资产（如积极的情绪或知识），有时这些资产是更多的集体商品（如积极的联系）。在任何一种情况下，资源都是通过个人和其他人的相互作用而产生的，并在工作实践中出现。与在使用时会耗尽的物质资源不同，这些资源是可再生的，因为它们在工作中被构造和重组。资源是个人工作方式的副产品。资源包括知识资源、积极意义资源、积极情感资源和关系资源。知识资源是在工作中创造的，指的是对工作实践的理解，即知道事情是如何完成的。这些知识资源可能包括了解谁拥有相关知识以及根据需要从何处获取必要信息。积极意义资源涉及工作中固有的目的和意义。积极情感资源是在工作中经历的情感感受，它们包括喜悦、满足、感激、和平和希望的感觉。关系资源是指个体之间的高质量联系或纽带。这些关系资源可能是在与工作中的其他人——导师、同事、朋友、供应商或客户的二元关系中产生的，也可能来自实践社区、研究实验室或支持小组。

一个任务焦点可以为工作中产生的一些内生资源做出贡献。首先，任务焦点可以促进积极意义的创造。任务参与者本身强烈的内在动机可能导致一种积极的意义感。其次，当个人专注于自己的任务时，他更有可能成功地完成任务，从而体验到积极的情绪。以任务为中心，成员很可能成功交流，这增强了伙伴之间的积极情感。最后，研究表明，缺乏任务焦点会破坏关系资源。如果员工因为让同事或队友失望而未能成功完成工作，他们可能很难建立积极的联系。当主管和同事开始怨恨那些不专心工作的人时，冲突可能会随之而来。这种冲突可能对人际关系有害。通过这种方式，任务焦点可以促进关系资源产生并防止腐蚀连接。

在工作中创造资源的方式有多种。首先，探索增加了系统中的知识。知识是个人努力理解新事物的副产品。当组织成员进行探索时，他们在与他人的互动中增加了知识资源的数量。事实上，Li et al. 发现工作中的探索促进了个人知识的增长。[①] 其次，探索活动可以产生积极意义。当个人在工作中探索新的活动时，他们能够改变自己工作的物理界限并创造更多的方式来理解他们正在做的事情的重要性和意义。最后，探索可以带来积极情感资源，正如人们学习新事物时伴随着"啊哈"体验（Ahal 体验，即突然降临的强烈顿悟体验）的积极感觉所强调的那样。另外，当个人在工作中与他人密切联系时，也会产生资源。首先，当个人采取超出其狭义工作范围的行动并考虑他与他人的关系时，知识可能会增加。其次，这些人越关注和支持彼此的行为，就会产生越积极的关系资源。如果人们在不了解如何为集体的运作做出贡献的情况下孤立地行动，那么高质量的联系可能会变得紧张甚至断裂，因为他们在彼此需要时无法相互依赖。最后，谨慎的联系可能会创造更多的积极情感资源。例如，Rhoades 和 Eisenberger 证明，当员工认为他们的同事公平对待他们并关心他们的幸福时，

[①]LI A, BUTLER A B. The effects of participation in goal setting and goal rationales on goal commitment: An exploration of justice mediators[J]. Journal of business and psychology, 2004, 19: 37-51.

他们会更频繁地体验到积极的情感。[①]George 和 Bettenhausen 发现，当个人表现出亲社会的行为，他们也可能体验到积极的情感。[②]总之，谨慎的关联可以创造知识、关系和积极的情感资源，从而促进额外的代理工作行为产生，这些行为是工作旺盛的引擎。

代理工作行为和工作中创造的资源相互作用。在工作中创造的资源有助于进一步推动代理工作行为，从而有助于维持工作旺盛。那么，在工作中创造的资源如何促进代理工作行为？①知识资源使任务集中：当个人可以访问信息时，他能够在不中断的情况下专注自己的任务以搜索必要的信息。知识资源也促进了探索。当个人与他人互动时，他会收集到更多信息，并对工作实践有更深入的理解。此外，个人可以使用知识资源构建更全面的工作图景，以便识别更多可以应用自己技能的情况。②积极意义资源可以促进三种代理工作行为的产生。首先，当个人认为任务有意义时，他更有可能优先考虑这些任务，从而密切关注它们。积极意义资源有助于人们即使在挫折和威胁中也保持任务焦点，因为它有助于人们重新评估工作中的优先事项和目标；有助于个人将事件重新评估为成长的机会而不是损失，这样，他即使在逆境中也能保持任务焦点。其次，积极意义资源增加了探索频率。当个人能够获得积极意义资源时，他可能会认为自己遇到的问题很重要，从而寻求新的解决方案。最后，积极意义资源使人与人在工作中更加谨慎地建立关系。因为意义往往是在与他人的关系中创造出来的，所以人们很可能会分享这种意义。因此，人们可能会感到相互依存，能够通过谨慎的联系来相互支持。③积极情感资源。积极情感资源也可以促进代理工作行为。与消极情绪不同，积极情绪可以促进接近行为并增加行动准备。首先，积极情感资源突出了任务焦点：它们使个人能够更好地适应工作环境。这是因为积极的情绪拓宽了个人的瞬间注意力和思维。在积极情感资源的帮助下，人们可以更快地从挫折和消极情绪中恢复过来，并维持任务焦点。其次，积极情感资源对探索具有特别重要的影响。积极情绪有助于探索新事物、人物和情境，因为它拓宽了脑海中浮现的思想维度和行动范围。最后，积极情感资源通过扩大个人的注意力范围来增加注意力。当个人在与他人的关系中产生积极情绪时，他更有可能关注他人在做什么。④关系资源促进了两种

①RHOADES L, EISENBERGER R. Perceived organizational support: a review of the literature[J]. Journal of applied psychology, 2002, 87(4): 698-714.

②GEORGE J M, BETTENHAUSEN K. Understanding prosocial behavior, sales performance, and turnover: A group-level analysis in a service context[J]. Journal of applied psychology, 1990, 75(6): 698-709.

代理工作行为——探索和关切的关联。在探索方面，与他人高度联系的人创造了广阔的情感空间，为创造和尝试新事物提供了可能性。关系资源促进了员工对新可能自我的实验。因为关系资源提供了心理安全，因此员工可以尝试和冒险，以学习新的工作方式。在关切联系方面，Miller 和 Stiver 认为，积极的联系增加了对更多联系的渴望，因此，很可能增加人与人之间建立密切联系的可能性。[①] 当人们在工作中与他人建立积极的关系时，他们在做自己的工作时，更有可能考虑到同事的需求。人们之间这种根深蒂固的互惠模式已被证明是一种强大的力量，决定着关系如何随着时间的推移而得以维持。总而言之，工作旺盛的社会嵌入模型将如何通过社会结构和工作中产生的资源共同使员工的工作旺盛得以维持的过程展示得更加清晰。

（二）工作旺盛的个人成长整合模型

Spreitzer 和 Porath 在 2014 年又提出了基于自我决定理论的工作旺盛的个人成长整合模型。[②] 该模型指出，一些情境诱发因素能够通过自我决定理论的三个机制来影响个人的行为。自我决定理论认为，一些社会情境的诱发因素可以使个人满足其自我决定的心理需要，从而进一步推动个人工作旺盛感的产生，并产生绩效提升、身心健康等积极结果。这些情境诱发因素包括自主决策权、广泛的信息共享、信任和尊重的气氛、绩效反馈以及环境波动；自我决定理论的三个机制分别为自治感、胜任感和归属感。相较工作旺盛的社会嵌入模型，工作旺盛的个人成长整合模型则进一步细化了个体旺盛感可能产生的结果，这些结果包括绩效、积极性、适应以及健康。图 2-14 为工作旺盛的个人成长整合模型。

---

①MILLER J B, STIVER I P. The healing connection[M]. Boston: Beacon Press, 1997: 24-66.

②SPREITZER G M, PORATH C. Self-determination as nutriment for thriving: building an integrative model of human growth at work[J]. The Oxford handbook of work engagement, motivation, and self-determination theory, 2014, 90: 245-258.

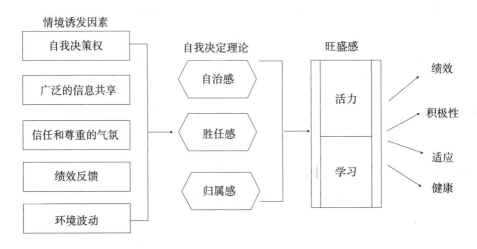

图 2-14　工作旺盛的个人成长整合模型

四、工作旺盛的前因变量

由前面阐述的两种模型可以发现工作旺盛的绝大部分前因变量。有研究发现，积极情绪资源和动因性工作行为能够很好地预测工作旺盛程度。[①] 该研究还发现，所有工作类型的个体（包括蓝领、白领等）都能通过创造必要的资源和发挥主动性来获得工作旺盛感的提升。另有研究发现，以上模型中的所有部门情境特征都与工作旺盛有关。[②] 其中，自主决策权、广泛的信息共享、信任和尊重的气氛一共可以解释工作旺盛 42% 的变异。Sonenshein 通过大量的访谈，询问受访者维持工作旺盛的过程，发现 40% 的工作旺盛的维持经历了人际和互动行为，且工作的变化、与他人的合作和组织情境等都能提升个体的旺盛感。[③] 此外，Porath 和 Erez 的研究发现，个体间的不礼貌互动（uncivil

①CHRISTENSEN-SALEM A, WALUMBWA F O, HSU C I C, et al.Unmasking the creative self-efficacy-creative performance relationship: the roles of thriving at work, perceived work significance, and task interdependence[J]. The international journal of human resource management, 2021, 32(22): 4820-4846.

②PORATH C, SPREITZER G, GIBSON C, et al. Thriving at work: toward its measurement, construct validation, and theoretical refinement[J]. Journal of organizational behavior, 2012, 33(2): 250-275.

③SONENSHEIN S. Crafting social issues at work[J]. Academy of management journal, 2006, 49(6): 1158-1172.

interactions）与工作旺盛呈负相关关系。[1] 即便个体在积极地寻求个人的进步与成长，但所处的工作情境中含有的负面因素仍然会对个体的努力产生抑制作用。

Niessen et al. 的研究主要探讨了资源（积极意义资源、关系资源和知识资源）对员工工作旺盛感的影响。[2] 该研究采用多层线性模型（hierarchical linear modeling），通过对 121 位社会服务部门的员工连续 5 天、每天 3 次的问卷调查，发现如果个体在早上感受到较高的积极意义，那么他在一天结束时的工作旺盛感（包括活力和学习）也更高，积极的工作行为（如工作专注和主动探究）在积极意义与旺盛感两个维度的关系之间起到中介作用。

Porath et al. 的研究结果表明，工作旺盛的个人成长整合模型中的所有情境诱发因素都对工作旺盛有影响。[3] 情境诱发因素可以解释 42% 的工作旺盛变异；自我决定可以解释 54% 的工作旺盛变异；其中的每一个维度都可以显著预测工作旺盛的两个维度——活力和学习。

另外，在借鉴以往研究成果的基础上，部分学者对工作旺盛的前因变量进行了有益的拓展研究。Prem et al. 通过对 124 名知识型员工的连续 5 个工作日的日记研究，探讨挑战性压力源（学习需求和时间压力）对工作旺盛（活力和学习）的作用机制，结果发现挑战性评价在学习需求与时间压力对学习的影响中起中介作用，阻碍性评价在学习需求对活力的影响中起中介作用。[4]

五、工作旺盛的结果变量

研究证明，活力能对工作结果产生影响，如活力能促进主观幸福感和工作

①PORATH C L, EREZ A. Does rudeness really matter? The effects of rudeness on task performance and helpfulness[J]. Academy of management journal, 2007, 50(5): 1181−1197.

②NIESSEN C, SONNENTAG S, SACH F. Thriving at work: a diary study[J]. Journal of organizational behavior, 2012, 33(4): 468−487.

③PORATH C, SPREITZER G, GIBSON C, et al. Thriving at work: toward its measurement, construct validation, and theoretical refinement[J]. Journal of organizational behavior, 2012, 33(2): 250−275.

④PREM R, OHLY S, KUBICEK B, et al. Thriving on challenge stressors? Exploring time pressure and learning demands as antecedents of thriving at work[J]. Journal of organizational behavior, 2017, 38(1): 108−123.

绩效的提升，并能够激发员工工作的主动性。[1]同样，有研究证明了学习对绩效有积极影响。[2]

工作旺盛对个体和组织都有重要意义。工作旺盛的结果变量主要包括个体的自我发展、身心健康、个体绩效和组织绩效、个体对他人的感染以及工作旺盛对家庭生活的溢出效应。

Ettnry 和 Grzywacz 的研究发现，工作中有较多学习机会的员工觉得工作对他们的身心健康有积极影响，[3]而很少有机会学习新东西的员工更容易因患心脏病而住院。[4]Porath et al. 的研究发现，工作旺盛感较高的高管较少抱怨身体不适。[5]进一步来说，工作旺盛程度可以影响员工的职业倦怠和健康感知，从而促进个体的可持续发展。

同样，有研究证明工作旺盛对绩效的积极作用。Marks 认为，具有较高活力的员工工作更加努力，对组织也更为忠诚。[6]亦有研究证明了工作旺盛感较高的员工对组织的忠诚度和工作满意度比所有员工的平均水平分别高出 32% 和 46%，其绩效平均高出 16%（上级报告），职业倦怠率要低 12.5%（自我报告）。[7]

工作旺盛是高质量人际关系中的潜在机制。考虑情感承载能力、弹性能力、

①ASHBY F G, ISEN A M, TURKEN A U. A neuropsychological theory of positive affect and its influence on cognition[J]. Psychological review, 1999, 106(3): 529-550; CARMELI A, SPREITZER G M. TRUST, connectivity, and thriving: implications for innovative behaviors at work[J]. The journal of creative behavior, 2009, 43(3): 169-191.

②COLQUITT J A, LEPINE J A, NOE R A. Toward an integrative theory of training motivation: a meta-analytic path analysis of 20 years of research[J]. Journal of applied psychology, 2000, 85(5): 678-707.

③ETTNER S L, GRZYWACZ J G. Workers'perceptions of how jobs affect health: a social ecological perspective[J]. Journal of occupational health psychology, 2001, 6(2): 101-113.

④ALFREDSSON L, SPETZ C L, THEORELL T. Type of occupation and near-future hospitalization for myocardial infarction and some other diagnoses[J]. International journal of epidemiology, 1985, 14(3): 378-388.

⑤PORATH C, SPREITZER G, GIBSON C, et al. Thriving at work: toward its measurement, construct validation, and theoretical refinement[J]. Journal of organizational behavior, 2012, 33(2): 250-275.

⑥MARKS S R. Multiple roles and role strain: some notes on human energy, time and commitment[J]. American sociological review, 1977, 42(6): 921-936.

⑦PORATH C L, OVERBECK J R, PEARSON C M. Picking up the gauntlet: How individuals respond to status challenges[J]. Journal of applied social psychology, 2008, 38(7): 1945-1980.

连通性和开放性的结构特征，我们得出结论：高质量人际关系会促使个人呈现出真实的人格，这可以减少情绪压力和增加活力，而有问题的联系会增加情感压力。工作旺盛甚至可以帮助个人在有压力的情况下恢复自己的能量，即在压力后恢复。工作旺盛也可以通过激发对方产生新想法的潜在机制来影响其学习过程，使其应对艰难环境具有弹性。此外，它还可以促进个人成长，有助于营造一种相互信任的氛围。这些可能有助于激发个人的积极情绪（活力），并有助于个人获得新的知识和技能。工作旺盛与员工对组织的情感承诺的积极关系可以反映高质量人际关系对工作旺盛程度的预测结果。工作旺盛可以促使员工产生建言行为，使员工在工作中感觉到进步和有动力。以往的研究发现，它提高了人的创造力和创新技能。[1]因此，成功的员工可能与其他人不同，他们有能力产生新的和好的想法。此外，根据Blau的社会交换理论[2]和Frederickson的积极情绪拓展—构建理论[3]，具有积极情绪（如活力）的成功员工的认知能力会得到增强，因此，他们的自我效能感可能会增强，这将促使他们更好地表达自己。因此，自我效能感强、在工作环境中有高质量沟通的员工更有可能做出建言行为。此外，他们可能会通过努力来换取组织在他们发展期间提供给他们支持。因此，即使没有人提出要求，他们也可能会提出具有建设性的意见，以触发变革，从而更有效率地工作。因此，当员工工作旺盛时，他们往往会表现出更多的建言行为。员工表现得越好，他们就越会做出建言行为。这些员工倾向与组织建立一种情感联系，因为他们知道可以在这里发展自己。反过来，这种联系会导致认同感的增加。工作旺盛可以在高质量人际关系和员工的建言行为之间起到中介作用。工作旺盛的中介模型如图 2-15 所示。

图 2-15　工作旺盛的中介模型

①SPREITZER G, SUTCLIFFE K, DUTTON J, et al. A socially embedded model of thriving at work[J]. Organization science, 2005, 16(5): 537-549.

②BLAU P. Exchange and power in social life[M]. New York: Wiley, 1964: 26-44.

③FREDERICKSON J. There's something "youey" about you the polyphonic unity of personhood[J]. Contemporary psychoanalysis, 2000, 36(4): 587-618.

　　总的来说，工作旺盛的前因变量可以是部门情境特征，如自主决策权、广泛的信息共享、信任和尊重的气氛。结果变量往往与积极的因素有关，如主观幸福感、工作绩效、工作的主动性、自我发展、个体对他人的感染以及工作旺盛对家庭生活的影响等。

六、工作旺盛的中介变量

　　工作旺盛的中介变量的作用机制如表 2–18 所示。

表 2–18　工作旺盛的中介变量的作用机制

中介变量	作用机制	路径图
积极的工作行为（工作专注、密切协作、主动探究）	工作中产生的资源包括积极意义资源、知识资源、关系资源和积极情感资源，这些资源会对工作旺盛的两个维度（活力和学习）产生影响。积极的工作行为也对工作旺盛具有重要作用，这些行为包括工作专注、密切协作和主动探究。积极意义资源包括工作本身所具有的以及个人所感受到的价值和意义，这种意义可以来自工作本身、同事或者组织。有研究表明，员工在工作中感受到的积极意义能够促进员工个人的成长，[1]并且使员工个人有更强的工作动机。[2]知识资源产生于工作过程中，可以将其理解为个体了解自己的工作以及如何完成工作，包含工作中学到的东西以及了解到可以从哪里获取所需知识。已有研究证明了个体会运用已有知识进行自主学习，并且可以运用这些知识提出新问题，寻找新方法。[3]关系资源即工作中个体间建立的良好关系。这种关系可能来自与工作中其他人的接触，比如上级、同事、客户等。有研究证明了同事间的良好关系所产生的氛围能够促进旺盛感的产生，[4]这种和谐交流所带来的心理安全感也可以通过促进主	图 2–16

①SPREITZER G M, KIZILOS M A, NASON S W. A dimensional analysis of the relationship between psychological empowerment and effectiveness satisfaction, and strain[J]. Journal of management, 1997, 23(5): 679–704.

②FRIED Y, FERRIS G R. The validity of the job characteristics model: a review and meta-analysis[J]. Personnel psychology, 1987, 40(2): 287–322.

③BARNETT S M, KOSLOWSKI B. Adaptive expertise: Effects of type of experience and the level of theoretical understanding it generates[J]. Thinking & reasoning, 2002, 8(4): 237–267.

④CARMELI A, BEN–HADOR B, WALDMAN D A, et al. How leaders cultivate social capital and nurture employee vigor: implications for job performance[J]. Journal of applied psychology, 2009, 94(6): 1553–1561.

续　表

中介变量	作用机制	路径图
积极的工作行为（工作专注、密切协作、主动探究）	动探究来提升个体的活力和促进个体学习。[1] 积极情感资源是在工作中经历的情感感受，包括喜悦、满足、感激等感觉。工作中产生的积极的情感资源有利于员工维持工作旺盛	图 2-16
挑战性压力和（或）阻碍性压力	变革型领导不仅可以直接作用于员工工作压力感知与工作旺盛感，还可以通过影响员工对工作中压力事件的感知和评价间接地作用于员工的工作旺盛感。变革型领导风格作为一种倡导学习、积极授权、鼓励创新、促进信息广泛共享的领导风格，带有强烈的情感成分和精神提升作用，能够激活员工的工作活力和增强员工的学习动机，而活力与学习正是工作旺盛感的两个必备要素。将这种对工作情境特征的塑造具有广泛性影响的领导风格概念引入研究模型，有助于从一个更为宽广的视角来考察领导风格因素在激发员工工作旺盛感过程中的作用。员工对工作事件或情境的压力感知——挑战性压力和（或）阻碍性压力，既可作用于员工的工作旺盛感，又可以在领导风格要素和员工的工作旺盛感之间充当中介变量形成传导机制。员工会凭借对压力的初级评价情况而采取不同的应对方式，针对挑战性压力会主动采取旨在解决问题的积极方式。针对阻碍性压力则会采取消极的无作为方式，即不同的应对方式使得员工获取的资源数量和基本心理需要得到满足的程度存在明显差异，从而可能对自身的工作活力与学习动机产生不同的作用	图 2-17
挑战性评价、阻碍性评价	交互理论认为，认知评价直接决定个体对压力的应对方式。挑战性评价与积极情绪有关，如热情和兴奋，进而促进员工活力的提升。对工作情形做出挑战性评价的员工会选择问题导向的应对行为，他们可能更愿意学习并不断获得提升。LePine et al. 的一项元分析表明，挑战性压力源能够提升员工动机，表现为工作动机、努力、坚持、学习动机和预期。[2]	图 2-18

[1]KAHN W A. Psychological conditions of personal engagement and disengagement at work[J]. Academy of management journal, 1990, 33(4): 692-724; EDMONDSON A C, KRAMER R M, COOK K S. Psychological safety, trust, and learning in organizations: a group-level lens[J]. Trust and distrust in organizations: dilemmas and approaches, 2004, 12(2004): 239-272.

[2]LEPINE J A, PODSAKOFF N P, LEPINE M A. A meta-analytic test of the challenge stressor-hindrance stressor framework: An explanation for inconsistent relationships among stressors and performance[J]. Academy of management journal, 2005, 48(5): 764-775.

续　表

中介变量	作用机制	路径图
挑战性评价、阻碍性评价	这些动机会提升员工的专注力和自我效能，从而使得员工精力充沛地投入自己的工作中，并坚持不懈地完成工作任务。因此，挑战性评价对工作旺盛感具有显著的积极影响。相反，阻碍性评价会增加消极情绪，如愤怒、恐惧和紧张，在这种情况下，员工更可能采取情绪导向的应对行为。研究表明，阻碍性评价会提升员工的工作不满意度和离职倾向，或者使员工展现更具侵略性的行为。因为离职和侵略在工作情境中是不适当的，所以员工可能需要将可获得的能量投入自我调节中，以克服它们，从而导致活力降低。LePine et al. 的元分析表明，阻碍性压力源会导致产生很多与压力有关的不利影响，如健康问题、挫败感。[1]Prem et al. 也指出，当员工过多关注如何应对消极情绪时，他们很难获得学习、提升和成长。[2]因此，阻碍性评价对工作旺盛感具有显著的消极影响。高绩效工作系统通过影响员工的认知评价，进而改变其工作旺盛感。具体而言，当员工对高绩效工作系统做出挑战性评价时，他们会得到成长和发展的机会，并选择问题导向的应对策略，从而提升工作旺盛感。由于高绩效工作系统的高工作要求，员工也可能会对其做出阻碍性评价，从而降低工作旺盛感。因此，挑战性评价是高绩效工作系统与工作旺盛感的中介	图 2-18
心理资本	心理资本概念在积极组织行为学领域的大量实证分析已经揭示，心理资本不仅对员工的行为有直接的影响，还对员工的状态有明显的预测作用。那么，同为员工积极心理状态的心理资本和工作旺盛状态，它们之间有怎样的关系呢？Spreitzer et al. 在工作旺盛的社会嵌入理论模型中指出，工作旺盛状态一方面离不开其所在组织环境的支持；另一方面，心理状态会对其产生影响。[3]此外，在极少的工作旺盛状态的实证文献中，Paterson et al. 将心理资本这一积极组织行为学领域的研究热点与工作旺盛状态的预测作用进行分析，	图 2-19

[1]LEPINE J A, PODSAKOFF N P, LEPINE M A. A meta-analytic test of the challenge stressor-hindrance stressor framework: An explanation for inconsistent relationships among stressors and performance[J]. Academy of management journal, 2005, 48(5): 764-775.

[2]PREM R, OHLY S, KUBICEK B, et al. Thriving on challenge stressors? Exploring time pressure and learning demands as antecedents of thriving at work[J]. Journal of organizational behavior, 2017, 38(1): 108-123.

[3]SPREITZER G, SUTCLIFFE K, DUTTON J, et al. A socially embedded model of thriving at work[J]. Organization science, 2005, 16(5): 537-549.

续　表

中介变量	作用机制	路径图
心理资本	结果显示，心理资本对员工的工作旺盛状态有正向预测作用。[1]心理资本对员工工作旺盛状态的影响主要表现在以下方面：首先，自我效能感较强的员工往往有崇高的志向和远大的抱负，会让自己持续学习，不断提高能力，进而获取更多的机会和资源，提高工作绩效，保持旺盛工作状态；其次，乐观状态的员工倾向用乐观的态度看待工作，用积极的态度面对未来，使自己拥有更好的状态；再次，充满希望的员工对工作中的目标锲而不舍，不断学习，并以积极的活力在实现目标的过程中保持旺盛状态；最后，员工心理资本中韧性的增强将有助于他们克服工作中遇到的挫折与困难，使得他们即使不在工作旺盛状态，也能快速恢复。结合真诚型领导与心理资本之间的关系，心理资本在真诚型领导对员工活力状态与学习状态的影响中起中介作用	图 2-19

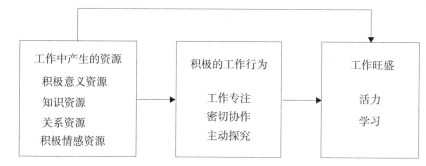

图 2-16　积极工作行为的中介模型

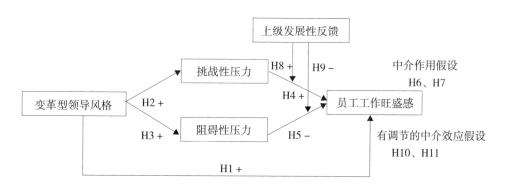

图 2-17　压力的中介作用模型

①PATERSON T A, LUTHANS F, JEUNG W. Thriving at work: impact of psychological capital and supervisor support[J]. Journal of organizational behavior, 2014, 35(3): 434−446.

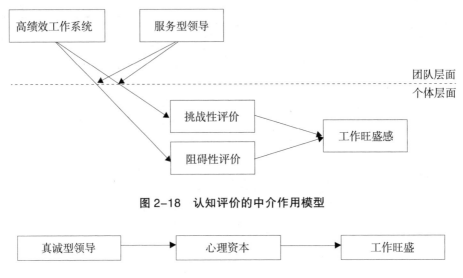

图 2-18　认知评价的中介作用模型

图 2-19　心理资本的中介作用模型

七、工作旺盛的调节变量

工作旺盛的调节变量往往是个体因素或情境因素，如：工作年限、上级发展性反馈等。工作旺盛调节变量的作用机制如表 2-19 所示。

表 2-19　工作旺盛的调节变量的作用机制

调节变量	作用机制	路径图
工作年限	工作年限的计算从被调查者来到单位开始，到调查时的月份结束，属于数值型变量（根据文献研究结果），工作年限和因变量之间的影响关系可能为非线性关系，因此，将"工作年限的平方"设置为变量。李永红、樊江对医疗技术人员的离职倾向进行了调查，结果得出年龄、工作年限与离职倾向呈负相关。[1]Somers 以 244 名美国注册护士为对象，研究其工作年限和离职倾向的关系，结果发现，年龄、工作年限和离职倾向呈负相关。[2]Chan 和 Morrison 研究离职倾向时发现，已经离职的人员和留	图 2-20

① 李永红，樊江.基于员工满意度的医疗技术人员离职倾向问题研究 [J].新疆医学，2013（11）：136-140.

② SOMERS M J. Modelling employee withdrawal behaviour over time: a study of turnover using survival analysis[J]. Journal of occupational and organizational psychology, 1996, 69(4): 315-326.

续 表

调节变量	作用机制	路径图
工作年限	下的人员存在很多差异，如在资历和实践经验等方面存在较大差异。[1]Stallworth 认为，人们在一个工作单位工作时间越长，其实践经验就越丰富，离职倾向就越低[2]Manlove 和 Guzell 经过对样本的分析研究发现，单位中的新员工离职率会更高，这个情况反映了工作年限和离职倾向之间的关系。[3]Cohen 研究了随着时间的增长，组织承诺和离职倾向之间的关系，研究发现新员工组织承诺高，离职率也高，老员工则相反。[4] 可见，经常了解员工的离职情况，可以避免发生离职预测错误。因此，工作年限可以作为工作旺盛感与离职倾向之间的调节变量	图 2-20
上级发展性反馈	上级发展性反馈可以调节变革型领导与员工工作旺盛感之间的关系。上级发展性反馈作为一种特殊的工作资源，是个体寻求的、重要的投资来源，因其隐含的回报期望和义务较少，可以在减少对员工自身资源消耗的同时给员工带来新的资源。与此同时，上级发展性反馈作为一种外部反馈，可以增强员工的自我肯定。虽然变革型领导风格能够为员工设立某一特定的情境机制，但由于员工获得的上级发展性反馈的不同，工作压力感知对个体情感（对应活力）和认知（对应学习）状态的影响仍会存在差异。因此，上级发展性反馈可以调节压力对员工工作旺盛感的影响	图 2-21

①CHAN E Y, MORRISON P. Factors influencing the retention and turnover intentions of registered nurses in a Singapore hospital[J]. Nursing & health sciences, 2000, 2(2): 113-121.

②STALLWORTH H L. Gendered experiences of public accounting firms: organizational commitment and intentions to leave[M]. Louisiana state university and agricultural & mechanical college, 1998: 22-36.

③MANLOVE E E, GUZELL J R. Intention to leave, anticipated reasons for leaving, and 12-month turnover of child care center staff[J]. Early childhood research quarterly, 1997, 12(2): 145-167.

④COHEN A. Work commitment in relation to withdrawal intentions and union effectiveness[J]. Journal of business research, 1993, 26(1): 75-90.

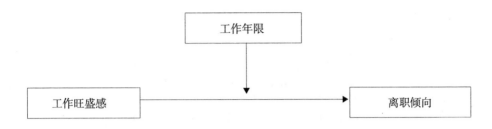

图 2-20 工作年限的调节作用模型

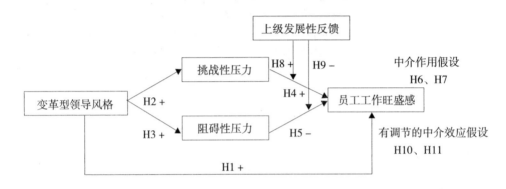

图 2-21 上级发展性反馈的调节作用模型

第四节 精神型领导对情绪劳动影响的研究现状

在酒店和旅游业的情绪劳动文献中，一个明显的问题是，研究没有检查潜在的干预措施，以帮助酒店和旅游业员工采取有效的情绪劳动策略。正如目前一些文献显示，对于员工来说，深层扮演与积极结果呈正相关，而表层扮演与消极结果（如情绪衰竭、紧张、倦怠和压力）相关。目前尚不清楚的是，管理层是否可以干预酒店和旅游业人员进行深层扮演而不是表层扮演。未来的研究可能会考察增加深层扮演和减少表层扮演的训练干预措施，重点集中于自我控制在注意力和专注力消耗过程中所起的作用。

从研究范畴看，目前情绪劳动的研究更多地集中在应用心理学领域，跨学科研究较少，将心理学与管理学实践以及中国情境相结合的实证研究尤为缺乏。从研究方法看，研究人员目前主要通过横截面研究以及实验法来分析情绪劳动的产出。个体情绪劳动会随时间以及外部环境的变化而不断发生改变，与组织管理措施相融合的纵向研究更能有效地反映情绪劳动的产出，充分体现情绪劳动的"可管理性"与"动态性"。

一、领导力对情绪劳动的管理作用

根据领导力对情绪劳动的影响，领导分为变革型领导、放任型领导、伦理型领导、包容型领导等类型。

领导者的领导方式在实现组织目标方面特别重要，因此，许多研究者努力对领导方式进行分类也就不足为奇了。McColl-Kennedy 和 Anderson 将领导方式分为四种类型：放任型领导、例外管理型领导、权变奖励型领导和变革型领导。① 这些领导类型被广泛应用于培训工作和评估研究以及学术研究的类型学中。放任型领导是一种消极的领导类型，表现为高度的回避、优柔寡断和冷漠。例外管理型领导的典型行为包括标准设置、偏差监测、错误搜索、规则执行和对错误的关注。交易性的奖励交换和对期望结果的认可是权变奖励型领导的特征。变革型领导的概念由 Burns② 在对"世界级领导者"的探索中提出，并经 Bass③ 发展，目前已被广泛接受。变革型领导被 Bass 描述为通过个性化考虑、智力刺激和理想化的影响等来引导员工的领导方式。④ 个性化考虑强调个人关注；智力刺激鼓励使用推理、理性和证据；理想化的影响则提供了一种愿景和使命感。McColl-Kennedy 和 Anderson 探讨了变革型领导与一系列后果（如领导信任、自我效能信念、领导满意度、员工旷工和满意度以及绩效结果）之间的关系。⑤ 变革型领导被证明比其他三种领导类型更有优势，特别是在实现组织目标方面，以及在激发工作热情方面。领导和被监管者在与同事的互动中，必然伴随着产生情绪的情况，这可能会影响他们的感觉、态度和行为。以至于许多人声称，工作场所是人们必须处理的最令人沮丧的人际关系之

①MCCOLL-KENNEDY J R, ANDERSON R D. Subordinate-manager gender combination and perceived leadership style influence on emotions, self-esteem and organizational commitment[J]. Journal of business research, 2005, 58(2): 115-125.

②BURNS J M. Leadership [M] . New York: Harper and Row Press, August, 1978:26-45.

③BASS B M. Leadership: good, better, best[J]. Organizational dynamics, 1985, 13(3): 26-40.

④BASS B M. Does the transactional-transformational leadership paradigm transcend organizational and national boundaries?[J]. American psychologist, 1997, 52(2): 130-139.

⑤MCCOLL-KENNEDY J R, ANDERSON R D. Subordinate-manager gender combination and perceived leadership style influence on emotions, self-esteem and organizational commitment[J]. Journal of business research, 2005, 58(2): 115-125.

一。因此，预计工作会经常经历挫折。事实上，Goleman 认为："人际关系无能的领导者会导致人们产生消极表现，侵蚀人们的动力和承诺，使他们产生敌意。"[1]Yammarino 和 Bass[2]、Conger 和 Kanungo[3]、Ashkanasy 和 Tse[4] 以及 Lewis[5]的研究表明，人际关系无能的管理者在与上级的互动中会表现愤怒、沮丧等负面情绪，而积极的领导者经常表现积极的情绪，如热情和乐观，以激励下属。变革型领导者似乎尤其喜欢表现积极的情绪，并且似乎对这种情绪的表现感到自在。此外，他们往往对上级的感受更加敏感。McColl-Kennedy 和 Anderson的研究结果表明，变革型领导下的员工产生挫折情绪的概率最小，产生乐观情绪的概率最大；放任型领导下的员工产生挫折情绪的概率最大，产生乐观情绪的可能性最小。[6]即变革型领导能够给员工带来良好的情绪，而放任型领导会使员工情绪低落。这意味着放任型领导下的员工不愿意采用深层扮演，而倾向使用表层扮演；而变革型领导下的员工更愿意采用深层扮演，减少表层扮演行为。

此外，Khan 的研究也显示，变革型领导与深层扮演有正向联系，与表层扮演有负向联系。[7]领导者不同的行为会影响员工的情绪。Khan的研究结果与那些变革型领导激励工人以支持他们达成绩效与组织目标的研究相似。在服务工作的框架中，组织的目标必须深入地表现出真实的积极情绪，而不是通过表层扮演表现出虚假的情绪。

①GOLEMAN D. The emotionally competent leader[J].The healthcare forum journal. 1998, 41(2): 36, 38, 76.

②YAMMARINO F J, BASS B M. Transformational leadership and multiple levels of analysis[J]. Human relations, 1990, 43(10): 975−995.

③CONGER J A, KANUNGO R N. Charismatic leadership in organizations[M]. London: Sage Publications, 1998:26−61.

④ASHKANASY N M, TSE B. Transformational leadership as management of emotion: a conceptual review[M]//ASHKANASY N M , HÄRTEL C E , ZERBE W J. Emotions in the workplace: research, theory, and practice. Westport: Quorum Books, 2000: 221−235.

⑤LEWIS K M. When leaders display emotion: How followers respond to negative emotional expression of male and female leaders[J]. Journal of organizational behavior, 2000, 21(2): 221−234.

⑥MCCOLL−KENNEDY J R, ANDERSON R D. Subordinate−manager gender combination and perceived leadership style influence on emotions, self−esteem and organizational commitment[J]. Journal of business research, 2005, 58(2): 115−125.

⑦KHAN F. Does emotional labor mediate the relationship between transformational leadership style and service recovery performance[J]. Journal of resources development and management, 2020, 63(0): 1−7.

伦理型领导在减轻员工倦怠方面发挥着关键作用。当员工认为领导者可以作为他们的道德指导者时，他们往往压力更小，工作满意度更高。大量研究证明，与支持下属的领导一起工作可能会缓解组织环境的负面影响。因此，伦理型领导与情感成分相联系，能够减轻员工的工作倦怠并促进积极的工作环境形成。根据资源保存理论，情感资源的消耗会对组织及其成员产生负面影响。随着工作强度的增加，需要通过调整情绪以积极态度回应客户的工作者更有可能使用自己的情绪资源，因此，他们最终可能会感到倦怠。伦理型领导在减轻与表层扮演相关的倦怠方面发挥着作用。当下属认可并相信伦理型领导者的品质时，他们可能会避免表层扮演，而尽可能真诚地进行深层扮演。通过这种方式，他们可以最大限度地减轻情感资源的消耗并减轻倦怠，从而积极帮助他人。Grandey 认为，将伦理型领导者视为一种社会支持可以减少由表层扮演引起的情绪衰竭，因此，伦理型领导在减轻倦怠方面发挥着重要作用。[1] 当下属认为领导者具有伦理型领导的特征（如可信赖、真诚和表现出较高水平的道德行为）时，他们会努力进行深层扮演，而不是扮演提高组织效率的角色，以此表达对领导者的赞赏。根据情感策略，服务人员可能会进行深层扮演，而不是表层扮演，这有助于形成积极的客户关系和改善工作评估。伦理型领导者应扮演减轻表层扮演负面后果的角色，同时增强深层扮演的积极性。此外，伦理型领导具有积极作用和能增加利他行为。伦理型领导能促使员工产生积极行为，减少消极行为。道德水平较高的领导者真诚地表达兴趣和支持可以减轻服务人员情绪劳动的负面影响，减小服务人员表层扮演造成的压力，并赋予他们从事工作的能量及其他重要因素。此外，伦理型领导者的道德行为对组织成员的工作行为产生了积极影响，如鼓励员工采取深层扮演，以减少工作疲劳和增加利他行为。

包容型领导重视上下级之间的互动，这种互动讲究"回应、尊重、责任、认可"。包容型领导尊重员工，这容易让员工产生一种被认可的感觉和归属感。包容型领导对员工的需求积极回应，赋予员工责任感，这提升了员工的主观能动性，加强了员工的主人翁意识，也有助于造就员工的情绪承诺，即认可组织规定的情绪规则。在认可组织规定的情绪规则时，员工愿意改变自身情绪，内化这种情绪，更愿意采取深层扮演，而非表层扮演。此外，包容型领导给予员工一定的工作资源也有助于员工在工作中保持高度的责任感，并采取更

①GRANDEY A A. Emotion regulation in the workplace: a new way to conceptualize emotional labor[J]. Journal of occupational health psychology, 2000, 5(1): 95-110.

有利于组织的深层扮演作为回报。根据社会学习理论，包容型领导者的行为方式也容易被员工模仿，员工在与顾客互动时将领导者作为模仿对象，在服务中能够尊重顾客、理解顾客，表现出深层扮演行为。

以上各类领导与情绪劳动关系模型使用了三种理论框架：资源保存理论、情绪感染理论和社会学习理论。

二、精神性与情绪劳动

从事助人职业的人很可能面临对情绪劳动的高要求。例如，保护服务、医疗保健或咨询等职业都涉及与他人的情感密集互动，因此，存在广泛的情绪劳动需求。Strasdinz 和 Broom 在 2007 年通过情绪感染的过程解释了这些职业对情绪劳动的高要求，其中必须管理的情绪可以通过社会互动来传递。情绪感染可以是成本，也可以是回报，这取决于员工遇到的情绪。在对他人表现出关心、温暖、包容和善意时，员工通常出现较轻的抑郁症状。

一些有关情绪劳动的文献也表明，情绪在情绪劳动过程中起着重要作用，特别是与情绪劳动策略的选择有关。例如，Dahling 和 Perez 认为，对于从事情感工作的个人，积极情绪与深层扮演的利用呈正相关，而与表层扮演的利用呈负相关。[①]Johnson 和 Spector 认为，具有积极情绪的员工更倾向在工作环境中使用深层扮演并表达真实的情感，与采用表层扮演相比，其负面影响更小。[②]另外，拥有积极、真诚的情感的人，如具有同情心、同理心、爱和理解的人，将积极情绪引入深层扮演策略时，无须付出太多的努力来调节自己的表现，因为他们本就乐于助人。

此外，有意义的工作是工作场所精神性的主要维度之一，它为服务人员提供快乐，将他们与"更大的利益"联系起来，帮助他们认同自己的工作并接受他们在其中的角色。这种意义建构和认同与个人资源有关，这些资源使服务人员能够有内在动力来满足自己工作的情感需求，同时满足自己和他人的角色期望，表达真实的感受。因此，服务人员越了解自己工作的意义和价值，他们的实际感受和表达的情感就越积极、统一。通过与组织和同事的互动，员工之间、员工与组织之间的价值一致性提高了服务人员的内化程度和认同度。具

①DAHLING J J, PEREZ L A. Older worker, different actor? Linking age and emotional labor strategies[J]. Personality and individual differences, 2010, 48(5): 574−578.

②JOHNSON H A M, SPECTOR P E. Service with a smile: do emotional intelligence, gender, and autonomy moderate the emotional labor process?[J]. Journal of occupational health psychology, 2007, 12(4): 319−333.

体而言，当服务人员将组织的价值观和信念内化时，他们便将组织的利益视为自己的利益，将自己视为组织的成员，以成为组织的一员而感到自豪。这些有条件的资源提高了工作重要性，以激励服务人员在工作中始终如一地按照自己的真实感受行事。工作场所精神性的社区意识有助于满足员工被同事和客户接受、欣赏的内部需求。因此，工作社区包括员工、同事和客户之间的联系和互动，能够创造一种社会支持、自由表达意见和关心组织中其他群体成员的氛围。当服务人员获得这些有条件的资源并重视它们的关系时，他们将真正去关心同事和客户。因此，笔者认为服务人员的高度社区意识会引发他们在工作场所的深层扮演行为。

内心生活涉及个体的自我反省，这会影响服务人员对自己、工作和生活的看法。例如，工作需求使工作成为许多人生活中的头等大事，但大多数人并不清楚自己工作的真正意义和目的。越来越多的人意识到，他们仅仅通过工作获得的物质利益很难使自己获得满足感。工作的无形资源（如同事和主管的支持）提供了生活意义，并可能使服务人员反思如何在工作中实现自己的目标，以及如何使个人价值观与职业价值观相一致。在这种情况下，服务人员将有意识地、真诚地关心如何通过做好本职工作来为他人服务。这种转变是一种精神力量，使服务人员在工作中始终如一地按照自己的真实感受行事。正如Grandey 所指出的，深层扮演和表层扮演是服务人员用来干预自己的内心感受以表达情绪的两种方法。[①] 深层扮演策略使服务人员能够改变自己对服务的看法并重新评估他们的工作情况，让他们体验到期望的情绪，然后表现出积极的情绪。借助表层扮演策略，员工试图通过简单地伪造其组织的适当表达要求来抑制不想要的负面情绪。Grandey 将深层扮演描述为"善意行事"，将表层扮演描述为"恶意行事"。[②] 服务人员不能简单地同时使用深层扮演和表层扮演，因为两种情绪策略之间的差异会造成情绪失调，这是服务人员应该尽量避免的。为了进一步区分这两种策略，深层扮演作为一种情绪调节类型是先行被员工关注的，并且可以在它开始之前被员工自身控制；而表层扮演可以在它开始后被控制，因为它是一种以反应为中心的情绪调节形式。鉴于这些特征，笔者认为工作场所精神性可以影响这两种情绪劳动策略。具体来说，工作场所精神

---

①GRANDEY A A. Emotion regulation in the workplace: a new way to conceptualize emotional labor[J]. Journal of occupational health psychology, 2000, 5(1): 95–110.

②GRANDEY A A. When"the show must go on": surface acting and deep acting as determinants of emotional exhaustion and peer-rated service delivery[J]. Academy of management journal, 2003, 46(1): 86–96.

性可以通过使个人的情绪与组织的预期保持一致来增加参与深层扮演的需要并减少参与表层扮演的需要。例如，如果员工从事与他们的价值观相一致的有意义的工作，周围环绕着充满活力的同事，他们很可能会体验到更积极的情绪。在这种情况下，他们更愿意参与深层扮演。因此，工作场所精神性通过深层扮演激励服务人员表现出适当的情绪。同时，工作场所精神性激励了服务人员，从而减少服务人员的表层扮演行为。

综上，通过文献梳理可以发现，目前学者对很多类型的领导与情绪劳动的关系进行了研究。此外，工作场所精神性与情绪劳动之间的关系研究也被提出，但可惜的是精神型领导与情绪劳动之间的关系尚未进行研究。

第五节　精神型领导对工作旺盛影响的研究现状

在组织中"合适的人做合适的工作"至关重要。然而，谁是"合适"的人？组织如何释放员工的潜力？像这样的困境会导致模棱两可的答案和模糊的人力资源解决方案。Porath et al.[1] 以及 Mushtaq et al.[2] 调查了各种个人层面的人格属性、态度和行为，从这些属性、态度和行为可以看出评估员工是否在组织中工作旺盛。当员工工作旺盛时，组织可以在竞争日益激烈的市场中占据有利位置。工作旺盛是一种心理状态，即个体在工作中能同时感受到活力和学习的一种心理状态。活力被定义为一种正能量的感觉和一种活着的感觉，而学习是指一个人正在获得知识和技能的感觉，并且能利用这种感觉来建立信心。人们发现，处于工作旺盛状态的人更健康、更积极、更有韧性、表现更好，他们会以职业为导向来终身学习。

一、各类型领导与工作旺盛

工作旺盛是员工积极发展状态的标志，是组织提升绩效的重要基础。旺盛感不仅影响员工的职场适应能力，还可以减少员工的心理消耗，从而提升员工的健康水平。鉴于上述重要价值，影响工作旺盛的组织因素很早就引起了学术界的重视。目前已有各种领导力对工作旺盛的影响研究。研究发现，真实型领

①PORATH C, SPREITZER G, GIBSONC, et al. Thriving at work: toward its measurement, construct validation, and theoretical refinement[J]. Journal of organizational behavior, 2012, 33(2): 250-275.
②MUSHTAQ M, ABID G, SARWAR K, et al. Forging ahead: how to thrive at the modern workplace[J]. Iranian journal of management studies, 2017, 10(4): 783-818.

导、包容型领导、授权型领导、变革型领导、服务型领导、悖论型领导和家庭支持型领导等都能够显著影响员工的工作旺盛感。

领导类型主要通过表达同理心、提高员工心理安全感以及展现开放性行为等方式对工作旺盛产生影响。Mortier et al. 的研究发现，真实型领导不仅可通过为员工提供健康的工作环境影响员工的工作旺盛感，还可通过表达同理心来影响个体活力。[1] 真实型领导者往往能更清晰地认识自己的优点和缺点，准确地看待他人对自己能力的看法。他们会将行动和信念保持一致，在决策之前，客观地分析数据。他们能对他人保持开放性，能鼓励他人挑战自己的观点。在具备上述特征的环境中，员工会产生工作旺盛感。因此，真实型领导行为的水平越高，员工的工作旺盛感也就越强。同理心在真实型领导和工作旺盛感的活力维度之间发挥着中介作用。员工感受到领导的理解越多，他们的活力就越强。这进一步证实了真实型领导对员工的积极影响。研究表明，真实型领导表现为以下属为导向、诚实无欺和正直无私，这三者均正向影响学习和活力。[2] 该研究还发现，员工心理安全感在真实型领导和员工的工作旺盛感之间发挥中介作用。[3] 综上所述，真实型领导正向影响员工的工作旺盛感，同理心和心理安全感在真实型领导和员工的工作旺盛感之间发挥中介作用。

包容型领导正向影响员工的工作旺盛感，这主要体现在包容型领导的开放性行为特征方面。包容型领导强调尊重和支持员工，激发员工潜能。从行为特征看，包容型领导具有开放、宽容、共享、认可和关怀五个维度。周霞等的研究发现，包容型领导显著影响工作旺盛的学习和活力两个维度。[4] 当包容型领导表现出开放、共享和关怀时，下属会感受到更多的学习；而当包容型领导表现出更多开放、认可、宽容和关怀时，下属会感受到更多的活力。包容型领导影响员工的工作旺盛感，其原因可能有两方面：一方面，员工在工作中感受到了关怀和认可，更可能增强归属感，从而更愿意通过努力学习提升自己来回报组织；另一方面，开放和宽容使员工更具有自主感，从而激发出员工内在的活力感。两者结合，共同提升了员工的工作旺盛感。

①MORTIER A V, VLERICK P, CLAYS E. Authentic leadership and thriving among nurses: the mediating role of empathy[J]. Journal of nursing management, 2016, 24(3): 357−365.

②安静，万文海. 诚信领导对员工工作繁荣作用的实证研究：心理安全感的中介作用 [J]. 科技与经济，2014, 27(5): 75−79.

③安静，万文海. 诚信领导对员工工作繁荣作用的实证研究：心理安全感的中介作用 [J]. 科技与经济，2014, 27(5): 75−79.

④周霞，刘晓琴，张显峰. 包容型领导测量及对员工工作繁荣、创造力之影响研究 [J]. 科学管理研究，2017, 35(2): 81−84.

授权型领导能显著影响员工的工作旺盛感，即授权型领导对员工的授权行为越多，员工越能增强工作旺盛感。授权型领导会鼓励员工决策，并赋予员工较高的决策权和自主权，要求员工及时行动。该类型的领导者倡导员工参与到内容和资源丰富的工作当中，不仅相信员工的工作能力，还重视建立与员工之间的信任关系。另外，授权型领导不仅能为员工提供资源，还鼓励员工积极开展工作，使员工感受到自身努力的价值，更愿意迎接工作挑战。因此，员工更可能通过学习提升自己，并在挑战性工作中感受到活力，进而展现更强的工作旺盛感。

变革型领导能促进员工工作旺盛感的提升，并且员工经验开放性在变革型领导与工作旺盛感之间发挥着调节作用。当经验开放性处于高水平时，变革型领导能显著影响员工的工作旺盛感；当经验开放性处于低水平时，变革型领导对工作旺盛感则无显著影响。变革型领导会对员工进行个性化关怀，使员工感受到更多的鼓励，进一步认识到工作的价值和意义，从而提升工作旺盛感。当员工情绪消耗水平高时，变革型领导能够显著降低员工的工作旺盛感；当员工情绪消耗水平低时，变革型领导则能够显著提高员工的工作旺盛感。

服务型领导与工作旺盛显著相关。研究考察了个体和群体的工作旺盛感，结果发现，服务型领导的服务意识越强，集体工作旺盛感越强，而个体核心自我评价水平越高，个体的工作旺盛感越强。[①]

悖论型领导能显著影响员工的工作旺盛感，这主要是因为悖论型领导统一管理员工并且考虑员工的个人需求，这将有助于满足员工的基本心理需求，进而提高员工的工作旺盛感。

家庭支持型领导也能够影响员工的工作旺盛感。当领导体现出对员工家庭支持的行为时，员工的心理可获得性将会提高，进一步提高工作家庭增益水平，最终影响员工的工作旺盛感。

综上所述，组织情境中的领导类型可以预测员工的工作态度和行为，领导类型与工作旺盛感存在显著关联，领导类型作为前因变量直接影响着个体的工作旺盛感。不过令人惊讶的是，精神型领导对工作旺盛感的研究尚未进行。图2-22显示了各类型领导对工作旺盛的影响情况。目前，各类型领导均通过工作氛围（如支持氛围、信任氛围等）来影响员工的工作旺盛感。因此，通过上述文献梳理，我们可以预测精神型领导也能通过影响工作氛围来影响员工的工作旺盛感。

①WALUMBWA F O, MUCHIRI M K, MISATI E, et al. Inspired to perform: a multilevel investigation of antecedents and consequences of thriving at work[J]. Journal of organizational behavior, 2018, 39(3): 249−261.

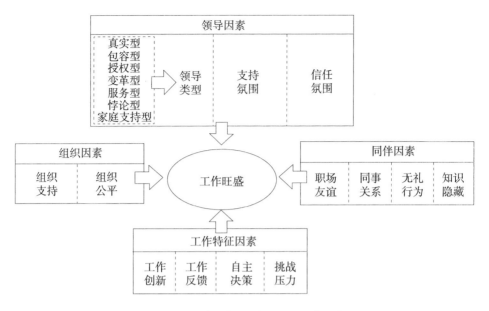

图 2-22　各类型领导对工作旺盛的影响

二、心理资本与工作旺盛

精神型领导可以提升追随者的心理资本水平。心理资本（psychological capital）是指个体积极的心理发展状态，以自我效能、乐观、希望和韧性为特征。精神型领导可以概述员工的心理状态。精神型领导以关心、关爱、尊重和信任对待追随者，这可能会形成一个温暖的环境。这种支持性的组织环境有利于发展员工的心理资本。以往的研究表明，提供工作场所支持与心理资本的发展呈正相关。此外，Chen 和 Li 也认为，精神型领导与员工的自我概念（自尊和自我效能）呈正相关；自我效能感是心理资本的主要组成部分之一。[1] 因此，精神型领导与心理资本呈正相关。此外，拥有心理资本的员工往往会更多地投入工作中。如果员工的心理资本水平较高，则意味着他们有更强的自尊和更合适的目标导向，从而对工作产生内在动力，并投入更多的个人资源来应对工作挑战。

当领导者提出具有利他价值观的，具有挑战性、令人向往和信服的不同愿景并将其与员工分享时，员工更有可能提高自身能力且相信这些愿景可以实现，并坚定成功信念，从而提高自我效能。Chen 和 Yang 发现精神型领导对员

---

[1]CHEN C Y, LI C I. Assessing the spiritual leadership effectiveness: the contribution of follower's self-concept and preliminary tests for moderation of culture and managerial position[J]. The leadership quarterly, 2013, 24(1): 240-255.

工的自我效能感有积极影响。[①]精神型领导通过阐明一个明确且足够具有挑战性的目标来激励追随者，进而促使他们达成目标。此外，精神型领导通过为追随者创造一个令人向往的、令人信服的愿景来培养他们的积极情绪，从而为追随者描绘一幅未来图景，以评估当前和未来的情况。最后，这种类型的领导者通过积极鼓励追随者承担有计划的风险、寻找机会和解决复杂的组织问题来培养他们的韧性。总而言之，精神型领导可能促进员工的自我效能、乐观、希望和复原力等心理资本的提升。

具有高水平心理资本的员工可以表现出积极的工作场所行为。心理资本可以促使各种积极后果的产生，如更强烈的主观幸福感、更好的工作表现、更高的生活满意度、更高的领导效能、更强的创造等；可以减少负面的工作场所行为，如反生产行为、工作场所越轨行为等；可以促进员工工作旺盛感的提升。

自我效能感是指确信一个人能够成功地执行产生结果所需的行为。Hu et al. 指出，拥有更多资源的员工更有信心取得优异的业绩。[②]同时，拥有更多资源的员工往往会执行更高水平的自我效能。从这个意义上说，将优势当作重要的个人资源可能会对员工的自我效能产生积极影响。Van Woerkom et al. 的实证研究结果为优势使用和自我效能之间的正相关关系提供了强有力的证据。[③]此外，自我效能感与工作旺盛呈正相关，因为具有较强自我效能感的员工更有可能设定更高的目标，然后更努力地投入工作，并不断学习新的知识和技能，以达到这些目标。一方面，自我效能感强的员工拥有成功的潜力和信心，因此，他们更有可能积极参与能够提高学习能力和活力的任务，从而工作旺盛；另一方面，自我效能感弱的人更容易变得悲观，这可能会影响他们的工作旺盛状态。充满希望的员工是有目标导向的，并会主动设计实现目标和完成任务的替代方法。这类员工的活力较强，而较强的活力有助于员工工作旺盛感的提升。当结构的情感（活力）和认知（学习）维度都存在时，员工的工作旺盛感强。具有高水平心理资本的员工具有更高水平的希望、自我效能、乐观和复原力，会产生更强的工作旺盛感。在较低水平的心理资本中，工作场所的活力和学习水平不太

①CHEN C Y, YANG C F. The impact of spiritual leadership on organizational citizenship behavior: a multi-sample analysis[J]. Journal of business ethics, 2012, 105(1): 107-114.

②HU Q, SCHAUFELI W B, TARIS T W. The job demands-resources model: an analysis of additive and joint effects of demands and resources[J]. Journal of vocational behavior, 2011, 79(1): 181-190.

③VAN WOERKOM M, BAKKER A B, NISHII L H. Accumulative job demands and support for strength use: fine-tuning the job demands-resources model using conservation of resources theory[J]. Journal of applied psychology, 2016, 101(1): 141-150.

可能相似。由于可以预期具有较高水平心理资本的员工会产生更强的活力和学习能力。因此，心理资本与员工的工作积极性之间存在正相关关系。

三、自我决定理论与工作旺盛

根据自我决定理论，自主心理需求的满足来自两个方面：完成任务时感知到的心理自由和在听取领导者建议的过程中感知到的自我满足。精神型领导倡导组织利益与个人利益协调的愿景和信念，让员工在完成工作任务的过程中感受到更多的工作意义、心理自由。精神型领导关心和重视员工，在与员工互动的过程中注重反馈，尽力满足员工的需求，从而落实精神型领导的任务，提高员工在工作中的满意度。因此，精神型领导可以满足员工的基本心理需求，促进其自主性动机的产生。即精神型领导能促使员工满足有关自主决定理论的三个维度（归属、自主、胜任）的需求，从而进一步提升员工的工作旺盛感。

通过借鉴自我决定理论，我们可以更好地理解是什么促成了人们内在的成长。将自我决定理论与工作旺盛结合在一起，人们在工作中可以更好、更快地成长。自我决定理论假设每个人都有一种与生俱来的心理成长和发展倾向。个体努力应对持续的挑战，并将自身的经历整合成一种连贯的自我意识。自我决定理论关注人们在没有任何外部影响或控制的情况下做出选择背后的动机。它侧重个人行为的自我激励和自我决定的程度。实证研究表明，当个人具有内在动机（为了自己的乐趣而不是出于工具性原因被迫做某事）时，他会变得更加努力并且会更有活力。与工作旺盛的活力维度一致，Deci 和 Ryan 将活力定义为满足基本心理需求，直接或间接提供给自我的能量。[1] 人们通过一些积极活动可以产生热情、活力和积极的能量。活力或能量可以更新的假设与自我调节理论形成鲜明对比，自我调节理论认为自我调节活动会消耗能量。自我决定理论的一个关键假设是能量可以保持甚至增强，而不仅仅是耗尽或消耗。自我调节理论和资源守恒理论关注能量如何消耗（通过自我控制活动），而自我决定理论关注可能催化或产生能量的力量。自我决定理论认为，虽然控制自我的努力（如情绪调节）会消耗能量，但自我努力消耗的能量要比被迫努力少得多，消耗速度也要慢很多。自我决定理论研究人员提供了另一种观点：受控监管会消耗能量，而自主监管可以激发活力。其核心在于，当个人有内在动机时（为了自己的享受或兴趣做某事，而不是因工具性原因而被迫做某事），他的行为

①DECI E L, RYAN R M. The"what"and"why"of goal pursuits: Human needs and the self-determination of behavior[J]. Psychological inquiry, 2000, 11(4): 227-268.

就会不那么费力，也不那么消耗能量。更具体地说，自我决定理论认为，满足个人对相关性（感觉联系）、能力（感觉有能力）和自主性（感觉有意志）的心理需求，可以促进其活力的增强。一项对大学生使用经验抽样方法的研究表明，自主性、能力、相关性与活力相关。[①]对女子体操运动员的纵向研究表明，即使她们从事体力要求高和消耗卡路里的活动，其自主性、能力和相关性的增强也会增强其活力。[②]对组织环境中的主观活力的研究也开始出现。例如，Quinn和Dutton理论化了如何通过增强一个人的自主性、能力和相关性在对话中创造能量。[③]首先，自主性是指一个人对自己行为的自我认可或者选择。一项研究发现，当人们在日常工作中产生更多的自主性动机时，他们会拥有更多的主观活力。[④]当一个人的行为是自主的时，他往往更有活力。最近，Muraven et al.通过设计一项研究，将自我决定理论与自我耗竭结合起来，该研究检查了作为调节变量的自主性，以确定自我控制活动的耗竭程度。[⑤]根据自我决定理论，他们假设对自我控制活动的更多自主性支持将降低消耗。在一系列研究中，他们发现支持这样一种观点，即"为什么某人进行自我控制可能会影响这种活动的消耗程度"。自我控制水平高的个体在随后的自我控制活动中表现得比那些对参与自我控制活动感到有压力的个体更好。事实上，他们发现自主自我控制后自己的活力增加，这有助于补充失去的自我力量。这支持了积极体验有助于抵消消耗影响的观点。与此一致，具有自主性的个体在随后的自我控制活动中的表现优于行为受外力控制的个体，即使在控制焦虑和压力或动机降低时也是如此。自主性还被发现可以减轻倦怠感。其次，能力包括处理环境和有效利用周围资源的效能感。能力的感觉与活力和认知参与有关。例

①REIS H T, SHELDON K M, GABLE S L, et al. Daily well-being: the role of autonomy, competence, and relatedness[J]. Personality and social psychology bulletin, 2000, 26(4): 419-435.

②GAGNÉ M, RYAN R M, BARGMANN, K. Autonomy support and need satisfaction in the motivation and well-being of gymnasts[J]. Journal of applied sport psychology, 2003, 15(4): 372-390.

③QUINN R W, DUTTON J E. Coordination as energy-in-conversation[J]. Academy of management review, 2005, 30(1): 36-57.

④RYAN R M, BERNSTEIN J H, BROWN K W. Weekends, work, and well-being: Psychological need satisfactions and day of the week effects on mood, vitality, and physical symptoms[J]. Journal of social and clinical psychology, 2010, 29(1): 95-122.

⑤MURAVEN M, Gagné M, ROSMAN H. Helpful self-control: autonomy support, vitality, and depletion[J]. Journal of experimental social psychology, 2008, 44(3): 573-585.

如，Vansteenkiste et al. 发现，内在动机与活力有关。[①] 其他研究表明，胜任力可以提高工作任务中的认知参与度，尤其是那些需要新颖思维的任务。[②] 因此，能力会促使更强的旺盛感产生，因为它与活力和学习有关。最后，相关性是指与他人联系的感觉和归属感，可能会增强员工的工作旺盛感。比如，与他人联系会产生情感。当他们认为与自己有密切联系的人在一起工作时，他们会对自己所在组织的工作产生更大的热情。通过与其他员工、领导者的关联而产生的积极影响会拓宽员工的思想并促使员工对人、物体和事件进行探索，进而增强员工的工作旺盛感。相关性也增强了心理安全，在这种安全感中，人们可以安全地承担风险并探索新方法。在这样做的过程中，相关性使学习能力和随后的工作旺盛感的提升成为可能。

自我决定理论的一个关键见解是，当一个人在自己所处的工作环境中能够增强自主性、能力和相关性时，一个人更有可能体验到活力。需要注意的是，自我决定理论没有与工作旺盛的学习维度建立任何明确的联系，但其中的一些逻辑确实与成长和发展的概念很好地联系在一起，这意味着学习维度与自我决定有关。自我决定理论是关于环境如何影响工作旺盛的基本原理的核心，因为它描述了个体如何追求促进自身成长和发展的条件。人们不会因为被老板劝告或被组织系统强迫而工作旺盛。相反，当人们下定决心开始行动时，他们更有可能以成长为导向并体验到活力。自我决定理论的三个维度（自主性、能力和相关性）解释了不同情况下工作旺盛的差异。每个自我决定理论维度都是工作旺盛的重要预测指标。此外，自我决定理论的三个维度都显著预测了工作旺盛的活力（情感）和学习（认知）状态。

自主性动机的增强能促进员工工作旺盛感的提升。当个人处于一种提倡自主决策权的工作环境中时，他的自主感会得到显著增强。这种自主决策权为个人提供了选择和控制自己工作的机会，能够让他更好地决定自己的工作方向和方式。这种自由选择的权利使个人能够自主地开展工作，而不是受到外部控制、监管或压力。相反，那些认为自己缺乏自主权或者怀疑自己能力的人往往会在面临挑战时过早地放弃。因此，自主决策权对个人的工作表现和职业生涯发展

①VANSTEENKISTE M, NEYRINCK B, NIEMIEC C P, et al. On the relations among work value orientations, psychological need satisfaction and job outcomes: A self‐determination theory approach[J]. Journal of occupational and organizational psychology, 2007, 80(2): 251−277.

②VINARSKI‐PERETZ H, BINYAMIN G, CARMELI A. Subjective relational experiences and employee innovative behaviors in the workplace[J]. Journal of vocational behavior, 2011, 78(2): 290−304.

至关重要。正如自我决定理论表明的那样，当个人感到自主时，他更有可能感到有活力。自主决策权也可能通过自我决定理论的两个维度（能力和相关性）来促进学习。当个人享有自主选择做什么以及如何做时，他会感到更具掌控感，有更多的能力探索工作的不同方向。自主决策权的支持可以帮助个人增强自身技能和自信心，进而使个人愿意承担风险和开拓新的机遇。而在支持自主决策权的工作环境下，个人可以建立更加密切的人际关系。此外，信息共享有助于激发个人的自主性动机，促进自身工作旺盛感的提升。获取广泛的信息能够增加个人掌握正确决策所需知识的可能性。获得这些知识后，个人可以更有能力地去完成自己的工作。信息共享也提高了个人的能力，因为它能够增强个人在面对问题时快速发现问题并协调行动的能力。因此，即使面对陌生或具有挑战性的情况，个人也可以有效地应对，从而增强自己学习新行为的动力。当信息广泛传播时，个人可以加深对系统运作的理解，从而进一步增强自主性。同时，信任和尊重的气氛能通过满足员工的需求来促使员工产生更强的工作旺盛感。当个人处于信任和尊重的气氛中时，他可能会感到更有能力、更有效率，并且能够应对环境中的挑战。人处于以信任和尊重为基础的环境中时，他更容易相信自己是有价值和能为组织做出贡献的成员。最后，身处尊重和信任的气氛中，人们会产生一种关联感，感觉与他人的联系更加紧密。这种关联感也可能激发积极情绪，增强学习的活力和开放性。此外，获得反馈也可能与自主性动机有关，尤其是能力部分。广泛的信息共享能使员工获得一般的组织知识，而反馈能提供有关他们当前工作绩效或迄今为止在目标方面个人进展的具体信息。研究一致表明，反馈会增进情感，使个人了解该提升哪方面的能力。通过改善不确定的感觉（如关于个人成就和上级的期望），反馈使个人能够更准确、更轻松地评估自己，看到自己的进步，并减少压力。因为反馈使员工的相关工作活动指向期望的个人和组织目标，所以反馈可能会增强员工的工作旺盛感。反馈还提供了关于各种目标对个人进步的相对重要的信息，使个人能够做出调整，最大限度地利用空闲时间来实现成长和进步。Porath et al. 发现，自主决策权和信息共享、绩效反馈、信任和尊重的气氛、环境动荡是预测旺盛的有力的前因。[1]值得的注意的是，一个人可能渴望成长和发展，但工作环境可能会增强或削弱这种渴望。

在本节第一部分中，我们通过研究各类型领导对工作旺盛的影响，发现各

---

[1]PORATH C, SPREITZER G, GIBSON C, et al. Thriving at work: toward its measurement, construct validation, and theoretical refinement[J]. Journal of organizational behavior, 2012, 33(2): 250−275.

类型领导一般通过工作氛围来影响员工的工作旺盛感。事实上，工作氛围是通过影响员工知觉来影响员工的工作旺盛感的。所以，第二、三部分进一步使用了心理资本、自我决定理论来解释各类型领导对工作旺盛的影响。笔者发现，精神型领导完全可以通过倡导组织利益与个人利益协调的愿景和信念，让员工在完成工作任务的过程中感受到更多的工作意义、心理自由，通过关心和重视员工的手段，实现提升员工心理资本、满足员工自我决定的两大需求，进而提升员工的工作旺盛感。这也是本研究将要进行的论证。

第六节　工作旺盛对员工情绪劳动影响的研究现状

组织由三个实体组成：产品、过程和人。人们把前两者作为硬件来强调，而"人"通常被忽视。员工带到工作中的情绪在很大程度上决定着他们的行为模式、态度等。Fisher 和 Ashkanasy 认为，情绪和心境是稳定的工作环境特征、影响工作态度和行为的中介机制。[①] 因此，情感可以作为规范员工在工作场所中的行为的杠杆。那么，什么可以影响员工的情绪劳动？

笔者认为，工作旺盛可以影响员工的情绪劳动。因为工作旺盛是心理资本的延伸。心理资本的有效性在 Spreitzer et al.[②] 的进一步研究中得到了扩展，成为工作旺盛概念的基础。Spreitzer et al. 的探索直接将敬业程度与工作旺盛的理念联系在一起。她将其定义为个体体会到参与感的较高心理状态，其标志是学习意识（获得理解和信息理解）和活力意识（工作环境中的稳定性）。[③] 这一概念的重要之处在于，工作旺盛是存在于个体中的一种主观心理状态，这种状态可能是暂时的，它必须与其他类似概念（韧性、繁荣、幸福和自我实现）区分开来。工作旺盛的组成部分是活力和学习，当两者都存在时，可以促进个人在工作中的自我发展。自我发展指个体寻求反馈，设定发展目标，参与朝着这些目标发展的活动，进而促进自身发展。活力和学习同时存在是至关重要的。当这两个因素联系在一起时，它们创造了一种模式，增加了对员工工作参与度的预测，可能会增强员工的创造力，并可能对员工的幸福感产生有益的影响。这

①FISHER C D, ASHKANASY N M. The emerging role of emotions in work life: an introduction[J]. Journal of organizational behavior, 2000, 21(2): 123−129.

②SPREITZER G, SUTCLIFFE K, DUTTON J, et al. A socially embedded model of thriving at work[J]. Organization science, 2005, 16(5): 537−549.

③SPREITZER G, SUTCLIFFE K, DUTTON J, et al. A socially embedded model of thriving at work[J]. Organization science, 2005, 16(5): 537−549.

也是一个考虑因素，即工作旺盛需要一个支持性的监管环境。为了实现工作旺盛，主管需要表现出特定的行为，为员工创造一个安全的环境。这样，员工就会感觉到组织对自己的关心，感受到组织对自己的尊重。某些代理（主动、自我反省和自我调节）元素的存在也增强了员工的工作旺盛感。其中一些因素有利于创造和谐的氛围，在这种氛围中，个人相信有自主决策权，主管也支持个人进行自主控制。当个人确信有广泛的信息共享，并对决策过程中信息的质量和可获得性有信心时，他们的自主性就会进一步提升。影响工作旺盛的最后一个重要因素是信任和尊重的气氛，能促使个人提升自主性和工作效率，并产生被需要感。总而言之，自主决策权、广泛的信息共享以及对组织的信任和尊重可以增强个人的工作旺盛感，并对结果产生积极影响。Patterson et al. 在 2014年的一项关于成功的研究中，使用了 198 个全职员工—主管二元组，并专注于两种代理工作行为，在这两种行为中，员工可以明确地对自己的行为进行控制。[1]Patterson et al. 研究的第一个代理工作行为是明确任务焦点。他将任务焦点研究设置为当一个人在执行与工作相关的任务时专心和警觉的时刻，他享受一种完全投入任务的感觉，并自愿和有意地在工作任务中激发个人能量。这种对任务的关注刺激了活力的产生，在这种情况下，个体变得更专注于自己的工作，并有一种被激发的感觉。Patterson et al. 研究的第二个代理工作行为是明确人际关系，这体现在个体在与团队一起执行目标时的贡献、表征和从属关系。以一种有意识的方式行事的人将理解自己的工作如何与其他人的工作相适应，以取得组织所希望的结果。这类人还将为同龄人提供亲社会支持，同时向支持他们的同龄人群体学习。这种"密切联系"可以提升员工的学习体验。

心理资本（自我效率、乐观、有弹性和充满希望）可以被视为员工所需的能力，以便员工能够从事一些压力较大、难度较大的工作，并在工作中表现出较强的能力。员工在日常生活中面临着各种需要关注的纪律问题，需要了解顾客的行为和情绪，并在工作中面对破坏性行为时控制自己的愤怒情绪。拥有这些能力有助于员工在与顾客的互动中更有效地管理和控制自己的反应。拥有高水平的心理资本是帮助个人积极生存并为个人和组织健康做出较大贡献的重要因素。心理资本对员工的深层扮演有显著的正向影响。换句话说，拥有高水平心理资本的员工在情绪劳动密集型环境中往往更有毅力。另外，Yen 承认心理上限对情绪调节有积极影响，它可以减少员工的情绪枯竭，但也认为拥有高水平心理

---

[1]PATTERSON G T, CHUNG I W, SWAN P W. Stress management interventions for police officers and recruits: a meta-analysis[J]. Journal of experimental criminology, 2014, 10(4): 487-513.

资本并采取表层扮演的员工可能会加大情绪枯竭。[①] 因此，根据 Yen 的研究，只有当个人倾向表现出深层扮演时，设置心理上限，才能减少情绪衰竭。而在目前的研究中，设置心理上限，有助于促进表层扮演和深层扮演的情绪劳动行为。

Tosten 和 Toprak 研究发现，尽管与心理能力相比，教师的其他能力相对较低，但也表现出高频率的情绪劳动行为。[②] 因此，可以说教师擅长故意压抑或表达自己的情绪，以满足 Grandey[③] 设置的学校目标。情绪化的劳动行为可能会导致较高的心理压力、情绪衰竭和去人格化。教师还可能面临不断升级的压力，在维持课堂纪律的压力下工作，在备课和授课时使用大量情感资源，在学生、领导和家长的需求之间创造平衡。笔者在目前的研究中发现，心理能力可以帮助教师缓冲情绪干扰，拥有心理能力可以使教师更有效地管理自己的情绪。正如 Tamer 所揭示的，拥有高水平的心理能力可以减少频繁表现出的情绪劳动对教师的负面影响，无论是深层次的，还是表层的。[④] 对于教师来说，个人技能的灵活运用、知道如何处理风险和冲突、实现目标，以及在认知和情感上持乐观态度，有助于教师应对因在学校表现出情绪劳动行为而产生的压力。心理能力是"心理资源的蓄水池"[⑤]，为教师在有压力的情况下提供了生存的力量，并帮助他们在工作场所与情绪困扰做斗争。也就是说，"人力资源优势和具有积极导向作用的心理能力"[⑥] 有助于减少情绪劳动对员工的影响。因此，这项研究也体现了心理资本对情绪劳动的影响。

通过上述研究，笔者发现工作旺盛是心理资本的延伸，而心理资本对情绪劳动又会产生影响，因此，我们可以判断工作旺盛与情绪劳动之间应该存在一种联系，虽然对这种联系尚未进行研究。

---

①YEN Y S. Factors enhancing the posting of negative behavior in social media and its impact on venting negative emotions[J]. Management decision, 2016, 54(10): 2462-2484.

②TOSTEN R, TOPRAK M. Positive psychological capital and emotional labor: a study in educational organizations[J]. Cogent education, 2017, 4(1): 1301012.

③GRANDEY A A. Emotion regulation in the workplace: a new way to conceptualize emotional labor[J]. Journal of occupational health psychology, 2000, 5(1): 95-110.

④TAMER I. The effect of positive psychological capital on emotional labor[J]. International journal of research in business and social science, 2015, 4(2): 20-34.

⑤HUR W M, RHEE S Y, AHN K H. Positive psychological capital and emotional labor in Korea: the job demands-resources approach[J]. The international journal of human resource management, 2016, 27(5): 477-500.

⑥LUTHANS F. Positive organizational behavior: developing and managing psychological strengths[J]. Academy of management perspectives, 2002, 16(1): 57-72.

第三章 精神型领导对情绪劳动影响研究的理论基础

本章主要对各类型领导对酒店业员工情绪劳动影响的不同理论观点进行梳理,将其作为进一步分析精神型领导影响情绪劳动分析的基础。

第一节 社会认知理论

一、社会认知理论的起源

社会认知理论主要起源于两个方面:认知发展心理学和社会心理学。认知发展心理学对社会认知理论研究的贡献主要来自皮亚杰。皮亚杰的认知发展阶段理论为儿童认知发展研究提供了一个具有影响力的理论框架,他对认知发展的解释如下:社会相互作用的经历引发了认知上的冲突,冲突引起的不平衡成了发展的驱动力;社会相互作用在儿童去自我中心和认知发展中起着重要作用。同时,他通过一系列的实验使人们认识到了社会认知对个体行为的调节作用。皮亚杰的理论观点和研究方法为后人研究社会认知提供了重要的理论基础和方法。社会心理学对社会认知研究的贡献主要体现在社会知觉、自我、归因等方面。社会知觉包括对人的知觉、角色知觉、群体知觉等,这些本身就是社会认知发展研究的重要内容。自我是社会心理学研究的一个古老课题,包括詹姆斯的"主观我""客观我"、库利的"镜像我"、米德的自我发展的角色采择理论以及苏利文的"重要他人"等。归因是当前社会认知研究的重要课题。社会认知作为一个独立研究领域,一般认为开始于20世纪70年代中期或80年代初期。1980年,美国心理学会正式同意在《人格与社会心理学》杂志上开辟"社会认知"的栏目。1982年,《社会认知》杂志宣告出版。1984年,怀威尔和斯库尔主编的《社会认知手册》问世。从此,社会认知研究在当代心理学研究中逐渐占有一席之地。针对"社会认知",不同的学者从各自的研究取向进行了定义,所以关于社会认知的定义有许多种。信息加工心理学认为,社会认知研究包括所有影响个体对信息的获得表征和提取因素的研究,以及对获得信息的过程与知觉者的判断之间的关系的思考。社会心理学家则认为,社会认知代表着一种观点,即对认知过程的理解是认识人复杂社会行为的关键。方富熹认为,社会认知是人对自己和他人的认识。[①] 时蓉华认为,社会认知是个人对他人的心理状态、行为动机和意向做出推测和判断的过程。[②]

二、社会认知理论的内涵

社会认知理论是美国学者班杜拉提出的个体行为理论,该理论认为个体行为的产生与环境、认知因素紧密相关,三者之间构成了动态的交互关系。个体的意向和态度等决定个体的行为方式,而个体的行为方式又反过来影响个体的意向和态度。

社会认知理论假设了一个多方面的因果结构,既解决了能力的发展问题,也解决了行为的调节问题。代表有效行动的模式、规则和策略的知识结构是构建复杂行为模式的认知指南。这些知识结构是由思维和行为风格构成的,这些思维和行为风格是从探索性活动、言语指导和对获得性知识的创新认知合成的结果中建模的。多年来,心理学理论的研究焦点是一个人的行为对自身学习的影响。人们通过观察不同行为产生的积极结果和消极结果,了解了哪些行为适合特定的情况。根据反应结果进行学习是一个机械的过程,在这个过程中,反应是自动化和无意识的。也就是说,行为可能会被它们的结果改变,但我们不知道结果是如何与行为联系在一起的。人类的认知能力使人类能够更广泛地从经验中获益。在进行活动时,人们形成关于什么导致什么的想法,根据这些想法采取行动或预测发生的事情,再根据结果判断自己的想法是否正确,并相应地改变想法。如果仅仅通过直接经验就能获得知识和能力,人类的发展将受阻。如果没有示范文化的学习模式,而只用一种反应结果学习模式来塑造每个新成员,那么语言和社会习俗永远不可能传播文化。与生俱来的天赋让人类几乎没有与生俱来的技能。获取技能时间的缩短对人类生存、获得成功以及人类发展都至关重要。此外,时间、资源和流动性的局限限制了为获取知识和能力而直接探索的范围和活动频率。

① 方富熹 . 儿童社会认知发展研究简介 [J]. 心理科学进展,1986(1):10-17.

② 时蓉华 . 现代社会心理学:第 2 版 [M]. 上海:华东师范大学出版社,2007:38-56.

人类已经进化出一种高级的观察性学习能力，能够根据建模过程中传达的信息发展自己的知识和技能。建模不仅是一个行为模仿的过程，还传达了生成性和创新性行为的规则。这种更高层次的观察学习是通过抽象建模实现的。在抽象建模过程中，观察者要提取约束某些判断或行为的规则，这些规则的内容不同。一旦人们提取了规则，他们就可以用规则来判断事物，并产生符合原型但超出他们所见或所闻的新的行为路线。许多人学习都是有意或无意地通过观察他人的实际行为及其后果来实现的。然而，关于人的价值观、思维方式、行为模式以及社会结构的认知和大量有限制的信息是通过大众媒体象征性地描绘的模式化行为方式获得的。符号建模的重要意义在于其范围广、传播能力强。反应结果学习需要通过反复的试错经验来改变每个人的行为，而在观察性学习中，一个单一的模型可以将新的思维方式和行为同时传递给分散在不同地点的众多的人。电子技术的加速发展极大地扩大了社会成员日复一日接触到的符号模型的范围。这些依靠通信卫星的电子系统已经成为传播符号的主要工具。利用这些模式化的思维和行为模式，观察者超越了自己直接接触环境的界限。观察性学习实践不但在社会中得到广泛传播，而且关于人的思想、价值观和行为方式的信息通过符号建模的方式在全世界范围内形成了可模仿的对象。电子媒介在跨文化和社会政治变革中发挥着越来越重要的作用。由于电子媒介占据了人们生活的很大一部分，因此，相关学者必须扩大对电子时代的文化适应的研究，将电子文化适应纳入研究范畴。

社会认知理论从三个方面分析了新行为方式的社会扩散及其控制机制。一是获取知识、新思想和实践以及感知这些知识、思想和实践的功能价值。符号建模通常是将创新传递到各领域的主要载体，特别是在传播的早期阶段。二是采用的决定性因素。这些因素包括自我效能感、拥有的基本资源、对新行为方式的成本和收益的结果预期，以及机会和障碍，决定了人们是否会采用和实践他们所学到的知识和技能。三是将人们彼此联系在一起的社会网络。结构上的相互联系提供了潜在的影响社会网络的途径，心理社会因素在很大程度上决定了通过这些社会网络传播的信息的命运。在发展自身能力时，人们必须转换和处理来自活动经验、社会指导和建模过程的不同信息，并将它们整合到认知模型中，作为推理和行动的指南。但知道该做什么只是人类能力的一部分，一个人必须学会从思考到熟练行动。管理思想转化为行动的机制一直是心理学中的一个主要问题。在社会认知理论中，知识结构通过概念匹配过程转化为熟练的行为。这既涉及转换操作，也涉及生成操作。对于结果的反馈是将概念转化为熟练行动的工具。概念是熟练行动的指南，也是行动调整的内部标准。反馈机制则提供了解决概念和行动之间不匹配问题的信息。因此，基于信息对行为进行修改，以实现概念和行为之间的紧密匹配。技能的实施方式必须多种多样，以适应不断变化的环境和实现不同的目的。为了有效地运用技能，个人必须发展生成性概念，在不同的情景条件下以不同的方式而不是以僵化的方式实施技能。认知指导在技能发展的早期和中期阶段具有很大的影响力。知识结构规定了必须如何选择、整合和排序适当的子技能以实现特定目的。随着不断练习，技能被人熟练掌握，并且可以轻松地运用。人类的行为受到多层次控制系统的控制。一旦熟练的行为模式变得常规化，他们就不再需要更高的认知控制。技能的运用在很大程度上是由较低水平的感觉—运动系统在反复出现的情况下调节的，除非事情出错。在这种情况下，认知控制以新的行动方针为指导，然后这些行动方针变成例行公事的做事方式。因此，有效的运作需要例行公事和用心行动相结合。人不仅仅是知者和表演者，还是自我反应者，有能力激励、指导和规范自己的活动。因此，社会认知理论假设了一系列控制功能性质和质量的调节因素。非凡的符号化能力为人们提供了一个强大的工具来理解他们的环境，这种工具能帮助人们创造和调节自己的行为。这种模式几乎触及人们生活的方方面面。大多数环境对人们产生的影响都是通过认知过程进行的。认知因素在一定程度上决定了环境事件的显著性，赋予它们什么意义，它们是否留下了持久的影响，它们具有什么情感影响和激励力量，以及它们所传达的信息将如何组织起来供人们在未来使用。人类的动机和行为通过预期机制得到调节。人们预测行动的可能结果，为自己设定目标，制订可能产生预期结果并避免有害结果的行动方案。当然，未来的事件不能成为当前动机和行动的原因，因为它们并不实际存在。然而，人们可以将预测的未来呈现在现在，将设想的未来状态转化为当前的行为动机。人类的许多动机和行为都是由对给定行动路线的预期结果调节的。产生积极结果的行动很容易被采纳和使用，而那些无回报或产生惩罚性结果的行动通常被丢弃。但外部结果并不是影响人类行为的唯一要素。人们从别人的成功和错误中获益，也从自己的经历中获益。一般来说，他们会做自己见过成功的事，避开他们见过失败的事。在采用一定的标准之后，人们也会通过给自己带来积极或消极的结果来影响自己的动机和行为。他们会做出带给自己满足感的行为，而不会做出引起自我谴责的行为。外部制裁和自我制裁的相对力度决定了人们的行动方针。电子技术极大地提升了人类的能力，他们可以通过计算机系统来模拟所制订的行动方案，并得出可能产生的结果，而不必进行实践。这说明心理学理论和研究必须适应技术发展的步伐。在一些活动领域，人们现在已经摆脱了物理行为的限制，只是可能有较高的风险，成本高昂，而且耗时。例如，在计算机辅助设计中，设计师可以模拟建筑物、飞机机身等，改变结构的关键特征，使它们受到不同类型的压力源，并测试它们的承受能力。同样，将计算机建模应用于社会系统，人们能够改变组织和政策的某些特征，并观察它们可能产生的社会影响。通过计算机，根据已知事实和知识推断未来结果的能力使人们能够纠正行动来避免生态灾难。如果概念模型不能真实地表现现实世界中的事件如何运作，模拟将产生错误的结果。

三、社会认知理论研究的主要内容

社会认知理论研究的主要内容如表 3-1 所示。

表 3-1　社会认知理论主要内容

类型	内容
自我中心的研究	自我中心这一概念最早是由皮亚杰在《儿童的语言和思维》一书中提出来的。自我中心是指个体不能区别自己的观点和别人的观点，不能区别自己的活动和对象的变化，把注意力集中在自己的观点和行为上。在皮亚杰的理论中，自我中心和去自我中心是紧密联系着的。自我中心意味着对世界的相对性和协调观点缺乏应有的理解，在认识活动中将主客体混淆，而把自我的看法不自觉地强加在周围的人和事上。随着主体对客体作用的深入理解以及主体和客体之间认知机能的不断平衡，个体的认知结构不断完善，并且个体能从自我中心状态中解脱出来，这被皮亚杰称为去中心化
观点采择的研究	通常人们将观点采择理解为"从他人的眼中看世界"或者是"站在他人的角度看问题"。塞尔曼（Selman）认为，观点采择是指区分自己与他人的观点以及发现这些观点之间关系的能力。[①] 赵俊茹和李幼穗把观点采择概括为区分自己与他人的观点，根据有关信息对他人观点进行推断以及做出反应的能力。[②] 观点采择与自我中心是相对立的，观点采择要求个人在对他人做出判断或对自己的行为进行计划时把他人的观点或视角考虑在内，即能够站在他人的角度看待事物。所以，个体必须能够发现自己与他人之间潜在的差异，把自己的观点和他人的观点区分开来。但是，区分自己和他人的观点并不等于采择他人的观点，只有在区分自己与他人观点的基础上对他人的观点做出准确的推测，才是真正采择了他人的观点

①SELMAN R L. Level of social perspective taking and the development of empathy in children: speculations from a social‐cognitive viewpoint[J]. Journal of moral education, 1975, 5(1): 35-43.
② 赵俊茹, 李幼穗. 观点采择与儿童社会性发展 [J]. 张家口师专学报，2000, 16(3): 42-46.

类型	内容
心理理论的研究	心理理论是指个体对自己和他人心理状态（如需要、信念、意图、感受等）的认识，以及以此为基础对相应行为做出因果性预测和解释。它起源于普瑞迈克（Premack）和武德沃夫（Wcrdruff）对黑猩猩是否具有一种"心理理论"的研究。此后，社会上涌现出大量关于儿童心理理论的研究，使社会认知研究的内容得到了进一步扩展，同时该研究领域成为当前发展心理学中最热门、最活跃的研究领域之一

传统的社会认知仅仅涉及有意识的信息加工，Greenwald et al. 认为与有意识的社会信息加工相对，还存在一个内隐的社会信息加工，即内隐社会认知。[①]内隐社会认知是指在社会认知过程中虽然行为者不能回忆某一过去经验，但这一经验会潜在地对行为者的行为和判断产生影响。在某种程度上讲，内隐认知有别于自我报告的认知，直接测量对这种研究显然是不适当的。内隐认知研究需要间接测量，这种方法从未告知被试要测量什么以及不需要这方面的自我报告。杨治良等曾用加工分离模型和信号检测论证明了社会认知的无意识或内隐成分，并认为内隐态度是可以测量的，且明显影响人们的社会知觉和社会判断。[②]

综上，社会认知理论认为人们面对世界中的种种事物并不被动，相反，他们把自己的知觉、思想和信念组织成了简单的、有意义的形式。不管情境显得多么随意和杂乱，人们都会把某种概念应用于它，把某种意义赋予它。社会认知理论影响着人们在所有情境尤其是社会情境中的行为方式。它主要包括场论、心理生活空间理论、印象形成理论、社会规范理论、社会比较理论、隐含人格理论、归因理论、社会公平理论、认知不协调理论、认知均衡理论、参考群体理论、自发知觉理论、知觉定式理论、社会期望理论、认知一致性理论、认知—情感一致性理论等。可见，社会认知理论的内容十分丰富，应用十分广泛。在社会心理学的许多领域，人们都可以用社会认知理论去思考和解释问题。

---

① GREENWALD A G, MCGHEE D E, SCHWARTZ J L K. Measuring individual differences in implicit cognition: the implicit association test[J]. Journal of personality and social psychology, 1998, 74(6): 1464−1480.

② 杨治良, 高桦, 郭力平. 社会认知具有更强的内隐性: 兼论内隐和外显的"钢筋水泥"关系 [J]. 心理学报, 1998, 30(1): 1−6.

第二节　组织认同理论

一、组织认同理论的起源

组织认同的构念出现于组织研究的早期。例如，Ashforth、Harrison 和 Corley[1]引用了 Simon[2]、Barnard[3]、Taylor[4]的研究。在过去的 20 年里，组织认同的构念获得了大量的关注并变得更加主流。与其他被认为和工作行为相关的心理变量（如能力、工作满意度和工作动机）相比，组织认同（OI）作为一个独特的研究课题，直到最近才受到重视。虽然第一个详细的组织认同模型早就被 March 和 Simon[5] 提出，但在接下来的 20 年里，只有少数研究明确地讨论了组织认同。20 世纪 70 年代，Mowday、Steers 和 Porter 在对态度组织承诺的开创性定义中，将认同作为态度组织承诺（AOC）的一个组成部分。[6]20世纪 80 年代末，组织行为学、社会心理学和传播学的研究人员发现了组织归属感这一独特的概念。在 Ashforth 和 Mael 概述了这些社会心理学理论与组织行为学研究的相关性之后〔他们将社会认同理论（SIT）应用于组织环境中〕，在该学科中，将组织内关系作为一个独特的结构并使用这些理论进行实证和理论分析的文献数量显著增加。其中，Dutton、Dukerich 和 Harquail 就提出组织认同的著名定义，组织认同是"员工定义的自我和组织相一致的程度"[7]。与此

---

①ASHFORTH B E, HARRISON S H, CORLEY K G. Identification in organizations: an examination of four fundamental questions[J]. Journal of management, 2008, 34(3): 325−374.

②SIMON H A. Strategy and organizational evolution[J]. Strategic management journal, 1993, 14(S2): 131−142.

③BARNARD C I. Organization and management: selected papers[M].Brandon: Psychology Press, 2003: 51−66.

④TAYLOR F W. Scientific management[M]. London: Routledge, 2004: 23−46.

⑤MARCH J G, SIMON H A. Organizations[M]. New York: Wiley, 1958: 12−23.

⑥MOWDAY R T, STEERS R M, PORTER L W. The measurement of organizational commitment[J]. Journal of vocational behavior, 1979, 14(2): 224−247.

⑦DUTTON J E, DUKERICH J M, HARQUAIL C V. Organizational images and member identification[J]. Administrative science quarterly, 1994, 39(2): 239−263.

同时，遵循社会认同传统的社会心理学家 Brown 和 Williams[①]、Abrams et al.[②]、Ellemers et al.[③]、Van Knippenberg 和 Van Schie[④]、Haslam 和 Platow[⑤] 似乎独立于组织行为学研究，发现组织环境是社会认同理论和自我分类理论应用的新领域。最后，在传播学研究中，Cheney[⑥]、Barker 和 Tompkins[⑦] 以及 Bullis 和 Tompkins[⑧] 研究了组织中的组织归属感与控制、社交和沟通的关系。

二、从社会认同到组织认同

社会认同理论（social identity theory，简称 SIT）又是如何解释人们的识别过程和偏好的呢？社会认同理论基于这样的假设：人们有自我提升的动力。自我提升动机意味着人们有动力增强自尊。人们通过社会分类和社会比较来区分内群体与外群体，以增强自己的自尊心，因此，人们可以根据该目标识别群体或类别。社会分类是指人们将自己归类在特定的社会群体或社会类别中。例如，"我是清华大学的学生"。社会比较意味着人们对自己加入的社会群体或社会类别的评价高于他们未加入的那些。例如，"我很自豪能成为清华大学的学生"。在社会认同的基础上，组织认同研究主要考察了一系列决定因素。例如，

---

①BROWN R, WILLIAMS J. Group identification: the same thing to all people?[J]. Human relations, 1984, 37(7): 547−564.

②ABRAMS D, ANDO K, HINKLE S. Psychological attachment to the group: Cross−cultural differences in organizational identification and subjective norms as predictors of workers'turnover intentions[J]. Personality and social psychology bulletin, 1998, 24(10): 1027−1039.

③ELLEMERS N, DE GILDER D, VAN DEN HEUVEL H. Career−oriented versus team−oriented commitment and behavior at work[J]. Journal of applied psychology, 1998, 83(5): 717.

④VAN KNIPPENBERG D, VAN SCHIE E C M. Foci and correlates of organizational identification[J]. Journal of occupational and organizational psychology, 2000, 73(2): 137−147.

⑤HASLAM S A, PLATOW M J. The link between leadership and followership: How affirming social identity translates vision into action[J]. Personality and social psychology bulletin, 2001, 27(11): 1469−1479.

⑥CHENEY G. The rhetoric of identification and the study of organizational communication[J]. Quarterly journal of speech, 1983, 69(2): 143−158.

⑦BARKER J R, K. TOMPKINS P. Identification in the self‐managing organization characteristics of target and tenure[J]. Human communication research, 1994, 21(2): 223−240.

⑧BULLIS C A, TOMPKINS P K. The forest ranger revisited: a study of control practices and identification[J]. Communications monographs, 1989, 56(4): 287−306.

Edwards 和 Peccei[①] 以及 He et al.[②] 研究了感知组织支持（POS）增强的组织认同。又如，Hameed et al. 研究了外部企业社会责任〔corporate social responsibility（CSR）〕和外部 CSR 增强了组织认同。[③] 此外，近年来的研究检查了组织认同的中介 / 调节机制。例如，Callea、Urbini 和 Chirumbolo 研究了工作不安全感对组织公民行为（OCB）和工作绩效的影响完全由组织认同调节。[④]

三、组织认同理论的定义

人们已经提出了许多关于组织认同的定义。他们中的大多数人将组织内隐概念化为一种认知结构，特别是个体和组织价值观的一致性，或者将其概念化为对组织的统一性或归属感的知觉，或将自己作为特定组织的成员，把知觉融入个人的一般自我定义中。由于关注焦点不同，O'Reilly 和 Chatman[⑤] 继 Kelman[⑥] 之后，将组织认同定义为情感动机。最后，Patchen 提出了组织认同的最全面的定义，他使用组织认同这个术语来表示各种独立的但又相互关联的现象：对该组织的态度和行为支持，对与组织中其他成员的共同特征的看法，等等。[⑦] 尽管它们具有异质性，但所有这些定义意味着组织成员将自己的组织成员身份与自我概念联系在一起，无论是在认知上（如感受到组织的一部分，

①EDWARDS M R, PECCEI R. Perceived organizational support, organizational identification, and employee outcomes[J]. Journal of personnel psychology, 2010, 9(1): 17−26.

②HE H, PHAM H Q, BARUCH Y, et al. Perceived organizational support and organizational identification: joint moderating effects of employee exchange ideology and employee investment[J]. The international journal of human resource management, 2014, 25(20): 2772−2795.

③HAMEED I, RIAZ Z, ARAIN G A, et al. How do internal and external CSR affect employees'organizational identification? A perspective from the group engagement model[J]. Frontiers in psychology, 2016, 7: 788.

④CALLEA A, URBINI F, CHIRUMBOLO A. The mediating role of organizational identification in the relationship between qualitative job insecurity, OCB and job performance[J]. Journal of management development, 2016, 35(6): 735−746.

⑤O'REILLY C A, CHATMAN J. Organizational commitment and psychological attachment: the effects of compliance, identification, and internalization on prosocial behavior[J]. Journal of applied psychology, 1986, 71(3): 492−499.

⑥KELMAN H C. Processes of opinion change[J]. Public opinion quarterly, 1961, 25(1): 57−78.

⑦PATCHEN M. Participation, achievement, and involvement on the job[M]. Englewood Cliffs: Prentice−Hall, 1970: 285.

将组织价值观内化），还是在情感上（以成员身份为荣），或者两者兼备。自我概念与组织之间的联系在本研究中被当作组织认同的工作定义。

第三节　社会交换理论

社会交换理论（social exchange theory）是主张从经济学的投入与产出关系视角研究社会行为的理论。该理论将人际传播重新概念化为一种社会交换现象，认为人际传播的推动力量是"自我利益"，趋利避害是人类行为的基本原则，人们在互动中倾向增加收益、缩小代价或倾向提升满意度、减少不满意度。它主张应尽量避免人们在利益冲突中的竞争，应通过相互的社会交换获得双赢或多赢。

社会交换理论是美国当代社会理论的主要流派之一，产生于 20 世纪 50 年代末期，70 年代趋于衰退，主要是指人们在社会交换中出现的基本心理过程及其与交换行为之间关系的理论。从本质上说，社会交换理论源自社会学，为了理解和解释交换行为，一些社会学者力图将心理学的内容吸纳进来。所以，社会交换理论在社会心理学中属于社会学取向的理论。在当代，社会交换理论具有多种形态，包含功利主义经济学、功能主义人类学、冲突社会学和行为主义心理学等多种研究取向。这也意味着当代社会交换理论具有多种理论根源。

一、社会交换理论的起源

关于社会交换的著述可以追溯到亚里士多德的《尼各马可伦理学》（*Nicomachean Ethics*）。之后，社会上出现了越来越多致力社会交换理论的研究，其中包括 Homans[1]、Thibaut 和 Kelley[2]、Emerson[3] 以及 Blau[4] 的研究。

18、19 世纪的古典经济学家 Smith、Ricardo 等对经济学做出了重大的贡献。例如，Ricardo 认为，人是遵循追求快乐、避免痛苦的"享乐主义"原则的，人在市场上与其他人进行交易时是追求最大物质利益的理性经济人。[5] 在

---

①HOMANS G C. Social behavior as exchange[J]. American journal of sociology, 1958, 63(6): 597−606; HOMANS G C. The humanities and the social sciences[J]. American behavioral scientist, 1961, 4(8): 3−6.

②THIBAUT J W, KELLEY H H. The social psychology of groups[M]. New York: Wiley, 1959: 26−75.

③EMERSON R M. Power−dependence relations[J]. American sociological review, 1962, 27(1): 31−41.

④BLAU P. Exchange and power in social life[M].New York: Wiley, 1964:26−44.

⑤RICARDO D. On the principles of political economy[M]. London: John Murray, 1821: 68−93.

社会交换理论发展的过程中，古典经济学的基本假设被改造了，变得不那么绝对化了。例如，人并不追求最大利益，但在与他人发生社会交往时总是试图得到一定的利益；人并不完全是理性的，但在社会交易时会进行成本和利益的核算。除此之外，社会交换理论家还接受了古典经济学关于人性自私的基本假设，并将这个假设视为公理，社会交换理论各个层次的定理和命题都由这个假设演绎出来。

对社会交换理论影响最大的行为主义心理学家是 Skinner（斯金纳）。Skinner 认为，强化（提供某种报酬）是行为形成和改变的根本规律，心理学作为研究行为的科学，应该研究如何安排正负强化，最经济、最稳固地建立所需要的工具性条件反射，这样就可以达到预测和控制行为的目的。[1]Skinner 根据动物实验得出的一系列心理学命题几乎原封不动地被现代交换理论吸纳了。例如，有机体在既定情景中会做出获取最大报酬和最小惩罚的行为，有机体在与过去得到过报酬的情景相似的情景下会重复那些得到报酬的行为等，都是社会交换理论的基本理论。

Homans 的交换理论开始于他对功能学派的不满。他认为，社会学的主要研究单位是人，而不是功能学派所说的社会角色或社会结构。[2] 他还认为，社会学中所研究的制度、组织以及社会都可以分析成人的行动，利己主义、趋利避害是人类行为的基本原则，因此，人与人之间的互动基本是一种交换过程，这种交换包括情感、报酬、资源、公正性等。[3] 对于 Homans 来说，他关注的重点是行为者在彼此互动中的个人行为。他的主要目的是从头开始解释社会行为的基本过程（影响力、一致性、地位、领导力和正义）。他认为，社会群体中出现的任何事物都不能用关于个体作为个体的命题，也不能用给定条件的碰巧互动事件来解释。[4] 在他努力接受这种形式的还原论时，他的表述明显不同于 Blau。Blau 在自己的社会交换和社会结构理论中对社会系统的"涌现"特

[1]SKINNER B F. Cognitive science and behaviourism[J]. British journal of psychology, 1985, 76(3): 291-301.

[2]HOMANS G C. The humanities and the social sciences[J]. American behavioral scientist, 1961, 4(8): 3-6.

[3]HOMANS G C. The humanities and the social sciences[J]. American behavioral scientist, 1961, 4(8): 3-6.

[4]HOMANS G C. The humanities and the social sciences[J]. American behavioral scientist, 1961, 4(8): 3-6.

性进行了分析。[1]Homans 则将社会交换定义为至少两方之间的活动交换，有形的或无形的，或多或少有回报或有成本。[2] 成本主要是根据相关参与者放弃的替代活动或机会来看待的。Homans 使用源自 1960 年代早期流行的那种行为主义的强化原则来解释交换关系的持久性。[3] 随后，Emerson 基于这些一般强化原则得出了一个更正式的交换心理基础理论。[4]Molm[5] 后来的作品也建立在这个行为主义的基础之上。Homans 展示了如何通过 A 的行为强化 B 的行为（在行动者 A 和 B 的两方关系中）以及如何通过 B 偶然的行为强化 A 的行为。这是在"次机构"层面解释持续社会互动的明确基础。现有的历史和结构条件被视为既定条件。行为学中的强化理论的价值是由行为者的强化历史决定的，因此在交换关系开始时也被视为给定的。Homans 的主要关注点是随着时间的推移相互强化的社会过程所产生的社会行为。关系也可能因强化失败或相关奖励和成本过于不对称而终止。二元交换是 Homans 工作的主要重点，也是他对分配公平、平衡、地位、领导力、权威和团结等其他重要社会学概念进行理论思考的基础。Homans 的工作受到批评主要有两个原因：过于简化（以心理学原理作为社会学现象的基础），以及在分析社会行为的亚制度层面时，他低估了制度的重要性。研究社会互动中出现的新兴社会过程和社会交换结构，是 Blau 和 Emerson 工作的主要焦点。在这方面，Homans 对社会心理学的贡献之一是他对社会交换关系中分配公平的早期处理。具有讽刺意味的是，Homans 显然对规范不太感兴趣，因为他在研究基本社会行为时专注于亚制度层面的分析。他关注基本行为的努力源于他反对 Parsons 的系统导向和规范观点，这些观点在他撰写关于社会行为的论文期间占据主导地位。Homans 的关键命题为社会行为的奖励和惩罚研究提供了框架。总体上得到奖励的行为会继续进行（直到边际效用递减的极限）。他的第一个命题，即成功命题，指出产

①BLAU P. Exchange and power in social life[M]. New York: Wiley, 1964: 26-44.

②HOMANS G C. The humanities and the social sciences[J]. American behavioral scientist, 1961, 4(8): 3-6.

③HOMANS G C. The humanities and the social sciences[J]. American behavioral scientist, 1961, 4(8): 3-6.

④EMERSON R M. Exchange theory, part I: a psychological basis for social exchange[J]. Sociological theories in progress, 1972, 2: 38-57.

⑤MOLM L D. The effects of structural variations in social reinforcement contingencies on exchange and cooperation[J]. Social psychology quarterly, 1980, 43(3): 269-282; MOLM L D. Relative effects of individual dependencies: further tests of the relation between power imbalance and power use[J]. Social forces, 1985, 63(3): 810-837.

生积极后果的行为很可能会被重复。第二个命题，即刺激命题，指出过去在这种情况下得到奖励的行为将在类似的情况下进行。行动的结果对行动者越有价值，行动就越有可能被执行。第三个命题，即剥夺—饱足命题，限定了引入边际效用递减一般理想的刺激命题：一个人最近因某项行动获得特定奖励的次数越多，该奖励的额外单位价值就越低。第四个命题指定了个体何时会对不同的奖励情况做出情绪反应。当人们没有达到自己预期时，他们可能会生气；当人们没有得到公平的回报率时，他们可能会生气。1974年，Homans将分配公平的规范性概念放进了自己对二元交换的分析中。Blau则从奖励和成本的角度构建了自己的微观交换理论，但对行为采取了更加经济和功利的观点，而不是建立在通过实验行为分析得出的强化原则之上。[1]正如Heath所指出的，这两种广泛观点之间的关键区别在于，行动者在决定下一步做什么时是向前看还是向后看。[2]功利主义普遍向前看，行动者根据有利于获得预期回报的方式行事，倾向选择使利益最大化并使成本最小化的替代行动方案。强化理论普遍向后看，行动者重视过去对自己的回报。

　　Blau的微观层面交换理论尚处于萌芽状态，但它是最早将源自经济学的功利主义应用于社会行为的尝试之一。Blau将社会交换视为群体之间以及个人之间关系的形成基础。他主要关注外在利益的互惠交换，以及这种社会互动创造的结社形式和新兴社会结构。根据Blau的说法："社会交换……是指个人的自愿行为，其动机是他们期望带来的回报，而且通常实际上会从他人那里带来回报。"[3]在对比社会交换和经济交换时，他强调这样一个事实，即在社会交换中，所涉及的义务的性质更有可能保持未明确，至少在最初是这样。他认为，社会交换"涉及一个人帮助另一个人的原则，虽然人们普遍期望未来的回报，但它的确切性质肯定没有事先规定"[4]。Blau的《社会生活中的交换与权力》的前三分之一详细说明了导致个体之间关联（如吸引力）的社会过程的性质。在评估涉及的行为是否导致交换时，两个条件很重要。行为必须面向只能通过与他人互动才能实现的目标，并且必须寻求调整手段以进一步实现这些目

①BLAU P M. Presidential address: parameters of social structure[J]. American sociological review, 1974,39(5): 615-635.

②HEATH A. Rational choice and social exchange: a critique of exchange theory[M]. Cambridge: Cambridge Univ Press, 1976: 36-56.

③BLAU P.Exchange and power in social life[M].New York:Wiley,1964:26-44.

④BLAU P M, BLAU J R, QUETS G A, et al. Social inequality and art institutions[J].Sociological forum, 1986, 1(4): 561-585.

标。[①] 社会交换过程导致社会地位和权力的分化，这是基于一些行为者对其他行为者提供有价值的商品和服务的依赖。这种权力概念是基于 Emerson[②] 在处理权力依赖关系时所采取的方法。在 Blau 的经典著作中，还有一个重点是群体和组织层面的社会交换结构与新兴社会过程。他在微观交换理论的基础上建立社会结构理论的尝试也对 Emerson 的工作产生了影响，尽管他们使用了不同的理论策略。Emerson 对交换理论的重要贡献是 Homans 和 Blau 工作的有趣组合。Emerson 的微观层次理论的行为基础是基于强化 Homans 在 1960 年代工作的类型。在 Emerson 的理论的第一部分中，Emerson 将 Skinner 和其他人的行为实验分析作为他交换行为形式理论的基础。在第二部分中，Emerson 在二元交换分析的基础上开发了一个分析交换网络结构的框架。权力是早期交换结构工作的主要重点，也是 Blau 和 Emerson 工作的主要焦点。直到 1990 年代，它一直是社会交换网络实证研究的中心主题。

　　Blau 的《社会生活中的交换与权力》一书的显著特征之一是强调比二元更大的关联结构。Blau 的明确目标是开发一种理论公式，该公式是宏观社会结构理论的基础。他试图在行为的微观社会学理论和社会结构的宏观社会学理论之间建立联系，这在许多方面预示着 1980 年代和 1990 年代出现的"微观宏观联系"的理论在当时尚未形成。除了努力在微观社会学行为理论的基础上构建宏观社会学结构理论之外，Blau 还确定了在社会组织的各个层面都有效的一般社会过程和机制，包括集体行动、合法性、反对、冲突和合作。这为集体行动、联盟形成、正义和地位等方面的交换理论的后续发展奠定了基础，但直到几十年后，Blau 才因这种更广泛的影响而得到充分肯定。例如，Montgomery 重新制定了 Blau 的社会交换模型，以反映互动的动态性质和机会主义行为的潜力。他展示了如何将社会交换形式化为重复博弈，以及如何使用博弈论模型来预测某些交换网络结构的稳定性。虽然 Blau 的社会交换模型理论无法解释 Blau 在 1995 年提出的工作组建议网络中那种强大的互惠关系，但Montgomery 的模型提供了一个合理的解释。然而，Montgomery 的模型只解决了 Blau 所指出的交换网络的稳定性，并没有实时解决这种结构的出现和可能的转变。Blau 对社会网络等交换结构的工作主要强调其与权力分配和网络影响的因果关系。

①BLAU P M, BLAU J R, QUETS G A, et al. Social inequality and art institutions[J].Sociological forum, 1986, 1(4): 561-585.

②EMERSON R M. Power-dependence relations[J]. American sociological review, 1962,27(1): 31-41.

从 Blau 和 Emerson 的早期理论工作开始，他们的研究就侧重社会结构与权力使用之间的联系。尽管 Homans 对社会交换理论做出了重要贡献，但他并没有过多地关注权力。Blau 认为，不平等和权力分配是持续的社会交换关系的新兴属性，并认为不平等可能源于交换，因为一些行为者比其他行为者控制着更有价值的资源。[①] 结果，他们产生了社会债务，这些债务最容易通过其社会债务人的从属地位来偿还。Blau 认为，这种征服和支配关系具有自我延续的特征，并形成了权力不平等的微观基础。[②] 对于 Emerson 来说，权力与社会结构之间的关系是社会交换理论的核心理论问题。Emerson 从他最早的社会交换工作开始，就将权力定义为一个行为者对另一个行为者的依赖的函数。[③] 在特定的交换伙伴组（A 和 B）中，行为者 A 对另一个行为者 B 的权力是行为者 B 对有价值资源和行为依赖的函数。因此，依赖和权力是一个行为者对另一个行为者控制的资源的价值以及这些资源的替代供应来源的相对可用性的函数。这种权力关系概念有两个核心特征，有助于产生当今存在的大量社会交换研究。首先，权力被明确地视为关系，而不仅仅是特定行为者的财产。其次，权力是潜在的权力，它来源于可能会或可能不会被使用的参与者之间的资源联系（现在通常被称为"社会资本"的一种形式）。

Molm et al. 虽然对社会交换中的情感和承诺之间的联系有着同样强烈的兴趣，但对正在发挥作用的社会心理过程有着明显不同的看法。他们认为，情感不是促进对特定关系承诺的近端机制，而是由对交换关系的承诺产生的交换结果。[④] 造成不同交换结构中存在的承诺行为差异的原因是交换结构的组合，而非情感机制的作用结果。他们还认为，影响程度取决于交换的形式（互惠或协商）以及由社交网络中可用交换替代方案的性质引起的行为承诺程度。[⑤]Molm et al. 的理论的核心是对承诺的两个不同组成部分的描述：一是行为；二是情感。承诺的行为方面侧重在社会交换网络中发现的交换模式，在这种模式中，参与

①BLAU P.Exchange and power in social life[M].New York:Wiley,1964:26-44.

②BLAU P.Exchange and power in social life[M].New York:Wiley,1964:26-44.

③EMERSON R M. Power-dependence relations[J]. American sociological review, 1962,27(1): 31-41.

④MOLM L D, PETERSON G,TAKAHASHI N. Power in negotiated and reciprocal exchange[J]. American sociological review, 1999,64(6): 876-890;MOLM L D, TAKAHASHI N, PETERSON G. Risk and trust in social exchange: an experimental test of a classical proposition[J]. American journal of sociology, 2000, 105(5): 1396-1427.

⑤MOLM L D, TAKAHASHI N, PETERSON G. Risk and trust in social exchange: an experimental test of a classical proposition[J]. American journal of sociology, 2000, 105(5): 1396-1427.

者选择彼此互动。情感关注的是从合作伙伴之间成功交流的重复经历中发展起来的情感纽带。承诺这一维度与 Lawler et al.[①]在《生产性交换中的情感与群体凝聚力》中提到的关系凝聚力的"社会联系"有许多相似之处，但必须对每一个包含联系的概念进行区分。在关系凝聚力理论中，"社会纽带"围绕作为社会对象的交换关系展开，而 Molm et al. 讨论的是针对特定合作伙伴的情感，而不是关系或群体。Molm et al. 认为，负责这两种承诺的社会心理机制是不同的：行为承诺是由交换关系的结构决定的，巨大的权力不平衡导致低水平的人际承诺，而权力平衡（或平等）的关系能促进承诺行为产生。[②]情感承诺可以看作交换的类型和行为承诺的水平组成的函数。在互惠交流中，相对于谈判交流，交流的结果存在很大的不确定性；合作伙伴没有义务退还礼物或参与互惠行为。随着时间的推移，成功的交换关系出现，这导致行为者产生信任感和对合作伙伴的积极情感取向。此外，随着行为承诺水平的提高，行为者对合作伙伴也会产生更多的积极影响。这些社会交换中的情感理论有两个重要的区别。Molm et al. 将情感视为针对特定的交换伙伴，Lawler et al. 则强调交换关系作为情感对象的中心性。虽然每个理论家都仔细区分他们的主要分析单位，但并不完全清楚这种区分是否至关重要。Lawler 和 Yoon 发现，从特定行为者的角度看，关系情感在经验和理论上都是富有成效的，尽管他们谨慎地使用关系而不是将个人作为他们理论中的主要分析单位。[③]此外，在实践中，行为者可能很难将针对关系的情感与针对伴侣的情感区分开来。Molm et al. 将影响视为结果，[④]而 Lawler et al. 将影响视为近端机制。[⑤]正如 Molm et al. 指出的那样，当情绪被视为一种结果时，结构性问题仍然主导着理论。[⑥]然而，当情绪成为一种因果机制

①LAWLER E J, THYE S R, YOON J. Emotion and group cohesion in productive exchange[J]. American journal of sociology, 2000, 106(3): 616−657.

②MOLM L D, TAKAHASHI N, PETERSON G. Risk and trust in social exchange: an experimental test of a classical proposition[J]. American journal of sociology, 2000, 105(5): 1396−1427.

③LAWLER E J, YOON J. Network structure and emotion in exchange relations[J]. American sociological review, 1998, 63(6): 871−894.

④MOLM L D, TAKAHASHI N, PETERSON G. Risk and trust in social exchange: an experimental test of a classical proposition[J]. American journal of sociology, 2000, 105(5): 1396−1427.

⑤LAWLER E J, THYE S R, YOON J. Emotion and group cohesion in productive exchange[J]. American journal of sociology, 2000, 106(3): 616−657.

⑥MOLM L D, TAKAHASHI N, PETERSON G. Risk and trust in social exchange: an experimental test of a classical proposition[J]. American journal of sociology, 2000, 105(5): 1396−1427.

时，交换结构的组合就可以成为结果。如果情感决定了行为模式，以至于替代关系萎缩并不再成为可行的交换选择，那么参与交换的行为者的社会网络形状就会改变。虽然 Lawler 和他的合作者发现了关系凝聚力之外的因素的持久独立影响，但他们的理论方向可能为结构和行为之间的动态联系提供重要的见解。[①]

Molm et al. 研究了交换结构如何影响团结的发展，提出了关于交换中互惠和团结结构的一般理论，重点关注交换是直接的还是间接的，以及它是双边还是单边发生的。[②] 虽然他们的研究在方法论上与 Lawler et al.[③] 关于微观社会秩序发展的工作相似，但他们的研究结果有所不同。Molm 发现广义交换能产生最高水平的社会团结（互惠交换产生较低的相对团结水平，协商交换导致最低团结水平），并确定了解释这一发现的三个关键因素：不互惠的风险、冲突的显著性和互惠的表现价值。[④] 他提出，由于利益是单方面流动的，因此，普遍交换中的非互惠风险更大（在双边交换形式中，即典型的协商交换中，非互惠风险几乎被消除）。[⑤] 此外，由于互惠是高度不确定和间接的（如 A 给 B，B 给 C，C 给 A），因此，在广义交换中表达价值（或独立于工具性利益的象征意义）更大。最后，Molm 认为，在广义交换中，冲突的显著性最低，因为给予是非常间接的，并且在广义交换网络中比较结果比在协商或互惠形式的交换中要困难得多。[⑥]Kuwabara 提出，交换环境的性质是区分 Lawler et al.[⑦] 和 Molm[⑧] 发现的关键因素。[⑨] 通过研究竞争性和合作性的交换环境，Kuwabara 证明了 Lawler 的关系凝聚力理论和 Molm 关于交换情感结果的工作之间的差异是如

---

①LAWLER E J, THYE S R, YOON J. Emotion and group cohesion in productive exchange[J]. American journal of sociology, 2000, 106(3): 616-657.

②MOLM L D, COLLETT J L, SCHAEFER D R. Building solidarity through generalized exchange: a theory of reciprocity[J]. American journal of sociology, 2007, 113(1): 205-242.

③LAWLER E J, THYE S R, YOON J. Social exchange and micro social order[J]. American sociological review, 2008, 73(4): 519-542.

④MOLM L D. The structure of reciprocity[J]. Social psychology quarterly, 2010, 73(2): 119-131.

⑤MOLM L D. The structure of reciprocity[J]. Social psychology quarterly, 2010, 73(2): 119-131.

⑥MOLM L D. The structure of reciprocity[J]. Social psychology quarterly, 2010, 73(2): 119-131.

⑦LAWLER E J, THYE S R, YOON J. Social exchange and micro social order[J]. American sociological review, 2008, 73(4): 519-542.

⑧MOLM L D. The structure of reciprocity[J]. Social psychology quarterly, 2010, 73(2): 119-131.

⑨KUWABARA K. Cohesion, cooperation, and the value of doing things together: how economic exchange creates relational bonds[J]. American sociological review, 2011, 76(4): 560-580.

何被调和的。他认为，双边或交易形式的交流，如两方之间的谈判，在参与者主要作为合作企业体验时会变得团结。[①] 然而，正如 Molm 所说，当双边交流被视为竞争性时，行动者的团结感将受到抑制，部分原因是利益冲突的显著性会更高。[②] 通过在双边和单边交流中实验性地操纵合作和竞争环境，Kuwabara 表示分配式谈判（其中利益冲突很高）和单向信任博弈（高度竞争）导致较低水平的凝聚力，而综合谈判（在有妥协的余地）和双向信任游戏（高度合作）创造了更高水平的凝聚力。[③]Kuwabara 的研究表明，通过任务联合发展关系凝聚力（Lawler 理论）和通过冒险产生信任（Molm 理论）是不同的过程，它们共同加深了人们对情感在交换关系中的作用的理解。[④] 情感和情绪也可能在集体行动和解决社会困境中发挥作用。

二、社会交换理论的内涵

根据 Homans[⑤]、Blau[⑥] 和 Emerson[⑦] 的早期著作，交换理论一直是社会互动和社会结构的主要理论观点之一。

社会交换理论（social exchange theory）的主要思想是当事人会在获得回报的预期下，涉入并维持与他人的交换关系。该理论仅限于检验那些从他人处得到回报的行为以及被称为"交易"的过程和被称为"交换"的关系，而这些过程和关系具有双边、交互、互惠的特征。该理论假设利己主义者（self-interested parties）与另一方进行交易或交换是为了实现他自己不能实现的结

[①]KUWABARA K. Cohesion, cooperation, and the value of doing things together: how economic exchange creates relational bonds[J]. American sociological review, 2011, 76(4): 560−580.

[②]MOLM L D. The structure of reciprocity[J]. Social psychology quarterly, 2010, 73(2): 119−131.

[③]KUWABARA K. Cohesion, cooperation, and the value of doing things together: how economic exchange creates relational bonds[J]. American sociological review, 2011, 76(4): 560−580.

[④]KUWABARA K. Cohesion, cooperation, and the value of doing things together: how economic exchange creates relational bonds[J]. American sociological review, 2011, 76(4): 560−580.

[⑤]HOMANS G C. The humanities and the social sciences[J]. American behavioral scientist, 1961, 4(8): 3−6.

[⑥]BLAU P. Exchange and power in social life[M].New York: Wiley,1964:26−44.

[⑦]EMERSON R M. Power−dependence relations[J]. American sociological review, 1962: 31−41; EMERSON R M. Exchange theory, part I: a psychological basis for social exchange[J]. Sociological theories in progress, 1972, 2: 38−57; EMERSON R M. Exchange theory, part II: Exchange relations and networks[J]. Sociological theories in progress, 1972, 2: 58−87.

果，一旦当双方感知不到交换是互惠的，这些交换将会被立即停止。Homans 指出，利益交换或者给予他人相对更有价值的东西是人类行为的基础。①

该理论认为各方都会有其他人想要的有价值的东西，交换的标的及其数量由双方共同决定。被交换的标的可以是经济资源，也可以是社会资源，或两者兼有。经济资源包括有形项目，如货物、货币、资产、信息、咨询和服务，也包括无形项目，如寒暄、友谊和声望。社会交换结果的价值取决于当事人的主观感受。根据 Blau 的观点，社会交换关系中最有价值的结果（如社会认可和尊重）却可能没有任何物质价值，且不能用价格来衡量。②

社会交换和经济交换既有相似之处，也有不同之处。其相似之处在于，它们都包含对当前所做贡献的未来收益预期。然而，在经济交换中，投资收益通常更加清晰且具体，如在书面合同中规定。而在社会交换中，投资收益是未指定的，并且通常是自愿的。经济交换的发生往往基于等价交换，社会交换则不同。经济交换基于短期交易，社会交换基于一种关系，在这种关系中双方都相信对方会履行自己的长期义务。社会交换常常包括交易各方之间的短期不平等或不对称，而经济交换往往更加公平和对称。

社会交换关系具有不确定性，主要体现在不能明确各方是否会对贡献给予回报。因此，各方之间的信任是社会交换理论的重要组成部分。在社会交换的初始阶段，向对方展示信任可能是困难的。通常社会交换演变缓慢，最初发生较低价值的交换，只有当建立起较高水平的互信时，较大价值的交换才会发生。信任的产生有两种方式：①通过与另一方发生定期、一致的互惠以获取收益；②通过与另一方逐渐增大交换价值来加深信任。

社会交换理论的前提是在交换主体之间形成互斥且穷尽的三条原理性关系归纳：①交换关系导致经济或社会产出（或两者兼有）；②成本收益分析是基于收获的产出，以及比较备选交换关系的潜在成本和收益；③随着时间的推移，得到的收益会增加交换关系中的互信和承诺，交换规范和期望从互惠的交换关系中建立和发展起来。Molm 将社会交换和经济交换定义为一种选择行为，尽管不涉及正式的谈判或书面合同，缔约方仍会自觉对当前或潜在的社会

①HOMANS G C. The humanities and the social sciences[J]. American behavioral scientist, 1961, 4(8): 3−6.

②BLAU P M. Social exchange[J]. International encyclopedia of the social sciences, 1968, 7(4): 452−457.

交换进行成本—收益分析。[①] 交换各方的满意度成为未来交换是否还会发生的主要决定因素。然而，各方并不会孤立地考虑这些因素。相反，一方会依托社交网络支持或扰乱未来的交换。例如，如果互惠义务未能得到履行，那么就可能导致社会制裁。然而，社会交换理论倾向将当事人满意视为维持交换的主要影响因素，并将社会制裁视为次要影响因素。

社会交换研究是从两种不同的传统演变而来的：个人主义和集体主义。个人主义观点强调个人在交换中涉及的心理和经济自利。[②] 集体主义观点强调了群体或社会的社会需求重要性。[③] 根据集体主义观点，社会就是自己存在的目的，而个体的存在是为社会利益服务的。Makoba试图将这两种观点进行整合。[④]

互惠原则或对他人偿还义务，是社会交换理论中最著名的交换规则之一，但是如何定义这个概念一直存在歧义。例如，互惠原则可以这样定义：①互为依存的交换；②文化期望；③人们必须及应该如何表现的文化规范。Sahlins创造了一个从"单一"到"广义"的互惠水平的连续统一体。[⑤] 广义互惠是利他主义的，是指无限偿还期，没有明确等价偿还，具有低自利性。平衡互惠是指同时交换等量资源。消极互惠指的是具有高自利倾向的及时和平等的资源交换。其他交换规则包括个别谈判规范、合理行动、利他主义、群体收益、地位一致以及竞争。

第四节　资源保存理论

一、资源保存理论的起源

资源保存（COR）理论的基本原则是个人会努力获取、保留、培养和保护其现有资源，并试图获取和创造新的资源。COR理论的核心是一种动机理

---

①MOLM L D. Structure, action, and outcomes: the dynamics of power in social exchange[J]. American Sociological Review, 1990,55(3): 427-447.

②HOMANS G C. The humanities and the social sciences[J]. American Behavioral Scientist, 1961, 4(8): 3-6; BLAU P. Exchange and power in social life[M]. New York: Wiley,1964:26-44.

③BANDURA A. Self-efficacy: toward a unifying theory of behavioral change[J]. Psychological review, 1977, 84(2): 191-215.

④MAKOBA J W. Toward a general theory of social exchange[J]. Social behavior and personality: an international journal, 1993, 21(3): 227-239.

⑤SAHLINS M. Stone Age[M]. London: Tavistock Publications, 1972: 122.

论，它基于获取和保存生存资源的进化需要来解释人类的大部分行为，这是人类行为遗传学的核心。与其他动物一样，人类必须获得并保持个人优势和社会纽带。与其他动物不同的是，人类可以创造复杂的工具来确保自己的生存，并具有使用复杂语言进行交流的优势，这有助于生存和社会联系。因此，人们使用关键资源不仅是为了应对压力，也是为了在未来需要时建立一个可持续资源库。此外，个人资源、社会资源和物质资源的获取和保留使人们、家庭和组织产生了能够应对压力的感觉。在某种程度上，COR 理论对增进个人对组织压力的理解很重要，因为它本质上与 Lazarus 和 Folkman[①] 的压力评估理论相反。简而言之，压力评估理论断言，压力是客观存在的，能够被识别。然而，这一理论是有局限性的，因为根据定义，人们必须等到事件发生后才能将其识别为压力。这个简单的事实使得压力评估理论要么是具体的，要么是非预测性的。此外，压力评估理论隐含地指出，压力是一种个人感知，而 COR 理论强调事件的客观压力性质。鉴于当前对社会正义的重视以及减少工作场所骚扰和欺凌行为的呼声，Lazarus 和 Folkman 的理论认为压力的解决方案应该从调整个人的认知入手。事实上，在法律意义上，如果工作场所的欺凌主要是一个感知问题，那么由此产生的案件就被称为"毫无根据"或"轻浮"。同样，如果工作环境没有压力，而只是被认为是压力，干预将集中在认识评估上，即集中于干预那些扭曲认知的原因。从本质上讲，为了对抗这些压力源，个人必须改变认知。也就是说，压力评估理论中提出的压力可以是阶级歧视、性别歧视和种族主义。在今天对组织压力的理解中，Sue 也认为微妙的种族主义和性别歧视行为是真实的，而不仅仅是受害者所感知的。[②] 当然，许多压力源是微妙的，实际上可能会被误解，但 COR 理论强调，至少对于主要压力来说，它是受到一系列事件的影响而逐渐形成的。例如，被解雇之前可能就有预警，并且可能表现出一段时间的倦怠；它可能包括拥有其他更好的工作机会（或没有）和有钱（或没有），并且会根据个人的年龄而有不同的影响。尽管感知将发挥作用，但根据 COR 理论，这些客观因素将对任何结果产生影响。

    COR 理论与 Baltes 提出的专注于寿命发展的理论密切相关。与 COR 理论一样，Baltes 的选择—优化—补偿（SOC）理论侧重资源的获得和损失，以及伴随老化而不可避免的资源损失——这反过来又需要重新调整可用资源以补

①LAZARUS R S, FOLKMAN S. Stress, appraisal, and coping[M]. Berlin: Springer publishing company, 1984: 23-46.

②SUE D W.Microaggressions and Marginality: manifestation, dynamics, and impact[M].New York: John Wiley & Sons, , 2010:49-56.

偿失败的资源。COR 理论与 Baltes 的 SOC 理论之间的交叉对话并非巧合，因为 Hobfoll 和 Baltes 经常接触并引用彼此的成果，并且 Hobfoll 与 Baltes 互相分享了两人正在研究的理论。COR 理论还强调，压力事件是错误的分析单位，确实混淆了人们对压力条件的理解。压力大的情况很少发生；相反，它们是随时间发生的复杂序列。例如，当工作场所发生裁员时，首先可能是预期的，随后发生裁员"事件"，然后是寻找新工作或调整的过程。此外，就业能力、技能水平、储蓄、裁员的处理以及新职位的可用性等客观因素都是影响结果的主要因素。个人的评价通常是很好的预测指标的原因是，大多数人都是这些复杂客观元素的优秀编目者——尽管正如 COR 理论强调的那样，人们对过度重视资源损失和低估资源增益有一种基于进化的内在和强大的偏见，这种偏见在一种文化中是常见的，而且不是具体的，尽管先前的客观生活经验肯定会影响这种共同的评价。

斯蒂芬·霍布福尔（Stevan Hobfoll）（图 3-1）最早系统地提出了 COR 理论。1989 年，他在《美国心理学家》（*American Psychologist*）上发表了 COR 理论的奠基性文章——《资源保存：定义压力的新尝试》（"Conservation of resources:A new attempt at conceptualizing stress"）。2001 年，距离 COR 理论提出逾十年之际，霍布福尔在《应用心理学》（*Applied Psychology*）上发表了《压力过程中文化、社区和嵌入自我的影响：资源保存理论的发展》（"The influence of culture，community，and the nested-self in the stress process:Advancing conservation of resources theory"）一文，对 COR 理论的有关内容进行了深化和拓展。在该期刊的同一期里，包括压力研究的代表性学者理查德·拉扎勒斯（Richard Lazarus）在内的多名学者通过多篇文章从不同角度对 COR 理论进行了分析，推动了该理论的进一步完善。2014 年，乔纳森·哈尔贝莱本（Jonathon Halbesleben）等又专门围绕 COR 理论中的"资源"进行了新的阐述。在此基础上，霍布福尔（Hobfoll）等（2018）在《组织心理学和组织行为学年度评论》（*Annual Review of Organizational Psychology and Organizational Behavior*）上联合撰文对 COR 理论在组织研究中的应用进行了梳理和展望。在过去近三十年间，经过霍布福尔等对 COR 理论基本观点的不断发展和完善，以及其他众多学者在各自领域对该理论的适用性的不断检验，COR 理论现已成为组织心理学和组织行为学领域引用最为广泛的理论之一。

图 3-1　斯蒂芬·霍布福尔 [1]

二、资源保存理论的内涵

COR 理论最初作为一种压力理论出现，试图为人们理解"压力是什么"这一问题提供新视角。该理论认为，个体具有保存、保护和获取资源的倾向，因此，无论是潜在的资源损失威胁，还是实际的资源损失，都会引发个体的紧张和压力。具体来讲，个体在以下三种情境下都会产生压力反应：①现有资源面临损失威胁时；②现有资源出现实际损失时；③已付出努力而资源并未实际增加时。简而言之，无论在感知层面还是客观层面，现有资源的损失和新资源获取的失败均会引发个体的压力反应。在此基础上，COR 理论进一步指出，在压力情境下，个体会使用现有资源去获取新资源以减少资源的净损失。同时，个体会积极建构和维护其当前的资源储备以应对未来可能出现的资源损失情境。可见，COR 理论的所有观点都与资源的保存、保护和获取有关，因此，只有真正理解资源的内涵，才可能真正理解 COR 理论。

按照 Hobfoll 的最初定义，资源是指个体认为对其有价值的事物或者可以帮助其获得有价值事物的途径。[2]Hobfoll 还区分了四种不同类型的资源，分别是物质资源（object resources）、条件资源（conditions resources）、个体特

---

① 李超平，徐世勇 . 管理与组织研究常用的 60 个理论 [M]. 北京：北京大学出版社，2019：73.

②HOBFOLL S E. Conservation of resources: a new attempt at conceptualizing stress[J]. American psychologist, 1989, 44(3): 513−524.

征资源（personal characteristics resources）和能量资源（energies resources）。物质资源，如汽车、房产和开展工作所需的工具等，其价值源自它们固有的物理属性或蕴含的个体身份、地位信息（通常取决于事物的稀缺性和人们的获取成本）；条件资源，如婚姻、职位和资历等，其价值源自它们对个体未来工作和生活的积极意义；个体特征资源，如高智商、自我效能感和乐观等，是指个体自身具有的有助于其抵抗压力的各种技能和特质；能量资源，如时间、金钱和知识等，其价值在于它们能够帮助个体获取所需的其他资源。

在上述 Hobfoll 有关资源定义的基础上，Halbesleben et al. 抛开资源的具体类型，转而从个体保存和获取资源的动机出发，对资源进行了新的界定，即将资源定义为"个体感知到有助于其实现目标的事物"[1]。该定义强调的是个体对特定事物是否有助于其实现目标的主观感知和评估，而不在意它们是否切实有助于实现目标。因此，一些被人们公认具有价值的资源对处于某一特定情境中的个体可能并没有价值。Halbesleben et al. 还进一步区分了个体评判资源价值的两种方式。一种是普适性路径（nomothetic approaches），强调的是特定事物之所以被视作资源，是因为它们在个体所处的文化环境下具有普遍的应用价值。例如，健康的身体、美满的家庭、幸福的生活和有意义的生命等，它们为全人类所共同珍视，因此，在全社会中均被视作有价值的资源。另一种是特异性路径（idiographic approaches），强调的是特定资源的价值取决于它们相对于个体当前需要（或目标）的匹配程度。有些事物虽然被大多数人认为是有价值的资源，但是如果它们和个体当前情境下的具体需要并不匹配（无助于其实现目标），那么从特异性路径看，这些事物于个体而言则没有价值。

2014 年，Halbesleben et al. 从个体保存和获取资源的动机视角对资源的内涵进行了重新界定，并在此基础上将 COR 理论的基本观点归纳为两项原则（principle）和四条推论（corollary）。2018 年，Hobfoll et al. 对 COR 理论又进行了修订，最终将 COR 理论的基本观点明确为一个基本假设、五项原则（损失优先、资源投资、获得悖论、资源绝境、资源车队和通道）和三条推论（初始资源效应、资源损失螺旋、资源获得螺旋）。

基本假设。COR 理论认为，个体具有努力获取、保持、培育和保护其所珍视的资源的倾向。这是 COR 理论的核心，强调的是一种进化的需要，即人们努力获取、保持、培育和保护其资源的动机来源于人类适应环境、维持生存

---

[1]HALBESLEBEN J R B, NEVEU J P, PAUSTIAN-UNDERDAHL S C, et al. Getting to the "COR"understanding the role of resources in conservation of resources theory[J]. Journal of management, 2014, 40(5): 1334-1364.

的基本需要。这也是人类心理和行为演变的原因之一。和其他社会性动物一样，人类也必须争取并维持个体优势和良好的社会关系；不同的是，人类可以通过创造复杂的工具来确保个体的生存，拥有复杂的语言系统，并将其用于人际沟通，这些都有助于人类个体的生存和社会关系的维系。因此，人们一方面会利用其拥有的关键资源应对当前环境中的压力情境，另一方面会通过对其现有资源储备的积极建构和保护（通常通过进行资源投资获取新资源的方式）来应对未来可能的压力情境。

资源保存理论的五项原则、三条推论的具体内容如表 3-2、表 3-3 所示。

表 3-2　资源保存理论的原则

原则	内容
损失优先	即对个体来讲，资源损失的影响远比资源获得更为重要，其影响更快，持续时间也更长。在已有研究中，该原则主要用于对个体在压力情境下的心理和行为反应的解释。当个体在工作中经历资源损失时，更可能出现紧张和压力反应，包括工作倦怠、抑郁和其他身心结果。此外，该原则还包含动机的成分，由于资源损失会伴随着紧张和压力反应，因此个体会努力采取行动以避免资源损失的发生
资源投资	即个体必须不断地通过资源投资来保护现有资源免受损失，更快地从资源损失中恢复，以及获取新的资源。该原则主要用于与压力应对相关的研究，进行资源投资以避免未来可能的资源损失被视作一种重要的压力应对方式。一些实证研究检验了组织中的个体在资源损失情境下的投资行为。例如，Halbesleben 和 Bowler 发现，在情绪耗竭时，员工的角色内绩效会下降，但是指向主管和同事的组织公民行为会增加。[①] 这是因为此时人际指向的组织公民行为对员工具有很强的工具性价值，员工期望通过它们从主管和同事那里快速获得资源回报（通过社会交换的互惠机制实现），进而帮助他们避免现有资源的进一步损失
获得悖论	即在资源损失情境下，资源的补充和增加显得尤为重要，对个体也更有价值。此时，为那些资源已经较少的个体注入新的资源对他们实现资源补充和更好地抵御资源损失很重要。该原则背后的含义有点类似人们常说的"雪中送炭"，即越是资源已经很少的个体，资源的注入和增加对其缓解紧张和压力越重要

①HALBESLEBEN J R B, BOWLER W M. Emotional exhaustion and job performance: the mediating role of motivation[J].Journal of applied psychology, 2007, 92(1): 93-106.

原则	内容
资源绝境	即面临资源耗尽的绝境时，个体自我保护的防御机制将会触发，会表现出一些具有攻击性和非理性的行为。防御机制的启动可以为个体重新部署应对方式、等待他人支援或等待压力源消失而提供缓冲时间。此时，具有攻击性和非理性的行为也可能促使压力源发生变化或引发新的应对策略，进而发挥一定的积极作用
资源车队和通道	这是 Hobfoll et al. 在 2018 年最新补充的一项原则。即无论个体还是组织，其所拥有的资源都并非独立存在，而是像路上一起行进的"车队"一样相互联系和影响。例如，对个体来讲，自尊、乐观和自我效能感等就是具有内在联系且相互作用的资源，它们的形成和获得往往源自相同的成长条件和环境。而且，资源总是存在于特定的生态环境中（类似车队的"通道"），环境条件既可以对存在于其中的资源起到培育和滋养作用，也可以发挥限制和阻碍作用。这意味着个体所在的组织或更广泛的文化环境在其资源的塑造和维系中扮演着重要角色

表 3-3　资源保存理论相关推论

推论	内容
初始资源效应	即个体的资源储备与其未来遭受资源损失的可能性和抵御资源损失的韧性密切相关。具体来讲，拥有较多初始资源的个体遭受资源损失的可能性更低，获取新资源的能力更强；反之，拥有较少初始资源的个体更容易遭受资源损失，且获取新资源的能力相对较弱。资源包括物体资源（如汽车、工作工具）、条件资源（如就业、任期、资历）、个人资源（如关键技能和个人特质、自我效能和乐观）和能源资源（如信用、知识、金钱）。与资源获得相比，资源损失不成比例的影响体现在资源损失的影响范围更大、影响的速度更快以及影响比较深远。因此，除了考虑影响的大小之外，COR 理论也是唯一包含动量成分的应用理论。具体而言，COR 理论认为，资源损失不但比资源获得的幅度更大，而且随着时间的推移，往往会更迅速地影响人们，资源损失的速度也会越来越快 损失在人类系统中是主要的，因为人是进化的产物，从进化的角度看，即使是很小的损失也往往与生存密切相关。动量的属性也可能具有进化基础，因为缓慢损失的过程可能不会那么容易被注意到，因此，在被识别时可能会产生重大甚至危及生存的损害。已有不少实证研究证实了该推论的有效性

续　表

推论	内容
资源损失螺旋	即最初的资源损失会引发资源的进一步损失，且资源损失螺旋的发展会更加迅猛，消极影响也会更加强烈。原因有两方面：一方面，正经历资源损失的个体更难以进行有效的资源投资活动，以至于阻止资源损失的难度更大；另一方面，受"损失优先"原则影响，加之资源损失会引发紧张和压力反应，因此在压力螺旋的循环中，个体和组织能够用于阻止资源损失的资源也更少。人们必须投资资源以防止资源损失，从损失中恢复并获得资源。这包括直接更换资源（如使用储蓄来弥补收入损失）、间接投资资源（如提高员工为营造好的商业环境做准备的技能）。在后一种情况下，技能和信心资源会增加，以抵消如果未取得收益而造成的潜在收入损失。2004 年，Demerouti et al. 在其实证研究中对该推论的有效性进行了检验和验证
资源获得螺旋	即最初的资源获得有益于资源的进一步获得，只是这样一种资源获得螺旋的发展相对比较缓慢。原因是，处于资源获得过程中的个体和组织在资源投资方面更具优势，不过，相较资源损失，资源获得在力量和速度上均更弱一些，因此，资源获得螺旋的发展也相对比较缓慢。目前，已有不少研究对该推论的有效性进行了验证

第五节　自我决定理论

自我决定理论（self-determination theory）研究了个体行为的自我激励或自我决定程度。与基本需求未得到满足不同，如果人们的基本需求得到满足，他们就倾向具有更高水平的绩效、健康和幸福感。基本需求是指人们所感受到的一种"缺失"或"差距"，当其得到满足时会带来健康与幸福感，当其未得到满足时会引发疾病与异常。基本需求可以是生理的，如对空气、食物和水的需求，也可以是心理的，如对爱、尊重和被欣赏的需求。自我决定理论假设人们在一生中必须持续满足三个基本的心理需求：自主需求、胜任需求和关系需求，以达到最佳的机能水平，不断体验个人的成长与幸福。自主需求是指人们相信自己可以自主选择自己行动的需求，如发起、调节和维持自己的行为。当这种需求得到满足时，人们会体验到个体的自由。胜任需求是指人们希望完成困难和具有挑战性的任务，以获得所期望结果的需求。当这种需求得到满足时，人们会体验到掌控感、成就感和控制感。关系需求是指人们与他人建立相互尊重和联系的需求。当这种需求得到满足时，人们就会感受到来自他人的社会支持。理想情况下，个体在其一生中可以使这三个需求同时得到很好的满足。

　　这三个需求被认为是所有人与生俱来就有的。然而，三个需求的相对重要性和每个人满足需求的方式会随着时间的推移和人生阶段的变化而发生改变。此外，个体所处的文化情境也会影响人们对三个需求的关注程度和主动寻求满足的程度。该理论的一个主要观点是，人们对某些生活目标的追求可以带来对三个基本需求相对更为直接的满足，从而增强幸福感。然而，人们对某些其他目标的追求或许无法满足三个基本需求，甚至会引发疾病和异常。Kasser 和 Ryan 将个体内部目标的满足（如个人成长、归属感和联盟）与个人外部目标的满足（如金钱、名誉和形象）进行了对比。①Vansteenkiste et al. 发现，关注内在愿望可以增强幸福感，而关注外在愿望会导致抑郁和焦虑。②

　　该理论的一个主要关注点是内部动机与外部动机的区别。内部动机（也称内在动机）是指执行一项活动的原因是活动本身是有趣的，可以不断满足活动执行者的需求。当人们完成任务本身就能体验到积极的情感时，个体是出于内部动机。相反，外部动机（也称外在动机）是指之所以采取行动，是因为这样做会带来一些与活动本身不同的结果，如获得奖励或避免惩罚。如果人们认为其行为是由内部动机引起的，那么他们会有一种内在因果关系定位的感知。相反，如果人们认为其行为是由外部动机引起的，那么他们会有一种外部因果关系定位的感知。外部动机有四种类型，按照从内部调节到外部调节的程度依次分为整合调节（integrated regulation）、认同调节（identified regulation）、内摄调节（introjected regulation）以及外部调节（external regulation）。

　　整合调节是指个体对一项活动的价值充分认同，以至于使该活动成为自我的习惯性部分。认同调节是指个体仅仅是因为认同某种行为的价值和意义而实施活动。整合调节、认同调节以及内部动机（或调节）被称为"自主性动机"，这是第一类动机。

　　内摄调节是指由于自我价值感而采取行动，如内疚和自我卷入。外部调节是指仅为了获得奖励或避免惩罚而采取行动。由于行为的动机源于个体外部，或者与自主性动机相比其自主决定的成分更少，因此内摄调节和外部调节被统称为"控制性动机"，这是第二类动机。

　　第三类动机是非个人动机，即非个人调节的，被称为"无动机"，这是各

①KASSER T, RYAN R M. A dark side of the American dream: correlates of financial success as a central life aspiration[J]. Journal of personality and social psychology, 1993, 65(2): 410-422.
②VANSTEENKISTE M, SIMONS J, LENS W, et al. Motivating learning, performance, and persistence: the synergistic effects of intrinsic goal contents and autonomy-supportive contexts[J]. Journal of personality and social psychology, 2004, 87(2): 246-260.

类动机中自我决定程度最低的。当三种基本需求都得不到满足时，这类动机就会出现。

因果定向（causality orientation）这个构念是指人们对自己行为的自我决定程度或允许环境来调节其行为的程度。因果定向由自主性动机、控制性动机和非个人动机组成。这个连续体的进一步提升产生了一个子理论，它被称为有机整合理论。这个理论中的新概念有正念（mindfulness）和活力（vitality）。正念是指个体对自身或周围所发生事情的开放意识和注意程度，包括内在反思、对需求满足的自我检验，以及从控制定向朝自主性定向有目的地转化。活力是指个体在基本需求获得满足后产生的能量。当人们感受到活力时，他们会精力充沛、精神振奋，并有能力自主行动，在执行重要活动时能持续不断地努力。

第四章 精神型领导、工作旺盛与情绪劳动之间关系的假设

本章对精神型领导、工作旺盛与情绪劳动之间的关系提出了相应的假设。

第一节 精神型领导对情绪劳动影响的假设

精神型领导包括三个维度：愿景、希望／信念和利他之爱。其中，愿景是指对未来的描绘，它隐含或明确地陈述了人们为什么应该努力创造未来；希望是一个期望实现的愿望，信心增加希望的确定性；利他之爱被定义为一种通过关心、爱和欣赏自己和他人而产生的整体感、和谐和幸福感。

根据社会认知理论，情绪劳动策略是个体通过处理外部信息而形成的社会感知的反映。领导者通常通过影响员工的认知和心理来间接影响员工的行为。精神型领导善于通过传递价值观来改变员工的看法，这反过来又会改变员工的行为。实证研究发现，认知和心理状态，如工作投入（job involvement）、组织自尊（organisation-based self-esteem）、组织认同（organisational identification）和自我效能感（self-efficacy），都会影响员工的情绪劳动策略。通过文献检索，笔者发现精神型领导可以影响以下因素：工作投入度（job engagement）、组织自尊（organisation-based self-esteem）、组织认同（organisational identification）和自我效能感（self-efficacy）。因此，笔者预测精神型领导会对员工的情绪劳动策略选择产生影响。

社会交换理论认为，员工会将组织拟人化，并与自己建立交换关系。根据社会交换理论，个人与组织之间的交换不仅包括物质交换（如工资和福利），还包括心理（或社会）交换。在社会交换中，当员工按照互惠原则，通过组织（精神型领导满足员工的精神需求）满足自己的一些情感需求时，员工会做出对组织有益的行为，如深层扮演。

组织认同是指员工定义的自我和组织相一致的程度。精神型领导通过描述组织的愿景，帮助员工将组织价值观内化为自我追求目标。精神型领导通过利他之爱创造和谐的组织氛围，提高员工的满意度，从而对员工的组织认同产生积极影响。精神型领导能使追随者体验到归属感。这样，追随者更容易被组织认同所吸引，并产生更高水平的组织认同感。随着员工对组织越来越认同，组织目标和自我目标之间的联系不断增强，员工更有可能为组织的利益行事。员工在工作中不断调整自己的情绪，以满足组织的需求，并将组织的要求转化为自己的行为准则。因此，员工更有可能在与客户的互动中深入行动，在组织中内化和表达所需的情感。

综上所述，根据社会认知理论，员工会根据自己事业的意义来反思自己行为的合理性，并在必要时对自己的行为做出相应的调整。从以上梳理中，我们发现精神型领导所倡导的愿景、信仰和利他之爱，可以满足员工的精神需求，激发员工的组织认同感，增强员工的事业感。因此，员工可以根据自己的认知来反思自己的行为，从而产生更深层次的行为。综上所述，本研究提出了以下假设：

H1a：愿景对员工的深层扮演有积极的影响。

H1b：希望 / 信念对员工的深层扮演有积极的影响。

H1c：利他之爱对员工的深层扮演有积极的影响。

H1d：愿景对员工的表层扮演有消极的影响。

H1e：希望 / 信念对员工的表层扮演有消极的影响。

H1f：利他之爱对员工的表层扮演有消极的影响。

第二节　精神型领导对工作旺盛影响的假设

工作资源是组织提供的资源，在实现工作目标、减少工作需求以及刺激个人成长和发展方面发挥着作用。领导者的主要责任是为员工提供成功完成工作的资源。精神型领导可以通过营造工作环境或提供资源来培养追随者的工作资源；精神型领导为追随者创造就业机会，具有额外的自主权、发展机会等；精神型领导为员工提供参与工作决策的机会，并给予他们良好的反馈。因此，员工的工作资源需求是由精神型领导来满足的。资源保存理论的核心思想是，个人努力维护、保护和获取自己认为有价值的资源。拥有足够资源的个人有能力获得更多的资源，进而更愿意投入资源，以产生更大的资源收益。因此，拥有充足资源的员工可能会在工作中产生更强的活力，并可能投入额外的精力来实现与工作相关的目标和个人成长。精神型领导为员工提供有助于产生积极情绪的工作资源，从而激发员工的活力，提高员工的工作旺盛感。精神型领导提供给员工的资源，有利于员工形成坚定的信念，进一步激发员工的内在动力，从而使他们形成积极的情绪，对工作产生更大的热情。

自我决定理论指出，满足人的内在心理需求可以让人产生额外的活力，为个体行为和自我成长发展提供必要的心理营养。在此基础上，Spreitzer 和 Porath 构建了工作旺盛的个人成长模式，明确指出个人心理需求的满足有效地增强了自决机制，最终提高了个人的活力和学习水平。[1] 实证研究也证明了这一点：在日常工作中经历更多自我决定体验的员工更有生命力。[2] 精神型领导可以被视为一种内在的动力，促使员工产生一种充满活力和联系的感觉。在精神型领导的内在激励下，员工会觉得自己的精神需求得到了满足。因此，他们将深入参与工作，从而提高生产力。根据自我决定理论，精神型领导激发的内在动机可以增加员工发现潜在问题和发起挑战的潜力或兴趣。也就是说，精神型领导有助于提高员工工作的自主性。此外，员工在工作中的自主权有助于工作旺盛。自我决定使员工有更大的控制权，使他们感到自己的重要性，并激励他们去探索和学习，进而增强了他们的工作旺盛感。综上所述，本研究有以下假设：

H2a：愿景对员工的工作旺盛感有积极的影响。

H2b：希望/信念对员工的工作旺盛感有积极的影响。

H2c：利他之爱对员工的工作旺盛感有积极的影响。

---

[1]SPREITZER G M , PORATH C. Self-determination as nutriment for thriving: building an integrative model of human growth at work[C]//GAGNÉ M. Oxford handbook of work engagement, motivation and self-determination theory. New York: Oxford University Press, 2014: 245-258.

[2]RYAN R M, BERNSTEIN J H, BROWN K W. Weekends, work and well-being: psychological need satisfactions and day of the week effects on mood, vitality, and physical symptoms[J]. Journal of social and clinical psychology, 2010, 29(1): 95-122.

第三节　工作旺盛对情绪劳动影响的假设

　　研究表明，工作旺盛与组织忠诚度和工作满意度高度相关。[1]当员工对公司忠诚和热爱时，他们对公司的态度和行为会都按照公司规范和职业道德来表达。根据认知失调理论，当员工的内心情绪与工作要求的绩效规则不一致时，他们会采取措施减少认知失调，达到协调状态。员工会通过积极思考、记忆等积极的方法进行心理调整，从而将真实情绪与工作中需要表达的情绪保持一致，而不是简单地调整情绪。也就是说，在工作中具有高度旺盛感的员工更有可能采取深层扮演并减少表层扮演。

　　工作旺盛感模型强调，个人可以使用旺盛感来衡量自己是否在朝着积极的方向发展。个人可以使用这个感官指标来决定是否或如何采取行动来维持或增强旺盛感的体验，这些行动足以发挥自我适应的作用。具有强烈旺盛感的员工将通过实施积极主动的行为（如深层扮演）和加强积极意义资源来获得持久的旺盛感。因此，在与客户的互动中，员工会主动通过深层扮演，将组织需要的情感内化和表达出来。

　　研究发现，旺盛感与职业适应性行为有关。[2]因此，"工作旺盛"的员工积极寻求学习和成长的机会。旺盛的人更健康、更积极主动、表现更好，以职业为导向，有弹性，会终身学习。因此，具有强烈旺盛感的员工更有可能积极学习组织规定的情感规则，并采取深层次的行动。综上所述，本研究提出了以下假设：

　　H3a：工作旺盛对员工的深层扮演有积极的影响。

　　H3b：工作旺盛对员工的表层扮演有消极的影响。

①PORATH C, GIBSON C, SPREITZER G. Antecedents and consequences of thriving at work: a study of six organizations[J].Journal of organizational behavior, 2008, 39(3): 249-261.
②PORATH C, SPREITZER G, GIBSON C, et al. Thriving at work: toward its measurement, construct validation, and theoretical refinement[J]. Journal of organizational behavior, 2012, 33(2): 250-275.

第四节　工作旺盛在精神型领导与情绪劳动之间的中介作用的假设

　　精神型领导可以满足员工的心理需求，从而激发员工活力，使员工在工作中实现旺盛。具有强烈工作旺盛意识的员工能表现出较强的积极性。员工的积极性越高，发展动力越强。为了满足自己的发展需求，员工将通过更新自己的知识和技术来提高自己的专业能力并保持竞争力。如果员工觉得自己充满活力，则表明他们处于高度激活的积极情绪状态。他们对未来充满信心，并表现出对工作的热情和奉献精神。这种积极的情绪可以提高员工对组织的认同感，反过来又提高了员工使用符合组织期望的情绪劳动策略——深层扮演的意愿。从学习的角度看，当员工有良好的学习体验时，他们可以在工作中获得和应用新的知识和技能，表明他们处于超越现状的有利地位。在服务行业，深层扮演的使用显然更符合员工保持竞争力的动机。因此，这项研究认为，精神型领导通过提高员工在工作中的工作旺盛来改善员工的情绪劳动。综上所述，本研究提出了以下假设：

　　H4a：工作旺盛在愿景和员工的深层扮演之间起着中介作用。

　　H4b：工作旺盛在希望/信念和员工的深层扮演之间起着中介作用。

　　H4c：工作旺盛在利他之爱和员工的深层扮演之间起着中介作用。

　　H4d：工作旺盛在愿景和员工的表层扮演之间起着中介作用。

　　H4e：工作旺盛在希望/信念和员工的表层扮演之间起着中介作用。

　　H4f：工作旺盛在利他之爱和员工的表层扮演之间起着中介作用。

第五章　研究设计

根据前面对精神型领导、工作旺盛、情绪劳动的概念的界定，本章选取了对应的量表，对变量选取的依据进行说明，并列举了部分量表条目。此外，本章还将研究问卷调查设计的过程以及问卷数据分析的结果验证与修订的过程进行了说明。

第一节　变量定义与测量项目

所有问卷均使用 5 分的 Likert 评分方法，从"1"到"5"的顺序表示发生的频率或从低到高的依从性程度。

一、精神型领导

精神型领导使用 Fry et al. 使用的量表。[1] 量表包括三个维度：愿景、希望 / 信念和利他之爱。有 5 项视觉（α =0.942）、5 项希望 / 信念（α = 0.946）和 7 项利他之爱（α = 0.959）。示例项目包括"相信我的组织，并愿意不惜一切来完成组织目标""对组织为员工设定的愿景充满信心"和"我的组织真正关心它的员工"。

二、情绪劳动

情绪劳动量表使用 Grandey 开发的量表。[2] 该量表有 11 个项目，其中 5 个

①FRY L W, VITUCCI S, CEDILLO M. Spiritual leadership and army transformation: theory, measurement and establishing a baseline[J]. The leadership quarterly, 2005, 16(5): 835−862.

②GRANDEY A A. When "the show must go on": surface acting and deep acting as determinants of emotional exhaustion and peer−rated service delivery[J]. Academy of management journal, 2003, 46(1): 86−96.

项目用于表层扮演，6 个项目用于深层扮演。表层扮演项目包括"当我要在工作中表现特定情绪时，我只需要进行一下伪装""为了以适当的方式与客户打交道而采取行动"等（α =0.938）。深层扮演项目包括"对于工作中所要表现的情绪，我会努力体会，而不仅仅是假装"和"努力感受我需要向他人展示的情绪"等（α = 0.948）。

三、工作旺盛

Porath et al. 开发的 10 项量表用于衡量繁荣程度，包括"我发现自己经常学习""随着时间的推移，我继续学习更多""我不是在学习（R）""我充满能量和精力""我期待每一天的到来""我有活力和精神""我感觉不是很有活力（R）""我感到敏锐和清醒"和"作为个体，我已经获得了很大的发展"（α = 0.938）。[①]

第二节　调查设计

一、调查问卷设计

本研究在实证过程中的数据是通过调查问卷形式获得的。为了获得有效的信息，并使得填答者易懂，调查问卷的设计应遵循以下原则：①在问任何问题之前，要简短说明谁在做研究、目的是什么、填答问卷所花时间、要求填答者如何合作；②先问简单、有趣的问题；③将同一主题的题目放在一起，不让填答者有过于凌乱之感；④就某一主题而言，先问一般性问题，再问特定性问题；⑤敏感性问题、识别性的问题放在问卷的尾端。

在文献研究和个人访谈的基础上，课题组完成了对调查问卷的初步设计。然后，课题组请管理学教授和酒店人力资源管理经理仔细阅读，认真审核综合来自各个方面的反馈意见，对问卷进行了多次修改。在调查实施以前，课题组选取了 30 名酒店一线员工进行预测，其中包括 1 名酒店人力资源经理，经由他的经验与职业敏感问卷做了一些表达上的调整，根据 30 名员工的回答，获得了判断问卷内容是否恰当和有无位置偏差、问题的尺度是否合理、条目是否

---

①PORATH C, SPREITZER G, GIBSON C, et al. Thriving at work: toward its measurement, construct validation, and theoretical refinement[J]. Journal of organizational behavior, 2012, 33(2): 250−275.

容易回答等内容的初步印象和第一手资料，还发现了一些受试者不易理解的题项。根据这些信息，课题组在题项的次序、形式、表达等方面进行了修改，最终形成的调查问卷共包括 38 个题项（见附录）。

二、调查行业选择

本研究的调查行业为酒店行业。酒店行业的特点如下。

第一，产品的服务属性明显，无形性较高。酒店行业为顾客提供的产品多以服务为主，即使提供有形的产品，服务也是商品附加值的重要组成部分。在服务工作中员工的情绪劳动比较常见，这也是组织对员工的要求。

第二，酒店业对员工有明确的服务要求。酒店明确的服务要求对员工理解情绪劳动表达规则的认知具有积极影响，使得调查具有更高的代表性和有效性。

第三，酒店行业需要员工热情好客，这是酒店行业的本质，只有满足员工的精神需求，才能实现。如今，酒店员工的好客行为减少，意味着员工敷衍行为增多，即表层扮演行为在增加。这需要管理者能够满足员工的精神需求，以增加员工的好客行为。在酒店中研究精神型领导的影响也是本研究的目的之一。

三、问卷的发放、回收

本研究采用随机抽样法。2021 年 7 月，课题组对中国东部和南部旅游城市中的 26 家星级酒店进行了调查。这些地区经济发达，酒店业占据主导地位，占中国酒店数量的 50% 以上。这些地区的经济和文化发展是相似的，因此，课题组决定选择这些地区的酒店进行调查。本团队的研究机构已与这些地区的许多星级酒店建立了合作伙伴关系。这些酒店也是我校学生的实习基地。我校还与这些酒店的人力资源部门建立了长期良好的合作关系。因此，课题组成功联系了相关酒店的人力资源部门，并在该部门的帮助下，顺利发放了问卷。在分发问卷之前，课题组强调问卷仅用于学术研究、匿名、不涉及其他目的。此次共发放问卷 550 份，回收 523 份，筛选有效问卷 509 份。

第三节　量表的验证与修订

由于研究中的量表采用的是国外学者开发的成熟量表，可能存在国内不适用的问题，因此，课题组对收集的数据进行了分析。精神型领导原题项为 17 项，工作旺盛原题项为 10 项，情绪劳动原题项为 11 项，所有题项合计为 38 项。样本量则为 509，这样，样本量与题项的比值远远超过 5 : 1，达到了因子分析的样本量标准。

一、精神型领导量表的验证与修订

（一）探索性因子分析

课题组对精神型领导量表中的数据进行了探索性因子分析，Kaiser-Meyer-Olkin（KMO）度量系数和 Bartlett 的球形度检验结果如表 5-1 所示。KMO 值为 0.942；近似卡方为 8391.755，自由度为 136，检验结果显著。结果表明，精神型领导量表的相关研究样本适合做因子分析。

表 5-1 精神型领导量表的 KMO 和 Bartlett 的检验

Kaiser-Meyer-Olkin 度量		0.942
Bartlett 的球形度检验	近似卡方	8391.755
	自由度	136
	显著性	0

根据以上研究结果，课题组采用主成分分析（principal component analysis）以及方差正交最大旋转（varimax with kaiser normalization）方法对精神型领导量表的 17 个项目进行了因子分析。在选取因子数目时，课题组采用的标准是 Kaiser 法，该标准选取特征值 ≥ 1.0 的作为成分数。如表 5-2 所示，特征值大于 1 的因子一共有 3 个，这 3 个因子共可解释总变异的 81.152%。

表 5-2 精神型领导量表因子分析旋转前后解释的总方差以及抽取的因子

成分	初始特征值			提取平方和			旋转平方和		
	合计	旋转前方差 /%	累积方差 /%	合计	方差 /%	累积 /%	合计	旋转后方差 /%	累积方差 /%
1	7.784	45.789	45.789	7.784	45.789	45.789	5.585	32.853	32.853
2	3.348	19.696	65.485	3.348	19.696	65.485	4.117	24.216	57.068

续　表

成分	初始特征值			提取平方和			旋转平方和		
	合计	旋转前方差 /%	累积方差 /%	合计	方差 /%	累积 /%	合计	旋转后方差 /%	累积方差 /%
3	2.663	15.667	81.152	2.663	15.667	81.152	4.094	24.084	81.152
4	0.316	1.859	83.011						
5	0.314	1.849	84.861						
6	0.286	1.684	86.545						
7	0.260	1.529	88.074						
8	0.245	1.439	89.513						
9	0.238	1.399	90.912						
10	0.232	1.362	92.274						
11	0.221	1.298	93.572						
12	0.208	1.226	94.798						
13	0.197	1.161	95.959						
14	0.188	1.106	97.066						
15	0.177	1.039	98.104						
16	0.168	0.987	99.091						
17	0.155	0.909	100.000						
提取方法：主成分分析									

　　表 5-3 为因子旋转后的成分矩阵，共有 3 个因子。表 5-3 中 1 ～ 5 题项属于愿景维度，6 ～ 10 题项属于希望 / 信念维度，11 ～ 17 题项属于利他之爱维度。分析结果显示，精神型领导量表的测量与开始的理论结构设想一致。

表 5-3　因子旋转后的成分矩阵

题项	成分		
	1	2	3
我能理解并且致力实现组织愿景	0.123	0.153	0.879
所在的部门（团队）有对组织愿景的陈述，可以让我表现出最佳的状态	0.142	0.145	0.891
所在组织的愿景可以激励我提高工作绩效	0.111	0.139	0.876
对组织为员工设定的愿景充满信心	0.136	0.142	0.890
所在组织的愿景很清晰，并且能够激发我的兴趣	0.138	0.139	0.866
相信我的组织，并愿意不惜一切来完成组织目标	0.158	0.878	0.100
坚持不懈并愿意付出额外的努力帮助我的组织成功，因为我对我的组织有信心	0.188	0.870	0.186
工作时总是竭尽所能，因为我对我的组织和领导有信心	0.173	0.867	0.160
会在工作中设定具有挑战性的目标，因为我相信我的组织，并希望我们能够成功	0.155	0.896	0.125
我会做帮助组织成功的一切事情，来证明我对组织的坚定信念	0.152	0.883	0.174
我的组织真的很关心员工	0.868	0.138	0.102
我的组织对员工很友善和体贴，当员工受苦时，想要做点什么	0.893	0.172	0.109
我所在组织的领导有勇气为员工挺身而出	0.864	0.142	0.162
领导会不定期与员工交流，了解员工想法	0.876	0.144	0.129
组织对我们而言是值得信赖的	0.884	0.125	0.118
组织不会惩罚员工的无心之失	0.867	0.143	0.104
上级领导很坦诚，不会狂妄自大	0.874	0.165	0.117

提取方法：主成分分析。
旋转法：具有 Kaiser 标准化的正交旋转法。

（二）验证性因子分析

在探索性因子分析的基础上，课题组又对精神型领导的各维度和整体量表进行了验证性因子分析。结果显示，精神型领导构念信度、区分效度良好。

图 5-1 显示了愿景维度验证性因子分析结果。表 5-4 中，愿景维度各题项的标准化因子载荷为 0.853 ～ 0.894，远大于 0.7 的标准。

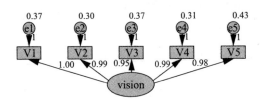

图 5-1　愿景维度验证性因子分析

表 5-4　愿景维度因子载荷

题项（愿景）	非标准化	S.E.	C.R.	P	标准化
V1：我能理解并且致力实现组织愿景	1.00				0.874
V2：所在的部门（团队）有对组织愿景的陈述，可以让我表现出最佳的状态	0.99	0.035	28.68	***	0.894
V3：所在组织的愿景可以激励我提高工作绩效	0.95	0.035	26.73	***	0.864
V4：对组织为员工设定的愿景充满信心	0.99	0.035	28.41	***	0.89
V5：所在组织的愿景很清晰，并且能够激发我的兴趣	0.98	0.037	26.11	***	0.853

表 5-5 显示了愿景构念的组合信度和平均方差萃取量，精神型领导中愿景维度的组合信度为 0.942，远高于 Hair 建议的标准（0.70 是可接受的门槛）。平均方差萃取量（AVE）值为 0.766，远高于 Fornell 和 Larcker 建议的标准（AVE 值应大于 0.50，0.36 ～ 0.50 为可接受门槛）。此外，课题组还使用 SPSS 软件对愿景各题项进行了可靠性分析，Cronbach's Alpha 值为 0.942（大于 0.70）。以上分析初步验证了愿景各题项的信度和结构效度。

表5-5 组合信度及平均方差萃取量（愿景）

构念	题项	标准化因子载荷 （ Std.Factor Loading ）	标准化因子载荷平方 题目信度（ SMC ）	CR	α	AVE
愿景	V1	0.874	0.764	0.942	0.942	0.766
	V2	0.894	0.799			
	V3	0.864	0.746			
	V4	0.890	0.792			
	V5	0.853	0.728			

图 5-2 显示了希望 / 信念维度的验证性因子分析结果。表 5-6 中，希望 / 信念维度各题项的标准化因子载荷为 0.862 ～ 0.900，远大于 0.70 的标准。

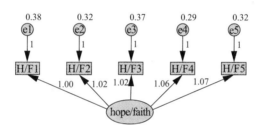

图 5-2 希望 / 信念验证性因子分析

表 5-6 希望 / 信念维度因子载荷

题项（希望 / 信念）	非标准化	S.E.	C.R.	P	标准化
H/F1：相信我的组织，并愿意不惜一切来完成组织目标	1.00	0.034	27.797	***	0.862
H/F2：坚持不懈并愿意付出额外努力帮助我的组织成功，因为我对我的组织有信心	1.02	0.033	29.369	***	0.884
H/F3：工作时总是竭尽所能，因为我对我的组织和领导有信心	1.02	0.034	28.261	***	0.869
H/F4：会在工作中设定具有挑战性的目标，因为我相信我的组织，并希望我们能成功	1.06	0.033	30.532	***	0.900
H/F5：我会做帮助组织成功的一切事情，来证明我对组织的坚定信念	1.07				0.892

表 5-7 显示了希望 / 信念构念的组合信度和平均方差萃取量，精神型领导中希望 / 信念维度的组合信度为 0.946，远高于 Hair 建议的标准（0.70 是可接受的门槛）。平均方差萃取量（AVE）值为 0.777，远高于 Fornell 和 Larcker 建议的标准（AVE 值应大于 0.50，0.36 ～ 0.50 为可接受门槛）。此外，课题组还使用 SPSS 软件对希望 / 信念各题项进行了可靠性分析，Cronbach's Alpha 值为 0.946（大于 0.70）。以上分析初步验证了希望 / 信念各题项的信度和结构效度。

表 5-7　组合信度及平均方差萃取量（希望 / 信念）

构念	题项	标准化因子载荷 （Std. Factor Loading）	标准化因子载荷平方 题目信度（SMC）	CR	α	AVE
希望 / 信念	H/F1	0.862	0.743	0.946	0.946	0.777
	H/F2	0.884	0.781			
	H/F3	0.869	0.755			
	H/F4	0.900	0.810			
	H/F5	0.892	0.796			

图 5-3 显示了利他之爱维度的验证性因子分析结果。表 5-8 中，利他之爱维度各题项的标准化因子载荷为 0.860 ～ 0.906，远大于 0.70 的标准。

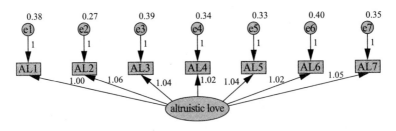

图 5-3　利他之爱维度验证性因子分析

表 5-8　利他之爱维度因子载荷

题项（利他之爱）	非标准化	S.E.	C.R.	P	标准化
AL1：我的组织真的很关心员工	1.00	0.035	27.55	***	0.863

续　表

题项（利他之爱）	非标准化	S.E.	C.R.	P	标准化
AL2：我的组织对员工很友善和体贴，当员工受苦时，想要做点什么	1.06	0.033	30.66	***	0.906
AL3：我所在组织的领导有勇气为员工挺身而出	1.04	0.036	27.83	***	0.867
AL4：领导会不定期与员工交流，了解员工想法	1.02	0.034	28.64	***	0.878
AL5：组织对我们而言是值得信赖的	1.04	0.034	29.01	***	0.884
AL6：组织不会惩罚员工的无心之失	1.02	0.035	27.4	***	0.860
AL7：上级领导很坦诚，不会狂妄自大	1.05				0.881

表 5-9 显示了利他之爱构念的组合信度和平均方差萃取量，精神型领导中利他之爱维度的组合信度为 0.959，远高于 Hair 建议的标准（0.70 是可接受的门槛）。平均方差萃取量（AVE）值为 0.769，远高于 Fornell 和 Larcker 建议的标准（AVE 值应大于 0.50，0.36～0.50 为可接受门槛）。此外，课题组还使用 SPSS 软件对利他之爱各题项进行了可靠性分析，Cronbach's Alpha 值为 0.959（大于 0.70）。以上分析初步验证了利他之爱各题项的信度和结构效度。

表 5-9　组合信度及平均方差萃取量（利他之爱）

构念	题项	标准化因子载荷（Std. Factor Loading）	标准化因子载荷平方题目信度（SMC）	CR	α	AVE
利他之爱	AL1	0.863	0.745	0.959	0.959	0.769
	AL2	0.906	0.821			
	AL3	0.867	0.752			
	AL4	0.878	0.771			
	AL5	0.884	0.781			
	AL6	0.860	0.740			
	AL7	0.881	0.776			

在分别对精神型领导各维度量表进行分析后，课题组对精神型领导总体量表再次进行了验证性因子分析。图 5-4 显示了精神型领导构念的总体验证性因子分析结果。表 5-10 中，精神型领导构念各题项的标准化因子载荷为 0.854 ～ 0.906，远大于 0.70 的标准。

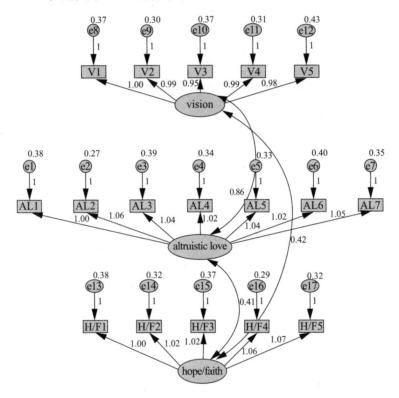

图 5-4　精神型领导验证性因子分析

表 5-10　精神型领导维度因子载荷（Standardized Regression Weights）

题项（精神型领导）	非标准化	S.E.	C.R.	P	标准化
我能理解并且致力实现组织愿景	1.00				0.874
所在的部门（团队）有对组织愿景的陈述，可以让我表现出最佳的状态	0.99	0.034	28.73	***	0.895
所在组织的愿景可以激励我提高工作绩效	0.95	0.035	26.73	***	0.863
对组织为员工设定的愿景充满信心	0.99	0.035	28.44	***	0.890

题项（精神型领导）	非标准化	S.E.	C.R.	P	标准化
所在组织的愿景很清晰，并且能够激发我的兴趣	0.98	0.037	26.16	***	0.854
相信我的组织，并愿意不惜一切来完成组织目标	1.00	0.034	27.75	***	0.861
坚持不懈并愿意付出额外的努力帮助我的组织成功，因为我对我的组织有信心	1.06	0.032	29.55	***	0.886
工作时总是竭尽所能，因为我对我的组织和领导有信心	1.04	0.034	28.34	***	0.870
会在工作中设定具有挑战性的目标，因为我相信我的组织，并希望我们能够成功	1.02	0.033	30.46	***	0.898
我会做帮助组织成功的一切事情，来证明我对组织的坚定信念	1.04				0.892
我的组织真的很关心员工	1.02	0.035	27.55	***	0.862
我的组织对员工很友善和体贴，当他们受苦时，想要做点什么	1.05	0.033	30.70	***	0.906
我所在组织的领导有勇气为员工挺身而出	1.00	0.035	27.90	***	0.867
领导会不定期与员工交流，了解员工想法	1.02	0.034	28.67	***	0.879
组织对我们而言是值得信赖的	1.02	0.034	29.00	***	0.883
组织不会惩罚员工的无心之失	1.06	0.035	27.41	***	0.860
上级领导很坦诚，不会狂妄自大	1.07				0.881

表 5-11 显示了精神型领导总体构念和各维度分别进行的验证性因子分析的结构，其中精神型领导的三个构念的验证性因子分析结果都达到了建议的标准。GFI、IFI、TLI、CFI 值均大于 0.9 的标准，RMSEA 值均小于 0.08，也符合建议的标准。愿景与希望／信念的 X^2/df 值小于 3，符合标准。利他之爱的 X^2/df 值为 3.478，略高于 3，但鉴于其他各项指标均良好，所以也基本符合标准。此外，精神型领导整体构念的验证性因子分析结果（GFI=0.966，IFI=0.996，TLI=0.995，CFI=0.996，RMSEA=0.024，X^2/df=1.304）全部达到专家建议的标准。综上，验证性分析结果显示精神型领导构念拟合度良好。

表 5-11　精神型领导量表各维度验证性因子分析指标

构念	GFI	IFI	TLI	CFI	RMSEA	X^2/df
愿景	0.996	1.000	1.000	1.000	0.014	1.099
希望 / 信念	0.996	1.000	1.000	1.000	0.000	0.900
利他之爱	0.973	0.990	0.986	0.990	0.070	3.478
精神型领导	0.966	0.996	0.995	0.996	0.024	1.304

二、情绪劳动量表的验证与修订

（一）探索性因子分析

课题组对情绪劳动量表中的数据进行了探索性因子分析，Kaiser-Meyer-Olkin（KMO）度量和 Bartlett 的球形度检验结果如表 5-12 所示。KMO 值为 0.951；近似卡方为 5194.727，自由度为 55，检验结果显著。结果表明（表 5-12），情绪劳动量表的相关研究样本适合做因子分析。

表 5-12　情绪劳动量表的 KMO 和 Bartlett 的检验

Kaiser-Meyer-Olkin 度量		0.951
Bartlett 的球形度检验	近似卡方	5194.727
	自由度	55
	显著性	0

根据以上研究结果，课题组采用主成分分析（principal component analysis）以及方差正交最大旋转（varimax with kaiser normalization）方法对情绪劳动量表的 11 个项目进行了因子分析。在选取因子数目时，课题组采用的标准是 Kaiser 法，该标准选取特征值 ≥ 1.0 的作为成分数。如表 5-13 所示，特征值大于 1 的因素一共有 2 个，这 2 个因素共可解释总变异的 79.909%。

表 5-13 情绪劳动量表探索性因子分析

成分	初始特征值			提取平方和载入			旋转平方和载入		
	合计	方差 /%	累积 /%	合计	方差 /%	累积 /%	合计	方差 /%	累积 /%
1	7.149	64.987	64.987	7.149	64.987	64.987	4.704	42.765	42.765
2	1.641	14.923	79.909	1.641	14.923	79.909	4.086	37.144	79.909
3	0.307	2.792	82.701						
4	0.301	2.735	85.436						
5	0.278	2.529	87.964						
6	0.260	2.361	90.326						
7	0.240	2.180	92.505						
8	0.230	2.093	94.598						
9	0.220	1.997	96.595						
10	0.203	1.848	98.443						
11	0.171	1.557	100.000						

表 5-14 为因子旋转后的成分矩阵，共有 2 个因子。表 5-14 中第 1 ～ 6 题项属于深层扮演维度，第 7 ～ 11 题项属于表层扮演维度。分析结果显示，情绪劳动量表的测量与开始的理论结构设想一致。

表 5-14 因子旋转后的成分矩阵

题项	成分	
	1	2
DA2	0.858	−0.307
DA5	0.851	−0.300
DA6	0.841	−0.247
DA4	0.840	−0.319
DA1	0.837	−0.298
DA3	0.826	−0.291

续 表

题项	成分	
	1	2
SA2	−0.288	0.860
SA3	−0.274	0.858
SA1	−0.246	0.848
SA5	−0.325	0.832
SA4	−0.352	0.824

提取方法：主成分分析。
旋转法：具有 Kaiser 标准化的正交旋转法。
旋转在 3 次迭代后收敛。

（二）验证性因子分析

在探索性因子分析的基础上，课题组又对情绪劳动的各维度和整体量表进行了验证性因子分析。结果显示，情绪劳动构念信度、区分效度良好。

图 5-5 显示了深层扮演维度验证性因子分析结果。表 5-15 中，深层扮演维度各题项的标准化因子载荷为 0.841 ~ 0.899，远大于 0.70 的标准。

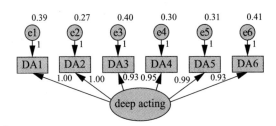

图 5-5　深层扮演验证性因子分析

表 5-15　深层扮演维度因子载荷

题项（深层扮演）	非标准化	S.E.	C.R.	P	标准化
DA1：在和顾客互动中，我的内心和外表看起来一样	1.00				0.863
DA2：开心工作的时候，我会克服自己的负面情绪，真心地用好的态度为他人服务	1.00	0.035	28.40	***	0.899

题项（深层扮演）	非标准化	S.E.	C.R.	*P*	标准化
DA3：就算是顾客有错，我还是会从他的角度出发，真诚地解决他的困难	0.93	0.037	25.16	***	0.844
DA4：对于工作中要表现的情绪，我会努力体会，而不仅仅是假装	0.95	0.035	27.30	***	0.881
DA5：如果必须在别人面前表现出某种情绪，我会尽可能使自己"发自内心"而非假装	0.99	0.036	27.56	***	0.885
DA6：为了工作，我会忘掉糟糕的心情，使自己能以好心情面对他人	0.93	0.037	24.99	***	0.841

表 5-16 显示了深层扮演构念的组合信度和平均方差萃取量，深层扮演的组合信度为 0.949，远高于 Hair 建议的标准（0.70 是可接受的门槛）。平均方差萃取量（AVE）值为 0.755，远高于 Fornell 和 Larcker 建议的标准（AVE 值应大于 0.50，0.36 ～ 0.50 为可接受门槛）。此外，课题组还使用 SPSS 软件对深层扮演各题项进行了可靠性分析，Cronbach's Alpha 值为 0.949（大于 0.70）。以上分析初步验证了深层扮演各题项的信度和结构效度。

表 5-16　题目组合信度及平均方差萃取量（深层扮演）

构念	题项	标准化因子载荷（Std. Factor Loading）	标准化因子载荷平方题目信度（SMC）	CR	*α*	AVE
深层扮演	DA1	0.863	0.745	0.948	0.949	0.755
	DA2	0.899	0.808			
	DA3	0.844	0.712			
	DA4	0.881	0.776			
	DA5	0.885	0.783			
	DA6	0.841	0.707			

图 5-6 显示了表层扮演维度验证性因子分析结果。表 5-17 中，表层扮演各题项的标准化因子载荷为 0.841 ～ 0.885，远大于 0.70 的标准。

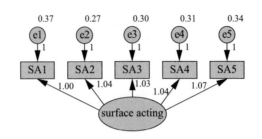

图 5-6　表层扮演验证性因子分析

表 5-17　表层扮演维度因子载荷

题项（表层扮演）	非标准化	S.E.	C.R.	P	标准化
SA1：我会装作心情很好，哪怕心中并非如此	1.00	0.038	24.80	***	0.841
SA2：我认为在工作时表达合适的情绪是一种表演	1.04	0.036	27.29	***	0.885
SA3：当我要在工作中表现特定情绪时，我只需要进行一下伪装	1.03	0.036	26.60	***	0.873
SA4：为表现出特定表情与态度，我会像戴"面具"一样，掩饰内心的真实感受	1.04	0.037	26.41	***	0.870
SA5：我会展现出工作需要的情绪，但不会改变目前自己内心的感受	1.07				0.865

表 5-18 显示了表层扮演构念的组合信度和平均方差萃取量，表层扮演的组合信度为 0.938，远大于 Hair 建议的标准（0.70 是可接受的门槛）。平均方差萃取量（AVE）值为 0.752，远高于 Fornell 和 Larcker 建议的标准（AVE 值应大于 0.50，0.36～0.50 为可接受门槛）。此外，课题组还使用 SPSS 软件对表层扮演各题项进行了可靠性分析，Cronbach's Alpha 值为 0.938（大于 0.70）。以上分析初步验证了表层扮演各题项的信度和结构效度。

表 5-18　题目组合信度及平均方差萃取量（表层扮演）

构念	题项	标准化因子载荷（Std. Factor Loading）	标准化因子载荷平方题目信度（SMC）	CR	α	AVE
表层扮演	SA1	0.841	0.707	0.938	0.938	0.752
	SA2	0.885	0.783			
	SA3	0.873	0.762			
	SA4	0.870	0.757			
	SA5	0.865	0.748			

在分别对情绪劳动各维度量表进行分析后，课题组将情绪劳动总体量表再次进行了验证性因子分析。图 5-7 显示了情绪劳动构念的总体验证性因子分析结果。表5-19 中，情绪劳动构念各题项的标准化因子载荷为 0.838～0.898，远大于 0.70 的标准。

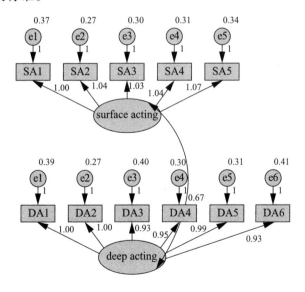

图 5-7　情绪劳动验证性因子分析

表 5-19 情绪劳动维度因子载荷

题项（情绪劳动）	非标准化	S.E.	C.R.	P	标准化
在和顾客互动中，我的内心和外表看起来一样	1.00				0.863
开心工作的时候，我会克服自己的负面情绪，真心地用好的态度为他人服务	1.04	0.035	28.47	***	0.898
就算的确是顾客有错，我还是会从他的角度出发，真诚地解决他的困难	1.03	0.037	25.25	***	0.844
对于工作中要表现的情绪，我会努力体会，而不仅仅是假装	1.04	0.035	27.45	***	0.882
如果必须在别人面前表现出某种情绪，我会尽可能使自己"发自内心"而非假装	1.07	0.036	27.62	***	0.885
为了工作，我会忘掉糟糕的心情，使自己能以好心情面对他人	1.00	0.037	24.95	***	0.839
我会装作心情很好，哪怕心中并非如此	1.00	0.037	24.84	***	0.838
我认为在工作时表达合适的情绪是一种表演	0.93	0.035	27.44	***	0.883
当我要在工作中表现特定情绪时，我只需要进行一下伪装	0.95	0.036	26.69	***	0.871
为表现出特定的表情与态度，我会像戴"面具"一样，掩饰内心真实的感受	0.99	0.036	26.91	***	0.875
我会展现出工作需要的情绪，但不会改变目前自己内心的感受	0.93				0.867

表 5-20 显示了情绪劳动总体构念和各维度分别进行的验证性因子分析的结构，其中情绪劳动的三个构念的验证性因子分析结果都达到了建议的标准。GFI、IFI、TLI、CFI 值均大于 0.9 的标准，RMSEA 值均小于 0.08，也符合建议的标准。表层扮演的 X^2/df 值小于 3，符合标准，深层扮演的 X^2/df 值为 3.182，略高于 3，但鉴于其他各项指标均良好，所以也基本符合标准（小于 5）。此外，情绪劳动整体构念的验证性因子分析结果（GFI=0.981，IFI=0.998，TLI=0.987，CFI=0.998，RMSEA=0.024，X^2/df=1.287）全部达到专家建议的标准。综上，验证性分析结果显示情绪劳动构念拟合度良好。

表 5-20 情绪劳动量表各维度验证性因子分析指标

项目	GFI	IFI	TLI	CFI	RMSEA	X^2/df
深层扮演	0.983	0.993	0.988	0.993	0.066	3.182
表层扮演	0.998	1.000	1.000	1.000	0.000	0.592
情绪劳动	0.981	0.998	0.987	0.998	0.024	1.287

通过探索性因子分析以及验证性因子分析，课题组对各个量表条目的内部一致性进行了验证，保证了量表的有效性。

三、工作旺盛量表的验证与修订

（一）探索性因子分析

课题组对工作旺盛量表中的数据进行了探索性因子分析，Kaiser-Meyer-Olkin（KMO）度量和 Bartlett 的球形度检验结果如表 5-21 所示。KMO 值为0.946；近似卡方为 3781.141，自由度为 45，检验结果显著。结果表明，工作旺盛量表的相关研究样本适合做因子分析。

表 5-21 工作旺盛量表的 KMO 和 Bartlett 的检验

Kaiser-Meyer-Olkin 度量		0.946
Bartlett 的球形度检验	近似卡方	3781.141
	自由度	45
	显著性	0

根据以上研究结果，课题组采用主成分分析以及方差正交最大旋转方法对工作旺盛量表的 10 个项目进行了因子分析。在选取因子数目时，课题组采用的标准是 Kaiser 法，该标准选取特征值 ≥ 1.0 的作为成分数。表 5-22 显示，特征值大于 1 的因素一共有 1 个，这 1 个因素可解释总变异的 64.312%。初步验证了工作旺盛量表。根据工作旺盛量表的描述，工作旺盛代表员工对生命力和学习感的共同体验。学习与活力维度是一个连续的统一体，缺一不可。也就是说，该量表成分可以是双因子模型，也可以是单因子模型。根据以往的分析结果，该量表双因子模型通过了检验，单因子模型也能通过检验。分析结果显示，

本研究中的工作旺盛量表为学习和活力合并后的单因子模型。表 5-23 为因子旋转后的成分矩阵，有 1 个因子。表 5-22 中的第 1 ～ 5 题项属于活力，第 6 ～ 10 题项属于学习维度。分析结果显示，工作旺盛量表的测量与开始的理论结构设想一致。

表 5-22　工作旺盛量表探索性因子分析

成分	初始特征值			提取平方和载入		
	合计	方差的 /%	累积 /%	合计	方差的 /%	累积 /%
1	6.431	64.312	64.312	6.431	64.312	64.312
2	0.864	8.635	72.947			
3	0.592	5.925	78.872			
4	0.466	4.663	83.535			
5	0.419	4.189	87.724			
6	0.288	2.876	90.600			
7	0.263	2.629	93.229			
8	0.254	2.540	95.769			
9	0.224	2.242	98.010			
10	0.199	1.990	100.000			

表 5-23　因子旋转后的成分矩阵

题项	成分
	1
VI4	0.877
VI3	0.873
VI2	0.873
VI5	0.853
VI1	0.844

续　表

题项	成分
	1
L5	0.755
L2	0.740
L1	0.731
L4	0.724
L3	0.723

提取方法：主成分分析。
已提取了 1 个成分。

（二）验证性因子分析

在探索性因子分析的基础上，课题组又对工作旺盛的各维度和整体量表进行了验证性因子分析。

图 5-8 显示了工作旺盛构念的总体验证性因子分析结果。

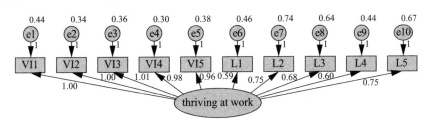

图 5-8　工作旺盛验证性因子分析

（VI 为活力，L 为学习）

表 5-24 中，工作旺盛构念各题项的标准化因子载荷为 0.662 ～ 0.881，符合因子载荷大于 0.60 的标准。

表 5-24　工作旺盛量表因子载荷

题项（活力和学习）	非标准化	S.E.	C.R.	P	标准化
VI1：我感到充满活力	1.00	0.037	25.82	***	0.844
VI2：我充满能量和精力	1.00	0.035	27.45	***	0.870

续 表

题项（活力和学习）	非标准化	S.E.	C.R.	P	标准化
VI3：我觉得没那么精力充沛	1.01				0.875
VI4：我感到敏锐和清醒	0.98	0.034	28.14	***	0.881
VI5：我期待每一天的到来	0.96	0.035	26.32	***	0.852
L1：我经常学习	0.59	0.032	17.8	***	0.673
L2：随着时间的推移，我学到越来越多的东西	0.75	0.041	17.74	***	0.672
L3：我看到自己在不断提高	0.68	0.038	17.36	***	0.662
L4：我不学习（R）	0.60	0.039	18.46	***	0.690
L5：作为个体，我已经获得了很大的发展	0.75	0.032	18.41	***	0.689

表 5-25 显示了工作旺盛构念的组合信度和平均方差萃取量，量表的组合信度为 0.937，远高于 Hair 建议的标准（0.70 是可接受的门槛）。平均方差萃取量（AVE）值为 0.603，高于 Fornell 和 Larcker 建议的标准（AVE 值应大于 0.50，0.36～0.50 为可接受门槛）。此外，课题组还使用 SPSS 软件对工作旺盛各题项进行了可靠性分析，Cronbach's Alpha 值为 0.937（大于 0.70）。以上分析初步验证了工作旺盛各题项的信度和结构效度。

表 5-25　组合信度及平均方差萃取量（工作旺盛）

构念	题项	标准化因子载荷 （Std. Factor Loading）	标准化因子载荷平方 题目信度（SMC）	CR	α	AVE
活力	VI1	0.844	0.712			
	VI2	0.870	0.757			
	VI3	0.875	0.766	0.937	0.937	0.603
	VI4	0.881	0.776			
	VI5	0.852	0.726			

构念	题项	标准化因子载荷 （Std. Factor Loading）	标准化因子载荷平方 题目信度（SMC）	CR	α	AVE
学习	L1	0.673	0.453	0.937	0.937	0.603
	L2	0.672	0.452			
	L3	0.662	0.438			
	L4	0.690	0.476			
	L5	0.689	0.475			

表 5-26 显示了工作旺盛总体构念的验证性因子分析的结果：GFI=0.895，IFI=0.937，TLI=0.919，CFI=0.937，RMSEA=0.075，X^2/df=3.659。这些指标基本达到专家建议的标准。综上，验证性分析结果显示工作旺盛拟合度良好。

表 5-26　工作旺盛量表验证性因子分析指标

构念	GFI	IFI	TLI	CFI	RMSEA	X^2/df
工作旺盛	0.895	0.937	0.919	0.937	0.075	3.659

第六章 精神型领导对情绪劳动影响的研究：工作旺盛的中介作用

根据前面的理论基础，课题组在数据收集的基础上进行了统计分析，首先对样本信度、效度以及差异性进行分析，然后对样本的分布情况进行了说明。在完成这些基础工作之后，课题组将数据输入之前建立的模型进行结构方程分析，以此来验证假设。

第一节 样本统计及信度、效度分析

一、样本统计

样本特征：本研究中的样本与酒店业一线服务人员的特点具有高度匹配性，具有较好的代表性。

（一）样本年龄和工作年限统计

从年龄分布看，被调查对象年龄为 18 ～ 55 岁，其中中青年占绝大多数，覆盖工作适龄人口范围，样本很好地体现了酒店工作人群的特征，显示了被调查酒店劳动人口的年轻化的趋势，也反映了酒店工作人员目前的状态。表 6-1 显示了样本的年龄统计情况。

表 6-1 样本年龄统计

年龄	样本数	占比	标准差
18 ～ 25 岁	139	27.31%	1.065
26 ～ 35 岁	157	30.84%	

年龄	样本数	占比	标准差
36 ～ 45 岁	120	23.58%	
46 ～ 55 岁	93	18.27%	1.065

员工的平均工作年限为 6.6 年，超过 96% 的员工在这个岗位上工作了 1 年以上，这确保了他们对自己的工作和领导有很好的了解。表 6-2 显示了样本的工作年限统计情况。

表 6-2　样本工作年限统计

工作年限	样本数	占比	标准差
6 个月～ 1 年	20	3.93%	
1 ～ 3 年	110	21.61%	
4 ～ 6 年	171	33.60%	1.102
7 ～ 10 年	121	23.77%	
超过 10 年	87	17.09%	

（二）样本性别统计

表 6-3 以及图 6-1 显示了样本的性别统计情况。

表 6-3　样本的性别统计

选项	小计	比例
男	265	52.06%
女	244	47.94%
合计	509	100%

占比/%

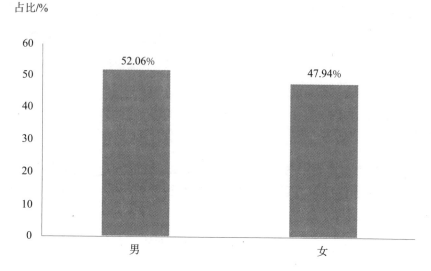

图 6-1　样本的性别统计图

　　从样本的性别统计情况看，男性占比略高，这是因为调查涉及酒店的大部分部门，虽然前厅部、客房部女性居多，但餐饮部、行政部门男性居多，因此总体样本显示男性略微多一些。一般而言，酒店男女比例基本相差不大，总体也符合酒店就业人口性别分布的规律。

（三）样本受教育程度统计

　　表 6-4 以及图 6-2 显示了样本的受教育程度统计情况。

表 6-4　样本受教育程度情况统计

选项	小计	比例
大专及以下	101	19.84%
本科	347	68.17%
硕士	61	11.98%
合计	509	100%

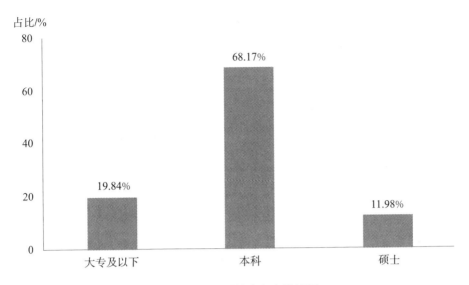

图 6-2 样本受教育程度统计图

从被调查样本的受教育程度情况统计看，本科占绝大多数，这显示了在我国东南发达城市酒店行业中，从事该项工作的员工素质不断提高，也显示了我国高等教育的成果斐然。越来越多的酒店对从业人员的素质要求不断提高。以前，人们不需要学历就可以从事酒店行业工作，现在很多酒店对员工提出了学历的要求，而且有些酒店将薪酬福利与学历挂钩，将升职提拔也与学历挂钩。

（四）样本涉及部门统计

问卷面向餐饮、前台、家政、行政办公室等部门，涉及当前酒店业的一线服务，从而保证了样本的代表性。餐饮部、客房部、前厅部、办公室等酒店部门在本次调查中均有涉及。其中，餐饮部被调查对象占 47.54%，这也反映出酒店对餐饮的重视，在我国近年来的经济变化中，酒店认识到了面对大众经营的重要性，在餐饮方面的改革是酒店行业近年来非常重视的问题。带来的变化就是餐饮的比重变得越来越大，餐饮对酒店吸引客源、增加收入起到了越来越重要的作用。表 6-5 显示了样本涉及的部门情况分布。

表 6-5 样本涉及部门情况统计

部门	酒店类型	占比	标准差
食品与饮料	242	47.54%	1.245
前台	68	13.36%	

续　表

部门	酒店类型	占比	标准差
客房	142	27.90%	
办公室	21	4.13%	1.245
其他部门	36	7.07%	

（五）样本涉及酒店类型统计

表6-6显示了样本酒店类型的情况。被调查酒店包括三星、四星和五星酒店，具有一定的代表性。近年来，酒店业发展迅猛，星级酒店数量大幅增加，其中三星、四星、五星酒店已经成为我国东南沿海城市常见的酒店类型。本研究针对这些具有代表性的星级酒店进行调查，总体样本具有一定的代表性。

表6-6　样本酒店类型统计

酒店类型	样本数	占比	标准差
三星	108	21.22%	
四星	268	52.65%	0.687
五星	133	26.13%	

二、各变量的描述性统计分析

（一）精神型领导变量描述性统计分析

在表6-7中，得分情况最高为5.00分，最低为1.00分，分数越高，则说明被调查对象的领导者越符合精神型领导特征；分数越低，则被调查对象的上级领导越不符合精神型领导的特征。从表6-7可以看出，愿景、希望/信念、利他之爱三个维度均值分别为3.6585、3.5965、3.6775；三个维度的标准差相差不大，分别为1.111 05、1.111 32、1.104 52。其中，利他之爱的均值最高，这表明管理者对员工的关爱越来越多。这也与我国酒店行业的发展有密切关系。目前，酒店行业也进入了4.0时代，传统文化的融入带给酒店更多的文化气息。绿色酒店、智慧酒店等称呼体现在表面，4.0时代更深层次的是将关爱用润物细无声的方式浸染至酒店的方方面面。愿景的均值排在第2位，这说明酒店行业对留人策略的一种改变。酒店管理者认识到愿景对员工的重要性，尤其是未来越来越多的新生代员工进入酒店，新生代员工的一个特征就是对物质方面的重视程度下降，对精神方面的需求增加，因此，没有愿景的激励是很难留下员工的。

表6-7　精神型领导变量描述性统计分析

维度	样本数	极小值	极大值	均值	标准差
愿景	509	1.00	5.00	3.6585	1.111 05
希望/信念	509	1.00	5.00	3.5965	1.111 32
利他之爱	509	1.00	5.00	3.6775	1.104 52

在表6-8中，"我能理解并致力实现组织愿景"的均值最高，标准差为1.257 89，表示整体差距不大。该均值显示出酒店对愿景的关注，从而对员工产生了一定的影响。越来越多的酒店关注自身的愿景，这和以往的酒店经营情况完全不同，以往的酒店往往只重视酒店的经济效益，而忽视了社会效益。酒店只重视物质，而轻视精神，随着社会的发展、竞争的加剧，那些短视的酒店被淘汰出局，而现今能够经营得好的正是一些关注员工精神需求、有着自身文化底蕴的酒店。这样的酒店会提出自己的愿景，并将愿景通过价值观灌输给员工，这也为员工提供了精神上的支撑，使得员工能够表现出更好的状态（均值为3.6699），从而激励员工提高工作绩效（均值为3.6660）。

表6-8　愿景变量描述性统计分析

愿景	样本数	极小值	极大值	均值	标准差
我能理解并且致力实现组织愿景	509	1.00	5.00	3.6955	1.257 89
所在的部门（团队）有对组织愿景的陈述，可以让我表现出最佳状态	509	1.00	5.00	3.6699	1.207 38
所在组织的愿景可以激励我提高工作绩效	509	1.00	5.00	3.6660	1.220 90
对组织为员工设定的愿景充满信心	509	1.00	5.00	3.6483	1.216 72
所在组织的愿景很清晰，并且能够激发我的兴趣	509	1.00	5.00	3.6130	1.260 20

在表6-9中，"相信我的组织，并愿意不惜一切来完成组织目标"的均值

最高，为 3.6267 分，标准差为 1.238 39，题项的打分情况整体差距不大。这说明员工在酒店愿景的召唤下，产生了强烈的信念，员工对酒店的愿景深信不疑，愿意为酒店的愿景而去奋斗，将自身的价值观与企业的价值观统合起来，形成了一种合力。员工对组织形成了强烈的认同感，因此对企业有信心，愿意付出额外的努力（均值为 3.6228）。

表 6-9　希望 / 信念变量描述性统计分析

希望 / 信念	样本数	极小值	极大值	均值	标准差
相信我的组织，并愿意不惜一切来完成组织目标	509	1.00	5.00	3.6267	1.238 39
坚持不懈并愿意付出额外的努力帮助组织成功，因为我对组织有信心	509	1.00	5.00	3.6228	1.204 96
工作时总是竭尽所能，因为我对我的组织和领导有信心	509	1.00	5.00	3.5855	1.249 83
会在工作中设定具有挑战性的目标，因为我相信组织，并希望能够成功	509	1.00	5.00	3.5815	1.213 33
我会做帮助组织成功的一切事情，来证明我对组织的坚定信念	509	1.00	5.00	3.5658	1.223 98

表 6-10 显示了精神型领导的利他之爱维度各题项的得分情况。各题项标准差为 1.215 58 ~ 1.257 65。这说明各题项整体差距不大。"我的组织很关心员工"的均值最高，为 3.7250 分，"我的组织对员工很友善和体贴，当员工受苦时，想要做点什么"的均值排在第 2 位，"我所在组织的领导有勇气为员工挺身而出"的均值排在第 3 位，"领导会不定期与员工交流，了解员工的想法"的均值排在第 4 位，"组织对我们而言是值得信赖的"的均值排在第 5 位。这表明员工感受到了组织的关爱，反映出酒店意识到员工的需求，并付诸实践，也表明了被调查者能够识别精神型领导对员工的关爱。

表 6-10　利他之爱变量描述性统计分析

利他之爱	样本数	极小值	极大值	均值	标准差
我的组织真的很关心员工	509	1.00	5.00	3.7250	1.257 65
我的组织对员工很友善和体贴，当员工受苦时，想要做点什么	509	1.00	5.00	3.6916	1.250 65

利他之爱	样本数	极小值	极大值	均值	标准差
我所在组织的领导有勇气为员工挺身而出	509	1.00	5.00	3.6876	1.237 00
领导会不定期与员工交流，了解员工的想法	509	1.00	5.00	3.6817	1.229 91
组织对我们而言是值得信赖的	509	1.00	5.00	3.6640	1.217 94
组织不会惩罚员工的无心之失	509	1.00	5.00	3.6483	1.224 79
上级领导很坦诚，不会狂妄自大	509	1.00	5.00	3.6444	1.215 58

（二）情绪劳动变量描述性统计分析

从表 6-11 可以看出，表层扮演和深层扮演的均值分别为 2.3587、3.5160。标准差分别为 1.011 79、1.060 05，表示两个变量的内部整体差距不大。深层扮演的得分较高但也只是中等偏上，这表明酒店员工平均采用深层扮演的程度并不是非常高，酒店员工的好客程度也处于中等偏上水平。表层扮演得分中等偏下，表明员工的状态不太符合表层扮演状态，也就是说，员工更偏向深层扮演的情况居多。

表 6-11 情绪劳动变量描述性统计分析

情绪劳动	样本数	极小值	极大值	均值	标准差
表层扮演	509	1.00	5.00	2.3587	1.011 79
深层扮演	509	1.00	5.00	3.5160	1.060 05

表 6-12 和表 6-13 反映了酒店员工情绪劳动的状态得分情况。总体来说，员工能在工作中忘掉糟糕的心情，以良好的状态面对顾客；更偏向理解酒店的需求，以酒店要求表现的状态来为顾客服务。

表 6-12 表层扮演变量描述性统计分析

表层扮演	样本数	极小值	极大值	均值	标准差
我会装作心情很好，哪怕心中并非如此	509	1.00	5.00	2.4165	1.129 16
我认为在工作时表达合适的情绪是一种表演	509	1.00	5.00	2.3851	1.108 78

续　表

表层扮演	样本数	极小值	极大值	均值	标准差
当我要在工作中表现特定情绪时，我只需要进行一下伪装	509	1.00	5.00	2.3792	1.120 51
为表现特定表情与态度，我会像戴"面具"一样，掩饰内心的真实感受	509	1.00	5.00	2.3084	1.124 68
我会展现出工作需要的情绪，但不会改变目前自己内心的感受	509	1.00	5.00	2.3045	1.168 65

表6-13　深层扮演变量描述性统计分析

深层扮演	样本数	极小值	极大值	均值	标准差
为了工作，我会忘掉糟糕的心情，使自己能以好心情面对他人	509	1.00	5.00	3.6090	1.178 21
对于工作中所要表现的情绪，我会努力体会，而不仅仅是假装	509	1.00	5.00	3.5187	1.156 18
在和顾客互动中，我的内心和外表看起来一样	509	1.00	5.00	3.5187	1.238 39
开心工作的时候，我会克服自己的负面情绪，真心地用好的态度为他人服务	509	1.00	5.00	3.5147	1.186 49
如果必须在别人面前表现出某种情绪，我会尽可能使自己"发自内心"而非假装	509	1.00	5.00	3.4971	1.196 49
就算是顾客有错，我还是会从他的角度出发，真诚地解决他的困难	509	1.00	5.00	3.4381	1.174 95

（三）工作旺盛变量描述性统计分析

量表得分情况，最高为5分，最低为1分。分数越高，则说明被调查对象的状态越符合工作旺盛特征；分数越低，则说明被调查对象的状态越不符合工作旺盛特征。从表6-14可以看出，学习和活力的均值分别为3.4385、3.6299，标准差分别为0.821 71、1.075 37，表示两个变量的内部整体差距不大。其中，活力的均值最高，这表明酒店员工的活力处于中等偏上水平。如果员工缺乏活力，那么他们在工作中体现出的状态是萎靡不振的，对工作没有兴趣；而活力处于中等偏上水平意味着酒店员工具备一定的活力，对工作有一定的积极主动性。学习维度的均值也处于中等偏上水平，这意味着大部分员工认为在酒店工作的过程中能够学习到新的技能，能不断提升自己，这对员工而言具有一定的激励作用。

表6-14　工作旺盛变量描述性统计分析

工作旺盛	样本数	极小值	极大值	均值	标准差
学习	509	1.2	5	3.4385	0.821 71
活力	509	1	5	3.6299	1.075 37

表6-15显示了活力量表中各题项的得分情况，其中"我感到充满活力"的均值最高，这显示了酒店员工在工作中能感受到活力，并且在工作中处于感受到充满能量和精力的一种状态。

表6-15　活力变量描述性统计分析

活力	样本数	极小值	极大值	均值	标准差
我感到充满活力	509	1.00	5.00	3.6444	1.191 04
我充满能量和精力	509	1.00	5.00	3.6326	1.231 40
我觉得没那么精力充沛（R）	509	1.00	5.00	3.6306	1.176 01
我感到敏锐和清醒	509	1.00	5.00	3.6228	1.235 61
我期待每一天的到来	509	1.00	5.00	3.6189	1.158 72

表6-16显示了学习维度的得分情况。根据得分情况可以发现，员工能在工作中学习到新的知识和技能，并且随着时间的推移，还能学到越来越多的东西，并且感觉到自己在不断提高。

表6-16　学习变量描述性统计分析

学习	样本数	极小值	极大值	均值	标准差
我经常学习	509	1.00	5.00	3.4912	1.161 40
随着时间的推移，我学到越来越多的东西	509	1.00	5.00	3.4676	1.130 04

续 表

学习	样本数	极小值	极大值	均值	标准差
我看到自己在不断提高	509	1.00	5.00	3.4224	0.911 63
我不学习（R）	509	1.00	5.00	3.4165	1.070 08
作为个体，我已经获得了很大的发展	509	1.00	5.00	3.3949	0.917 49

三、人口统计学变量对精神型领导的影响

（一）性别对精神型领导的影响

从表 6-17 可以看出，不同性别的员工对精神型领导的感知没有显著差异。在愿景维度方面，男性的均值为 3.60，女性的均值为 3.72。在希望 / 信念维度方面，男性的均值为 3.60，女性的均值为 3.59；在利他之爱维度方面，男性的均值为 3.68，女性的均值为 3.67。三个维度的标准差相差不大。从以上数据不难看出不同性别的酒店员工感知到的精神型领导的状态相差不大。

表 6-17　性别对精神型领导的影响的单因素方差分析

变量	维度	性别	样本数	均值	标准差	标准误	均值的 95% 置信区间		极小值	极大值	F	显著性
							下限	上限				
精神型领导	愿景	男	265	3.60	1.14	0.07	3.46	3.74	1.00	5.00	1.58	0.21
		女	244	3.72	1.07	0.07	3.59	3.86	1.00	5.00		
	希望 / 信念	男	265	3.60	1.10	0.07	3.47	3.74	1.00	5.00	0.03	0.86
		女	244	3.59	1.13	0.07	3.45	3.73	1.00	5.00		
	利他之爱	男	265	3.68	1.08	0.07	3.55	3.81	1.00	5.00	0.01	0.93
		女	244	3.67	1.14	0.07	3.53	3.82	1.00	5.00		

（二）年龄对精神型领导的影响

表 6-18 显示了不同年龄的员工对精神型领导的感知差异。同样，根据分析的结果，不同年龄的员工对精神型领导的不同维度感知差别不显著。

表 6-18　年龄对精神型领导的影响的单因素方差分析

变量	维度	年龄	样本数	均值	标准差	标准误	均值的95%置信区间		极小值	极大值	F	显著性
							下限	上限				
精神型领导	愿景	18～25岁	139	3.63	1.14	0.10	3.44	3.82	1.00	5.00	1.98	0.12
		26～35岁	157	3.83	0.97	0.08	3.68	3.98	1.20	5.00		
		36～45岁	120	3.57	1.20	0.11	3.35	3.79	1.00	5.00		
		46～55岁	93	3.52	1.15	0.12	3.29	3.76	1.00	5.00		
	希望/信念	18～25岁	139	3.47	1.19	0.10	3.27	3.67	1.00	5.00	2.18	0.09
		26～35岁	157	3.77	1.00	0.08	3.61	3.93	1.00	5.00		
		36～45岁	120	3.61	1.09	0.10	3.41	3.80	1.00	5.00		
		46～55岁	93	3.49	1.18	0.12	3.25	3.73	1.00	5.00		
	利他之爱	18～25岁	139	3.65	1.14	0.10	3.46	3.84	1.00	5.00	0.06	0.98
		26～35岁	157	3.70	1.10	0.09	3.53	3.87	1.00	5.00		
		36～45岁	120	3.69	1.08	0.10	3.49	3.88	1.00	4.86		
		46～55岁	93	3.67	1.11	0.12	3.44	3.90	1.00	5.00		

（三）受教育程度对精神型领导的影响

表 6-19 显示了不同受教育程度的酒店员工对精神型领导的感知差异。根据分析的结果，不同受教育程度的员工对精神型领导的不同维度感知结果不显著。

表6-19　受教育程度对精神型领导的影响的单因素方差分析

变量	维度	学历	样本数	均值	标准差	标准误	均值的95%置信区间		极小值	极大值	F	显著性
							下限	上限				
精神型领导	愿景	大专及以下	101	3.69	1.10	0.11	3.47	3.90	1.00	5.00	0.07	0.94
		本科	347	3.66	1.13	0.06	3.54	3.78	1.00	5.00	0.07	0.94
		硕士	61	3.62	1.03	0.13	3.36	3.88	1.00	4.80		
	希望/信念	大专及以下	101	3.61	1.08	0.11	3.40	3.82	1.00	5.00	0.05	0.95
		本科	347	3.59	1.13	0.06	3.47	3.71	1.00	5.00		
		硕士	61	3.63	1.08	0.14	3.35	3.91	1.00	5.00		
	利他之爱	大专及以下	101	3.67	1.13	0.11	3.44	3.89	1.00	5.00	0.01	0.99
		本科	347	3.68	1.10	0.06	3.56	3.80	1.00	5.00		
		硕士	61	3.68	1.10	0.14	3.40	3.96	1.14	4.86		

（四）工作年限对精神型领导的影响

表6-20显示了不同工作年限的员工对精神型领导的感知差异。分析结果显示，工作年限在6个月～1年的员工对精神型领导的感知与工作1～3年、4～6年、7～10年以及10年以上的员工存在差异性。这表明刚入职的员工对精神型领导的感知更强烈。随着时间的推移，这种感知趋于平稳。

表 6-20　工作年限对精神型领导的影响的单因素方差分析

变量	维度	工作年限	样本数	均值	标准差	标准误	均值的95%置信区间		极小值	极大值	F	显著性
							下限	上限				
精神型领导	愿景	6个月~1年	20	4.22	0.51	0.11	3.98	4.46	3.20	5.00	3.53	0.01
		1~3年	110	3.43	1.25	0.12	3.19	3.66	1.00	5.00	3.53	0.01
		4~6年	171	3.60	1.11	0.08	3.43	3.76	1.00	5.00		
		7~10年	121	3.72	1.11	0.10	3.52	3.92	1.00	4.80		
		10年以上	87	3.86	0.95	0.10	3.66	4.07	1.20	5.00		
	希望/信念	6个月~1年	20	4.23	0.52	0.12	3.99	4.47	3.00	5.00	2.79	0.03
		1~3年	110	3.50	1.18	0.11	3.27	3.72	1.00	5.00		
		4~6年	171	3.48	1.24	0.10	3.29	3.67	1.00	5.00		
		7~10年	121	3.65	0.98	0.09	3.48	3.83	1.00	4.80		
		10年以上	87	3.73	0.95	0.10	3.53	3.94	1.00	5.00		
	利他之爱	6个月~1年	20	4.27	0.36	0.08	4.10	4.44	3.29	4.71	5.03	0.00
		1~3年	110	3.51	1.14	0.11	3.30	3.73	1.14	5.00		
		4~6年	171	3.49	1.22	0.09	3.30	3.67	1.00	5.00		
		7~10年	121	3.90	1.01	0.09	3.72	4.08	1.00	5.00		
		10年以上	87	3.82	0.94	0.10	3.62	4.02	1.00	5.00		

四、人口统计学变量对情绪劳动的影响

（一）性别对情绪劳动的影响

表 6-21 显示了不同性别的员工在情绪劳动方面的差异。结果显示，不同性别的员工在情绪劳动方面没有显著差异。

表6-21　性别对情绪劳动的影响的单因素方差分析

变量	维度	性别	样本数	均值	标准差	标准误	均值的95%置信区间		极小值	极大值	F	显著性
							下限	上限				
情绪劳动	表层扮演	男	265	2.39	1.03	0.06	2.27	2.51	1.00	5.00	0.51	0.48
		女	244	2.33	1.00	0.06	2.20	2.45	1.00	5.00		
	深层扮演	男	265	3.48	1.07	0.07	3.36	3.61	1.00	5.00	0.48	0.49
		女	244	3.55	1.05	0.07	3.42	3.68	1.00	5.00		

（二）年龄对情绪劳动的影响

表 6-22 显示了不同年龄的员工在情绪劳动方面的差异。结果显示，不同年龄的员工在情绪劳动方面没有显著差异。

表6-22　年龄对情绪劳动的影响的单因素方差分析

变量	维度	年龄	样本数	均值	标准差	标准误	均值的95%置信区间		极小值	极大值	F	显著性
							下限	上限				
情绪劳动	表层扮演	18～25岁	139	2.37	0.96	0.08	2.20	2.53	1.00	5.00	0.70	0.55
		26～35岁	157	2.27	1.03	0.08	2.11	2.43	1.00	5.00		
		36～45岁	120	2.40	1.04	0.09	2.21	2.59	1.20	5.00		
		46～55岁	93	2.45	1.03	0.11	2.24	2.66	1.00	5.00		

续　表

变量	维度	年龄	样本数	均值	标准差	标准误	均值的95%置信区间		极小值	极大值	F	显著性
							下限	上限				
情绪劳动	深层扮演	18～25岁	139	3.56	1.07	0.09	3.38	3.73	1.00	5.00	0.55	0.65
		26～35岁	157	3.53	1.00	0.08	3.37	3.69	1.00	5.00		
		36～45岁	120	3.55	1.07	0.10	3.36	3.75	1.00	5.00		
		46～55岁	93	3.39	1.13	0.12	3.16	3.62	1.00	5.00		

（三）受教育程度对情绪劳动的影响

表6-23显示了受教育程度不同的员工在情绪劳动方面的差异。结果显示，受教育程度不同的员工在情绪劳动方面没有显著差异。

表6-23　受教育程度对情绪劳动的影响的单因素方差分析

变量	维度	学历	样本数	均值	标准差	标准误	均值的95%置信区间		极小值	极大值	F	显著性
							下限	上限				
情绪劳动	表层扮演	大专及以下	101	2.42	1.05	0.10	2.21	2.62	1.00	5.00	0.28	0.75
		本科	347	2.34	0.99	0.05	2.23	2.44	1.00	5.00		
		硕士	61	2.39	1.05	0.14	2.12	2.66	1.00	5.00		
	深层扮演	大专及以下	101	3.45	1.01	0.10	3.25	3.65	1.00	5.00	0.40	0.67
		本科	347	3.54	1.07	0.06	3.43	3.66	1.00	5.00		
		硕士	61	3.46	1.09	0.14	3.18	3.74	1.00	4.83		

（四）工作年限对情绪劳动的影响

表 6-24 显示了工作年限不同的员工在情绪劳动方面的差异。结果显示，工作年限不同的员工在情绪劳动方面有显著差异。员工刚进入酒店时，愿意展现出一种积极的状态，因此，入职时间越短的员工的深层扮演分值越高，表层扮演分值越低。随着入职时间的增加，部分员工认为自己已经成为老员工，表现欲望下降。此外，受到工作倦怠等因素的影响，员工状态也会下滑。因此，员工表现出深层扮演行为减少以及表层扮演行为增加。

表 6-24　工作年限对情绪劳动的影响的单因素方差分析

变量	维度	工作年限	样本数	均值	标准差	标准误	均值的95%置信区间		极小值	极大值	F	显著性
							下限	上限				
情绪劳动	表层扮演	6个月～1年	20	1.70	0.40	0.09	1.51	1.89	1.00	2.40	3.40	0.01
		1～3年	110	2.39	0.99	0.09	2.21	2.58	1.00	4.80		
		4～6年	171	2.50	1.10	0.08	2.34	2.67	1.00	5.00		
		7～10年	121	2.30	0.98	0.09	2.12	2.47	1.00	5.00		
		10年以上	87	2.26	0.94	0.10	2.06	2.46	1.00	5.00		
	深层扮演	6个月～1年	20	4.15	0.46	0.10	3.93	4.37	3.00	5.00	3.90	0.00
		1～3年	110	3.35	1.09	0.10	3.14	3.55	1.00	5.00		
		4～6年	171	3.40	1.19	0.09	3.22	3.58	1.00	5.00		
		7～10年	121	3.68	0.93	0.08	3.52	3.85	1.00	4.83		
		10年以上	87	3.58	0.92	0.10	3.38	3.77	1.00	5.00		

五、人口统计学变量对工作旺盛的影响

（一）性别对工作旺盛的影响

表 6-25 显示了不同性别的员工在工作旺盛方面的差异。结果显示，不同性别的员工在工作旺盛的学习和活力维度没有显著差异。

表 6-25 性别对工作旺盛的影响的单因素方差分析

变量	维度	性别	样本数	均值	标准差	标准误	均值的95%置信区间		极小值	极大值	F	显著性
							下限	上限				
工作旺盛	学习	男	265	3.39	0.82	0.05	3.29	3.49	1.20	5.00	2.23	0.136
		女	244	3.50	0.82	0.05	3.39	3.60	1.40	5.00		
	活力	男	265	3.54	1.09	0.07	3.41	3.67	1.00	5.00	3.78	0.052
		女	244	3.73	1.06	0.07	3.59	3.86	1.20	5.00		

（二）年龄对工作旺盛的影响

表 6-26 显示了不同年龄的员工在工作旺盛方面的差异。结果显示，不同年龄的员工在工作旺盛方面没有显著差异。

表 6-26 年龄对工作旺盛的影响的单因素方差分析

变量	维度	年龄	样本数	均值	标准差	标准误	均值的95%置信区间		极小值	极大值	F	显著性
							下限	上限				
工作旺盛	活力	18～25岁	139	3.56	1.10	0.09	3.37	3.74	1.20	5.00	0.78	0.50
		26～35岁	157	3.73	1.00	0.08	3.57	3.89	1.20	5.00		
		36～45岁	120	3.63	1.10	0.10	3.43	3.83	1.00	4.80		
		46～55岁	93	3.57	1.13	0.12	3.33	3.80	1.20	5.00		

续　表

变量	维度	年龄	样本数	均值	标准差	标准误	均值的95%置信区间		极小值	极大值	*F*	显著性
							下限	上限				
工作旺盛	学习	18～25岁	139	3.42	0.85	0.07	3.28	3.57	1.60	5.00	0.50	0.68
		26～35岁	157	3.50	0.80	0.06	3.38	3.63	1.20	5.00		
		36～45岁	120	3.41	0.83	0.08	3.26	3.56	1.20	4.60		
		46～55岁	93	3.39	0.80	0.08	3.22	3.55	1.60	5.00		

（三）受教育程度对工作旺盛的影响

表6-27显示了受教育程度不同的员工在工作旺盛方面的差异。结果显示，受教育程度不同的员工在工作旺盛方面没有显著差异。

表6-27　受教育程度对工作旺盛的影响的单因素方差分析

变量	维度	学历	样本数	均值	标准差	标准误	均值的95%置信区间		极小值	极大值	*F*	显著性
							下限	上限				
工作旺盛	学习	大专及以下	101	3.46	0.83	0.08	3.30	3.63	1.60	5.00	0.14	0.87
		本科	347	3.43	0.82	0.04	3.34	3.51	1.20	5.00		
		硕士	61	3.48	0.83	0.11	3.26	3.69	1.20	4.60		
	活力	大专及以下	101	3.63	1.07	0.11	3.41	3.84	1.20	5.00	0.23	0.79
		本科	347	3.65	1.08	0.06	3.53	3.76	1.00	5.00		
		硕士	61	3.54	1.09	0.14	3.27	3.82	1.20	4.80		

（四）工作年限对工作旺盛的影响

表6-28显示了工作年限不同的员工在工作旺盛方面的差异。结果显示，工作年限不同的员工在工作旺盛方面有显著差异。工作年限越短，旺盛感越强；随着工作年限的增加，员工的工作旺盛感逐渐减弱，员工活力开始降低，在酒店中学习的积极性下降。此外，工作年限变长，员工对酒店工作的新鲜感降低，而且重复工作会使员工对工作本身产生疲惫，进而减弱旺盛感。这基本符合客观规律。

表6-28　工作年限对工作旺盛的影响的单因素方差分析

变量	维度	工作年限	样本数	均值	标准差	标准误	均值的95%置信区间 下限	均值的95%置信区间 上限	极小值	极大值	F	显著性
工作旺盛	学习	6个月～1年	20	4.03	0.43	0.10	3.83	4.23	3.00	4.80	4.14	0.00
		1～3年	110	3.32	0.82	0.08	3.16	3.47	1.20	5.00		
		4～6年	171	3.36	0.87	0.07	3.22	3.49	1.40	5.00		
		7～10年	121	3.52	0.76	0.07	3.39	3.66	1.20	4.60		
		10年以上	87	3.50	0.80	0.09	3.33	3.67	1.60	5.00		
	活力	6个月～1年	20	4.24	0.39	0.09	4.06	4.42	3.20	5.00	3.18	0.01
		1～3年	110	3.44	1.15	0.11	3.22	3.66	1.20	5.00		
		4～6年	171	3.57	1.13	0.09	3.40	3.74	1.00	5.00		
		7～10年	121	3.77	1.02	0.09	3.58	3.95	1.20	5.00		
		10年以上	87	3.66	0.99	0.11	3.45	3.87	1.60	5.00		

六、信度和效度分析

（一）同源偏差的控制和验证

本研究的数据为酒店行业一线服务人员的自我评估数据，存在常见方法差异的风险。为了进一步检验常见方法偏差的存在性，课题组使用了"不可测量潜在方法因子效应控制法"（controlling for effects of an unmeasured latent methods factor）。[1] 如表 6-29 所示，在六因子模型中加入共同方法因子后，模型拟合指标的改善不显著，说明没有严重的共同方法偏差。

表 6-29　验证性因素分析结果

模型	因子	GFI	IFI	TLI	CFI	RMSEA	X^2/df
六因子 +共同因子模型	V,H/F,AL,TW,SA,DA, common method factor	0.913	0.986	0.985	0.970	0.033	1.569
六因子模型	V,H/F,AL,TW,SA,DA	0.913	0.986	0.983	0.984	0.030	1.443
五因子模型	V,H/F,AL,TW,SA+DA	0.734	0.915	0.908	0.915	0.068	3.375
四因子模型	V,H/F,AL,TW+SA+DA	0.624	0.853	0.843	0.853	0.089	5.063
三因子模型	V,H/F+AL,TW+SA+DA	0.514	0.734	0.717	0.733	0.120	8.335
二因子模型	V+H/F+AL,TW+SA+DA	0.424	0.614	0.590	0.613	0.145	11.608
单因子模型	VI+H/F+AL+TW+SA+DA	0.379	0.543	0.516	0.542	0.157	13.539

注：V为愿景，H/F为希望/信念，AL为利他之爱，TW为工作旺盛，SA为表层扮演，DA为深层扮演。

（二）信度和效度验证

可靠性测试从内部两个方面进行：一致性信度（Cronbach's α 系数）和组合可靠性（CR 值）。结果见表 6-30：各变量的内部一致性系数为 0.938 ~ 0.959，均大于 0.70；CR 值为 0.937 ~ 0.959，均大于 0.70，说明各测量变量都具有良好的可靠性和一致性。

---

①PODSAKOFF P M, MACKENZIE S B, LEE J Y, et al. Common method biases in behavioral research: a critical review of the literature and recommended remedies[J]. Journal of applied psychology, 2003, 88(5): 879-903.

课题组计算了构造变量的平均方差提取量（AVE）和CR。AVE值不应小于 0.50，CR 系数不应小于 0.70。题项的所有因素载荷范围为 0.662 ～ 0.906（表6-30），超过了 0.40 的最小截止点，实现了内部一致性。所有的复合信度值均超过 0.70，Cronbach's α 和 AVE 值均高于最低可靠性标准。因此，该测量模型的信度和效度通过了检验。

表 6-30　测量模型结果

构念	题项	因素载荷	α	CR	AVE
愿景	V1	0.874	0.942	0.942	0.766
	V2	0.894			
	V3	0.864			
	V4	0.890			
	V5	0.853			
希望 / 信念	H/F1	0.862	0.946	0.946	0.777
	H/F2	0.884			
	H/F3	0.869			
	H/F4	0.900			
	H/F5	0.892			
利他之爱	AL1	0.863	0.959	0.959	0.769
	AL2	0.906			
	AL3	0.867			
	AL4	0.878			
	AL5	0.884			
	AL6	0.860			
	AL7	0.881			

续　表

构念	题项	因素载荷	α	CR	AVE
深层扮演	DA1	0.863	0.948	0.949	0.755
	DA2	0.899			
	DA3	0.844			
	DA4	0.881			
	DA5	0.885			
	DA6	0.841			
表层扮演	SA1	0.841	0.938	0.938	0.752
	SA2	0.885			
	SA3	0.873			
	SA4	0.870			
	SA5	0.865			
工作旺盛	VI1	0.844	0.938	0.937	0.603
	VI2	0.870			
	VI3	0.875			
	VI4	0.881			
	VI5	0.852			
	L1	0.673			
	L2	0.672			
	L3	0.662			
	L4	0.689			
	L5	0.690			

　　相关变量的相关系数、标准差和平均值如表6-31所示。愿景与工作旺盛呈正相关（$r = 0.525**$，$p < 0.01$），希望/信念与工作旺盛呈正相关（$r = 0.500**$，$p < 0.01$），利他之爱与工作旺盛呈正相关（$r = 0.490**$，$p < 0.01$），

H2a、H2b 和 H2c 得到初步支持。愿景与深层扮演呈正相关（r = 0.510**，p < 0.01），希望／信念与深层扮演呈正相关（r = 0.510**，p < 0.01），利他之爱与深层扮演呈正相关（r = 0.540**，p < 0.01），H1a、H1b 和 H1c 得到初步支持。愿景与表层扮演呈负相关（r = -0.53**，p < 0.01），希望／信念与表层扮演呈负相关（r = -0.480**，p < 0.01），利他之爱与表层扮演呈负相关（r = -0.510**，p < 0.01），H1d、H1e 和 H1f 得到初步支持。工作旺盛与深层扮演呈正相关（r = 0.640**，p < 0.01），初步支持 H3a。工作旺盛与表层扮演呈负相关（r = -0.670**，p < 0.01），初步支持 H3b。当每个构念的值的平方根大于相应构念的相关系数时，人们可以得出判别效度显著的结论。每个构念的 AVE 值的平方根都大于相关性，且该值都大于 0.50。因此，该模型的判别效度和收敛效度均较显著。

表 6-31　描述性统计的结果及相关性

	Mean	SD	AVE	V	H/F	AL	TW	SA	DA
V	3.66	1.11	0.766	（0.875）					
H/F	3.60	1.11	0.777	0.342**	（0.881）				
AL	3.68	1.10	0.769	0.299**	0.360**	（0.877）			
TW	3.60	1.11	0.603	0.525**	0.500**	0.490**	（0.776）		
SA	2.36	1.01	0.765	-0.530**	-0.480**	-0.510**	-0.670**	（0.867）	
DA	3.52	1.06	0.752	0.510**	0.510**	0.540**	0.640**	-0.620**	（0.868）

注：** 表示 p < 0.01；AVE 的平方根在对角线上。V 为愿景，H/F 为希望／信念，AL 为利他之爱，TW 为工作旺盛，SA 为表层扮演，DA 为深层扮演。

（三）多重共线性分析

课题组还对这些变量进行了共线性诊断，如表 6-32 所示。假设模型的所有方差膨胀因子（VIF）值都远低于 10，且公差统计量远高于 0.2，说明在本研究中不存在多重共线性。

表 6-32 共线性分析

模型	非标准化系数		标准系数	t	显著性	共线性统计量	
	B	标准误差	试用版			容差	VIF
常量	0.134	0.314		0.426	0.670		
V2	0.309	0.049	0.299	6.376	0.000	0.262	3.820
V3	0.135	0.047	0.129	2.880	0.004	0.286	3.501
V4	0.278	0.048	0.269	5.749	0.000	0.263	3.806
V5	0.232	0.043	0.232	5.377	0.000	0.309	3.237
H/F1	0.034	0.047	0.033	0.736	0.462	0.285	3.511
H/F2	−0.012	0.051	−0.012	−0.239	0.811	0.237	4.211
H/F3	−0.002	0.047	−0.002	−0.045	0.964	0.272	3.680
H/F4	0.010	0.051	0.010	0.206	0.837	0.231	4.324
H/F5	0.015	0.049	0.015	0.312	0.755	0.239	4.191
AL1	0.044	0.048	0.043	0.920	0.358	0.265	3.769
AL2	−0.026	0.055	−0.025	−0.469	0.639	0.200	4.994
AL3	−0.088	0.048	−0.088	−1.812	0.071	0.247	4.047
AL4	−0.067	0.050	−0.065	−1.339	0.181	0.243	4.111
AL5	0.086	0.050	0.084	1.710	0.088	0.241	4.156
AL6	0.067	0.047	0.066	1.406	0.160	0.265	3.772
AL7	−0.005	0.050	−0.005	−0.108	0.914	0.230	4.347
VI1	0.001	0.045	0.001	0.013	0.990	0.300	3.337
VI2	0.033	0.050	0.031	0.661	0.509	0.261	3.825
VI3	0.064	0.049	0.062	1.297	0.195	0.248	4.024
VI4	0.031	0.053	0.029	0.589	0.556	0.238	4.200
VI5	−0.007	0.048	−0.007	−0.151	0.880	0.285	3.513

模型	非标准化系数		标准系数	t	显著性	共线性统计量	
	B	标准误差	试用版			容差	VIF
L1	−0.041	0.047	−0.030	−0.878	0.380	0.489	2.044
L2	0.015	0.041	0.014	0.362	0.717	0.407	2.456
L3	0.023	0.040	0.020	0.573	0.567	0.494	2.025
L4	−0.032	0.048	−0.023	−0.663	0.508	0.480	2.082
L5	−0.071	0.043	−0.064	−1.650	0.100	0.387	2.586
SA1	0.056	0.047	0.050	1.182	0.238	0.324	3.085
SA2	−0.073	0.054	−0.064	−1.341	0.180	0.253	3.950
SA3	0.030	0.051	0.027	0.587	0.557	0.277	3.611
SA4	0.001	0.052	0.001	0.022	0.983	0.261	3.837
SA5	0.008	0.049	0.008	0.169	0.866	0.282	3.548
DA1	0.059	0.046	0.058	1.281	0.201	0.278	3.592
DA2	−0.002	0.054	−0.002	−0.046	0.963	0.222	4.510
DA3	−0.049	0.048	−0.046	−1.024	0.306	0.291	3.434
DA4	−0.041	0.052	−0.037	−0.778	0.437	0.251	3.987
DA5	−0.041	0.051	−0.039	−0.801	0.424	0.247	4.052
DA6	0.003	0.047	0.003	0.074	0.941	0.302	3.313

因变量：V1

第二节　精神型领导对情绪劳动的影响分析

一、测量模型分析：验证性因子分析

如表 6-29 所示，课题组估计了 6 个不同的模型来验证该模型。它们分别是工作旺盛、愿景、希望／信念、利他之爱、深层扮演和表层扮演。课题组在五因子模型中结合了深层扮演和表层扮演。在四因子模型中，课题组分别将工作旺盛、深层扮演和表层扮演结合起来。在三因子模型中，课题组将工作旺盛、深层扮演和表层扮演结合为一个因子，并将希望／信念和利他之爱合并为一个因子。在二因子模型中，课题组将工作旺盛、深层扮演和表层扮演融合为一个因子，同时将愿景、希望／信念和利他之爱作为二因子模型中的另一个因子。最后，在单因子模型中，课题组将愿景、希望／信念、利他之爱、工作旺盛、深层扮演和表层扮演作为单因子模型中的一个因子。课题组使用 AMOS 23.0 进行了验证性因子分析（CFA）。六因子模型（基本模型）的拟合指数显示出了可接受的拟合度：X^2（卡方）$= 938.132$，df（自由度）$= 650$，X^2/df（卡方／自由度）$= 1.443$（<3），RMSEA $= 0.030$，CFI $= 0.984$（>0.90），IFI $= 0.986$（>0.90），GFI $= 0.913$（>0.80）。Hair et al. 建议，如果 GFI 值和 CFI 值高于 0.90，则最好；如果高于 0.80，则可接受。[1]Bollen 建议，如果 IFI 值高于 0.90，则最好。[2] 如果 RMSEA 值介于 0.05 ～ 0.08，则模型基本上可以接受；如果 RMSEA 值小于 0.05，则模型很好。c 在单因子模型、二因子模型、三因子模型和四因子模型中，RMSEA 值大于 0.08，超过了建议值。在五因子模型中，GFI 值未达到 0.80，不在推荐范围内。结果表明，六因子模型具有最佳的拟合效果。

图 6-3 为单因子模型图，课题组将所有变量加载在一个因子上，模型运转结果显示，$X^2/df=13.539$，RMSEA$=0.157$，NFI$=0.524$，TLI$=0.516$，CFI$=0.542$，所有拟合度指标均不在可接受的范围。

①HAIR J F, BLACK W C, BABIN B J, et al. Multivariate data analysis[M]. 7th ed. New York: Pearson Education, 2009: 23-65.

②BOLLEN K A. A new incremental fit index for general structural equation models[J]. Sociological methods and research, 1989, 17(3): 303-316.

③BROWNE M W, CUDECK R. Alternative ways of assessing model fit[J]. Sociological Methods and research, 1993, 21(2): 230-258.

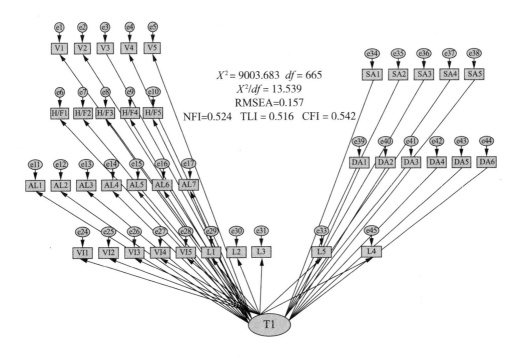

$X^2 = 9003.683$ $df = 665$
$X^2/df = 13.539$
RMSEA=0.157
NFI=0.524 TLI = 0.516 CFI = 0.542

图 6-3 单因子模型图

图 6-4 为二因子模型图，课题组将所有变量加载在 2 个因子上，模型运转结果显示，X^2/df=11.608，RMSEA=0.145，NFI=0.592，TLI=0.590，CFI=0.613，所有拟合度指标均超出了可接受的范围。

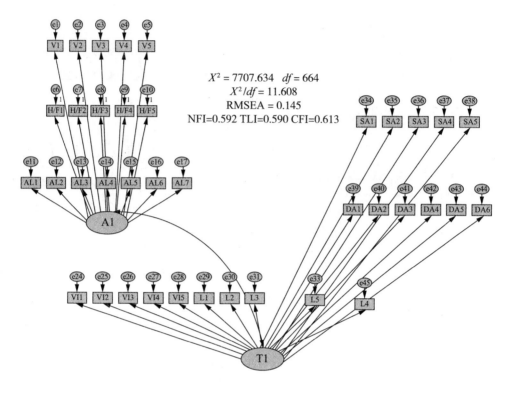

$$X^2 = 7707.634 \quad df = 664$$
$$X^2/df = 11.608$$
$$\text{RMSEA} = 0.145$$
$$\text{NFI} = 0.592 \quad \text{TLI} = 0.590 \quad \text{CFI} = 0.613$$

图 6-4 二因子模型图

图 6-5 为三因子模型图，课题组将所有变量加载在 3 个因子上，模型运转结果显示，X^2/df=8.335，RMSEA=0.120，NFI=0.708，TLI=0.717，CFI=0.733，所有拟合度指标均不在可接受的范围。

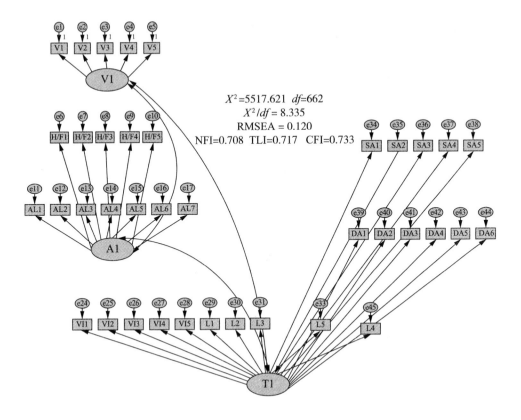

$X^2=5517.621$ $df=662$
$X^2/df = 8.335$
$RMSEA = 0.120$
$NFI=0.708$ $TLI=0.717$ $CFI=0.733$

图6-5　三因子模型图

图6-6为四因子模型图，课题组将所有变量加载在4个因子上，模型运转结果显示，X^2/df=5.063，RMSEA=0.089，NFI=0.824，TLI=0.843，CFI=0.853，所有拟合度指标均不在可接受的范围。

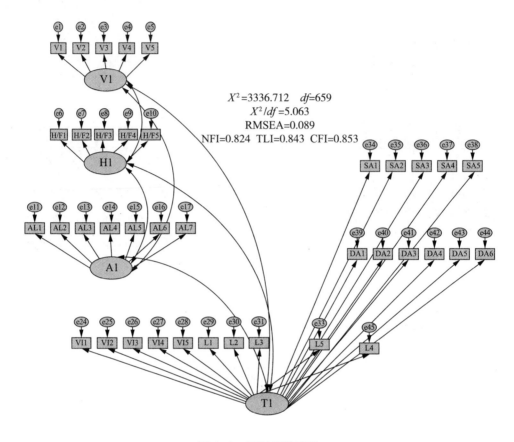

$X^2 = 3336.712 \quad df = 659$
$X^2/df = 5.063$
RMSEA=0.089
NFI=0.824 TLI=0.843 CFI=0.853

图 6-6　四因子模型图

图 6-7 为五因子模型图，课题组将所有变量加载在 5 个因子上，模型运转结果显示，X^2/df=3.375，RMSEA=0.068，NFI=0.883，TLI=0.908，CFI=0.915，部分拟合度指标不在可接受的范围。

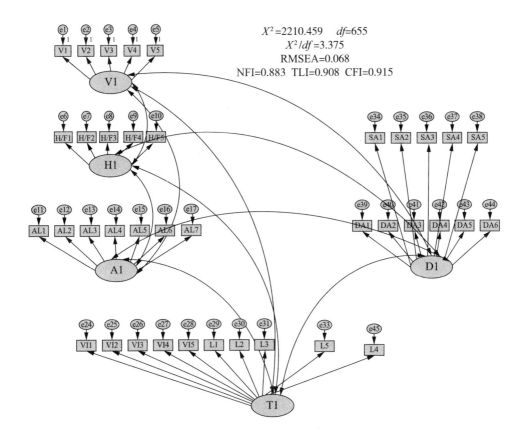

图 6-7　五因子模型图

图 6-8 为六因子模型图，课题组将所有变量加载在 6 个因子上，模型运转结果显示，X^2/df=1.443，RMSEA=0.030，NFI=0.950，TLI=0.983，CFI=0.984，所有拟合度指标均符合统计学标准。

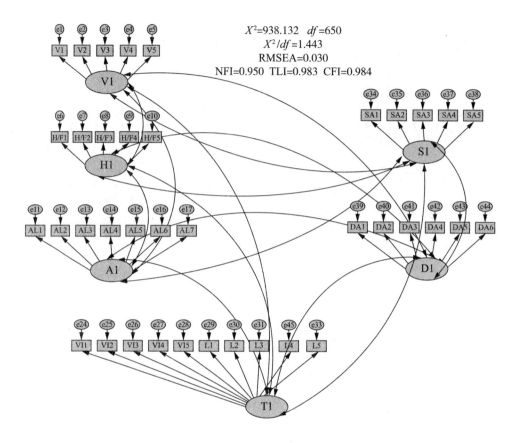

图 6-8　六因子模型图

　　图 6-9 为六因子加共同因子模型图，课题组在六因子的基础上，加上共同因子，运行结果显示，模型的拟合度指标与六因子模型比较，没有明显的变化。$X^2/df=1.569$，RMSEA=0.033，NFI=0.946，TLI=0.978，CFI=0.980，说明没有严重的共同方法偏差。

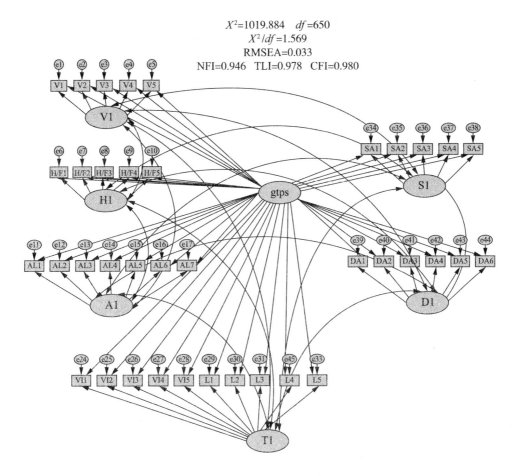

$X^2=1019.884$　$df=650$
$X^2/df=1.569$
RMSEA=0.033
NFI=0.946　TLI=0.978　CFI=0.980

图 6-9　六因子加共同因子模型图

二、理论模型评价：结构方程分析

表 6-33 显示了所有路径系数的值和显著性水平。愿景、希望/信念和利他之爱显著预测了工作旺盛（$\beta=0.340$，$P<0.001$；$\beta=0.289$，$P<0.001$；$\beta=0.294$，$P<0.001$），从而支持了 H2a、H2b 和 H2c。工作旺盛分别对深层扮演和表层扮演具有显著的预测作用（$\beta=0.355,P<0.001$；$\beta=-0.383,P<0.001$），从而支持了 H3a 和 H3b。

表 6-33　最终结构模型的路径结果（假设检验）

假设 / 路径	β	t 值	结果
H1a:V → DA	0.203	5.267***	支持
H1b:H/F → DA	0.190	4.782***	支持
H1c:AL → DA	0.255	6.499***	支持
H1d:V → SA	−0.187	−5.481***	支持
H1e:H/F → SA	−0.124	−3.556***	支持
H1f:AL → SA	−0.173	−5.030***	支持
H2a:V → TW	0.340	9.026***	支持
H2b:H/F → TW	0.289	7.243***	支持
H2c:AL → TW	0.294	7.588***	支持
H3a:TW → DA	0.355	7.102***	支持
H3b:TW → SA	−0.383	−8.491***	支持

注：*** 表示 $p < 0.001$。V 为愿景，H/F 为希望 / 信念，AL 为利他之爱，DA 为深层扮演，SA 为表层扮演，TW 为工作旺盛。

表 6-34 表明，愿景、希望 / 信念和利他之爱对深层扮演的总体影响是积极和显著的（$\beta = 0.324$，$P < 0.001$；$\beta = 0.293$，$P < 0.001$；$\beta = 0.359$，$P<0.001$），愿景、希望 / 信念和利他之爱对深层扮演的直接影响是显著的（$\beta = 0.203$，$P < 0.001$；$\beta = 0.190$，$P < 0.001$；$\beta = 0.255$，$P < 0.001$），从而进一步支持了 H1a、H1b 和 H1c。愿景、希望 / 信念和利他之爱对表层扮演的总体影响是负面的和显著的（$\beta = -0.318$，$P < 0.001$；$\beta = -0.235$，$P < 0.001$；$\beta = -0.285$，$P < 0.001$），愿景、希望 / 信念和利他之爱对表层扮演的直接影响是显著的（$\beta = -0.187$，$P < 0.001$；$\beta = -0.124$，$P < 0.001$；$\beta = -0.173$，$P < 0.001$），从而支持了 H1d、H1e 和 H1f。在增加了工作旺盛（中介变量）后，愿景对深层扮演的影响从 0.324（$P < 0.001$）降低至 0.121（$P < 0.001$），希望 / 信念对深层扮演的影响从 0.293（$P < 0.001$）降低至 0.102（$P < 0.001$），利他之爱对深层扮演的影响从 0.359（$P < 0.001$）降低至 0.104（$P < 0.001$）；愿景对表层扮演的影响从 −0.318（$P < 0.001$）提升至 −0.130（$P < 0.001$），希望 / 信念对表层扮演的影响从 −0.235（$P < 0.001$）提

升至 -0.111（$P < 0.001$），利他之爱对表层扮演的影响从 -0.285（$P < 0.001$）提升至 -0.113（$P < 0.001$）。因此，H4a、H4b、H4c、H4d、H4e 和 H4f 得到支持。

表 6-34　中介效应

路径	估计值（β）	系数验证		自举				双尾显著性
				percentile 95% CI		bias-corrected 95% CI		
		标准误	Z	低	高	低	高	
V → TW → DA（间接效应）	0.121	0.030	4.033	0.065	0.186	0.069	0.191	<0.001
V → DA（直接效应）	0.203	0.059	3.440	0.092	0.324	0.095	0.330	<0.001
V → DA（总效应）	0.324	0.059	5.491	0.209	0.441	0.212	0.446	<0.001
H/F → TW → DA（间接效应）	0.102	0.027	3.778	0.054	0.159	0.056	0.162	<0.001
H/F → DA（直接效应）	0.190	0.062	3.064	0.078	0.317	0.076	0.315	<0.001
H/F → DA（总效应）	0.293	0.063	4.651	0.179	0.423	0.170	0.415	<0.001
AL → TW → DA（间接效应）	0.104	0.028	3.714	0.057	0.167	0.059	0.170	<0.001
AL → DA（直接效应）	0.255	0.068	3.750	0.121	0.390	0.123	0.392	<0.001
AL → DA（总效应）	0.359	0.064	5.609	0.235	0.483	0.232	0.483	<0.001
V → TW → SA（间接效应）	-0.130	0.030	4.333	-0.194	-0.077	-0.198	-0.079	<0.001
V → SA（直接效应）	-0.187	0.046	4.065	-0.284	-0.100	-0.285	-0.102	<0.001
V → SA（总效应）	-0.318	0.050	6.360	-0.417	-0.222	-0.417	-0.222	<0.001
H/F → TW → SA（间接效应）	-0.111	0.027	4.111	-0.171	-0.062	-0.177	-0.066	<0.001
H/F → SA（直接效应）	-0.124	0.050	2.480	-0.228	-0.031	-0.225	-0.029	<0.001
总效应（H/F → SA）	-0.235	0.053	4.434	-0.340	-0.140	-0.342	-0.141	<0.001
AL → TW → SA（间接效应）	-0.113	0.027	4.185	-0.171	-0.067	-0.174	-0.068	<0.001
AL → SA（直接效应）	-0.173	0.059	2.932	-0.292	-0.055	-0.302	-0.064	<0.001

续　表

路径	估计值 （β）	系数验证		自举				双尾 显著性
				percentile 95% CI		bias–corrected 95% CI		
		标准误	Z	低	高	低	高	
AL → SA （总效应）	−0.285	0.056	5.089	−0.396	−0.174	−0.402	−0.179	<0.001

注：2000 自举样本的标准化估计。V 为愿景，H/F 为希望 / 信念，AL 为利他之爱，TW 为工作旺盛，SA 为深层扮演，DA 为表层扮演。

第三节　工作旺盛中介效应的检验

本节使用带有偏差校正的非参数百分位自举方法来测试中介效应。课题组重复采样 2000 次，并计算出 95% 置信区间。结果表明（见表 6-34），愿景通过工作旺盛分别间接影响深层扮演和表层扮演（$\beta = 0.121$，$p < 0.001$；$\beta = -0.130$，$p < 0.001$），希望 / 信念通过工作旺盛分别间接影响深层扮演和表层扮演（$\beta = 0.102$，$p < 0.001$；$\beta = -0.111$，$p < 0.001$），利他之爱通过工作旺盛分别间接影响深层扮演和表层扮演（$\beta = 0.104$，$p < 0.001$；$\beta = -0.113$，$p < 0.001$）。

愿景和深层扮演之间中介效应的 95% 置信区间为 [0.069，0.191]，不包括 0（$Z > 1.96$）；希望 / 信念和深层扮演之间中介效应的 95% 置信区间为 [0.056，0162]，不包括 0（$Z > 1.96$）；利他之爱和深层扮演之间中介效应的 95% 置信区间为 [0.059，0170]，不包括 0（$Z > 1.96$）；愿景和表层扮演之间中介效应的 95% 置信区间为 [-0.198，-0.079]，不包括 0（$Z > 1.96$）；希望 / 信念和表层扮演之间中介效应的 95% 置信区间为 [-0.177，-0.066]，不包括 0（$Z > 1.96$）；利他之爱和表层扮演之间中介效应的 95% 置信区间为 [-0.174，-0.068]，不包括 0（$Z > 1.96$）。结果表明，该模型的各中介效应均显著。因此，H4a、H4b、H4c、H4d、H4e 和 H4f 得到了支持。

第七章　研究结论、局限性与启示

本章在总结研究结论的基础上提出研究的局限性，并阐述管理启示。

第一节　研究结论

如前所述，深度扮演可以带来积极效果，而表层扮演可能会造成负面影响。因此，组织需要关注如何影响员工在与客户互动时表达情感的方式。对于一个组织来说，培养员工深层扮演的意愿远比强迫他们对客户微笑更具挑战性。激励员工进行深层扮演并限制他们进行表层扮演是组织面临的一项重要挑战。目前，领导力与情绪劳动之间关系的研究包括包容型领导、服务型领导、伦理型领导、变革型领导、交易型领导、放任型领导与情绪劳动之间关系的研究。令人惊讶的是，没有关于精神型领导与员工情绪劳动之间关系的深入研究。

为了填补这些知识空白，本研究以中国酒店业一线员工为调查对象，在精神型领导理论、社会认知理论的基础上构建中介模型。本研究从工作旺盛的角度探讨了精神型领导对酒店一线员工情绪劳动的影响机制。来自中国东部和南方旅游城市 26 家星级酒店的 509 名一线员工的调查数据为调查结果提供了支持。

本研究通过对工作旺盛在精神型领导与情绪劳动之间的中介作用进行探究，对管理领域的研究做出了一定的贡献。

第一，本研究对一般管理理论的贡献体现在以下三个方面。首先，本研究从精神型领导角度，探究了各类型领导对员工情绪劳动的影响，从而进一步深化了领导理论。其次，本研究发现工作旺盛在精神型领导与情绪劳动之间具有中介作用，为管理者提供了一种可操作的手段来优化员工的情绪劳动策略选择。这一发现对工作场所的管理者具有实践意义，可以帮助他们改善员工的情绪劳动表现。最后，本研究为管理者提供了一种思考方式，即通过提供工作资源和工作自主权来激发员工的工作旺盛感，从而优化员工的情绪劳动策略选择。这一发现对管理者制定和优化员工工作策略具有借鉴意义。

第二，本研究在精神性研究方面做出了一定的贡献。首先，本研究从精神型领导的三个维度入手，探究了其对员工情绪劳动的影响，进一步深化了精神型领导理论。其次，本研究发现精神型领导能够通过提供工作资源和工作自主权，激发员工的工作旺盛感，从而优化员工的情绪劳动表现。这一发现对企业管理者落实精神型领导理念，提高员工工作积极性具有实践意义。

一、精神型领导对情绪劳动存在影响

研究表明，精神型领导对员工情绪劳动的直接影响可以从多个理论角度进行解释。

首先，从社会认知理论的角度看，员工受到精神型领导的影响后，会对工作目标和要求有更深刻的认知和理解。员工可以更好地理解公司的愿景和目标，进而明确自己的工作职责和价值，提高自我效能感。这种对工作的认知和理解会激发员工的工作积极性和主动性，从而减少了情绪劳动的负担。

其次，从社会交换理论的角度看，精神型领导与员工之间的关系是一种交换关系。精神型领导为员工提供了情感支持、成长机会和资源支持等，员工在回报中表现出更高的工作投入和积极性。这种交换关系会增强员工对组织的归属感和忠诚度，从而减少员工的情绪劳动。员工会感到自己的工作得到了认可和重视，进而在工作中表现出更多的深层扮演行为。

最后，从组织认同理论的角度看，精神型领导与员工之间的关系是一种信任和认同关系。精神型领导通过愿景、希望/信念、利他之爱三个维度对员工进行塑造和引导，使员工能够更好地认同和接受公司的文化。这种认同和信任会增强员工的归属感和自我认同感，从而减少员工的情绪劳动。员工会更多地采取深层扮演行为，因为他们相信这是公司文化的体现，也是自己对组织的贡献。

因此，精神型领导对员工情绪劳动的直接影响在社会认知理论、社会交换理论和组织认同理论等多个理论框架下都有很好的解释，为我们进一步理解和研究员工情绪劳动提供了有益的理论基础。

二、精神型领导对工作旺盛存在影响

精神型领导通过提供工作资源、激发员工的工作自主性和自我决定能力等方面的行为，有效提升员工的工作旺盛感，这在自我决定理论和资源保存理论方面都有着重要意义。

自我决定理论认为，人们需要满足三种基本心理需求：自主性、能力和归属感。自主性需要指的是人们希望自己的行为符合自己的价值观和兴趣；能力需要指的是人们希望通过自己的行为获得成就感；归属感需要指的是人们希望自己的行为得到他人的认可和支持。在工作场所中，员工也需要满足这三种基本心理需求。精神型领导通过提供工作资源、激发员工的工作自主性和自我决定能力等方面的行为，让员工更好地满足这些基本心理需求，提升员工的工作旺盛感，从而进一步优化员工的工作表现，提高员工的组织绩效。

资源保存理论认为，人们会尽可能地保存并利用自己的资源，以达到最佳的适应性和发展性。精神型领导通过提供工作资源，如技能培训、工作反馈、奖励和支持等，让员工更有效地利用自己的资源，优化工作表现，提升工作质量，同时减少自己的情绪劳动负担和燃尽感，提高工作满意度。

因此，本研究表明，精神型领导能够激发员工的工作旺盛感，优化员工的工作表现，提高员工的组织绩效，并满足员工的基本心理需求，使员工更有效地利用自身资源，提高工作质量和工作满意度。这对自我决定理论和资源保存理论等方面的理论发展都有着重要的意义。在实践中，领导者可以通过提供更好的工作资源、激发员工的工作自主性和自我决定能力等方面的行为，来提升员工的工作旺盛感，从而实现组织绩效的提升和员工情绪的改善。

三、工作旺盛对情绪劳动存在影响

工作旺盛能够增加员工的深层扮演行为，并减少员工的浅层扮演行为，这对情绪劳动的改善具有重要意义。

深层扮演行为是指员工以自身的角色为基础，将自己的内在情感转化为真实的外在行为，从而表现出真实和个性化的服务行为。相比之下，浅层扮演行为则是指员工在表面上对外展现符合角色要求的行为，但并不真实反映其内在情感和态度。

本研究表明，工作旺盛可以提高员工的深层扮演行为，即让员工更加真实地表现服务行为，这可以减轻员工情绪劳动的负担，降低情绪疲劳和燃尽感，进而促进员工的情绪健康，优化员工的工作表现。同时，工作旺盛能够减少员工的浅层扮演行为，即减少员工出于角色需要而表现出的虚假和不真实的服务行为，提高员工的职业道德水平和工作质量。

因此，本研究为我们更深入地理解工作旺盛对情绪劳动的影响提供了重要的启示。在实践中，领导者可以通过激发员工的工作旺盛感，鼓励员工表现出更真实和自我的服务行为，这有助于减轻员工的情绪劳动负担，提高员工的组织绩效。

四、工作旺盛在精神型领导与情绪劳动之间发挥中介作用

工作旺盛在精神型领导与情绪劳动之间的中介作用是本研究的核心贡献之一，具有重要的理论意义。

首先，通过本研究，笔者发现精神型领导能够通过激发员工的工作旺盛感，帮助员工更好地应对情绪劳动，减少情绪劳动的负面影响，提高员工的组织绩效。这一发现为人们深入理解精神型领导的作用机制和价值、为精神型领导理论的发展提供了新的视角和理论支持。

其次，本研究拓展了情绪劳动研究的范畴，进一步探究了情绪劳动与工作旺盛之间的关系，提出了工作旺盛在精神型领导与情绪劳动之间发挥中介作用，为情绪劳动研究提供了新的理论框架和研究路径。

最后，本研究为领导者的实践提供了有益的启示。领导者可以通过激发员工的工作旺盛状态，减少员工的情绪劳动的负面影响，维系员工的健康情绪，优化员工的工作表现，这对组织的长期发展具有重要意义。因此，本研究的理论意义不仅在于深化精神型领导和情绪劳动研究的理论发展，也为领导者提供了具体的实践建议和指导，以促进员工的精神健康和组织的长期发展。

第二节　研究的局限性

本研究的调查研究对象是中国东部和南部旅游城市三星级、四星级和五星级酒店的一线员工，他们有更好的职业发展机会。在其他地区或低星级酒店内进行研究可能会获得其他独特的见解。同样，使用来自其他组织或不同部门的员工作为调查样本，围绕精神型领导，研究工作旺盛和员工情绪劳动之间的关系可能会产生不同的结果。该研究在调查过程中是匿名进行的，它试图减少由于社会可取性而造成的员工填写错误问卷引起的可靠性降低的影响，但这种影响可能不会完全消除。

此外，通过调节和中介机制来调和和干预精神型领导对员工情绪劳动的影响，可以为未来的研究带来益处。例如，精神型领导的利他之爱可以增强员工的组织认同感。精神型领导所描绘的组织愿景也有助于员工将组织价值观内化为自己的目标，增强组织认同感，使员工更愿意以符合组织利益的方式行事。

在此过程中，员工将增加深层扮演行为并减少表层扮演行为。因此，组织认同可以作为精神型领导和员工情绪劳动之间的中介变量。此外，组织层面（关系氛围）和个人层面（心理资本、资质过剩和心理安全）等差异变量可以作为精神型领导与情绪劳动之间关系的可能调节变量进行调查。

第三节　对管理实践的启示

本研究对管理实践具有多方面的启示，具体如下：

一、激发员工的精神性，强化员工的深层扮演行为

首先，酒店管理者需要通过展示愿景指导和信念激励，将组织价值观内化为员工的自我追求目标，通过利他之爱和其他行为创造和谐的组织氛围，提高员工满意度，并对员工的组织身份产生积极影响。管理者可以激发员工的身份感，同时增强员工的认同感，这有利于增加他们以符合组织利益的方式为组织办事的可能性，从而强化他们的深层扮演行为。

二、增强员工的工作旺盛感，强化员工的深层扮演行为

酒店公司及其管理者应注重增强员工在工作中的旺盛感。在这项研究中，工作旺盛起着部分中介的作用。因此，一方面，管理者可以在工作中关心和认可员工，从而增强他们的归属感，使他们通过努力学习和提高自己来提高回报意愿。另一方面，管理者应加深对员工的信任，为他们提供一定的自主权和发展机会，以激发员工的活力。酒店管理者应向员工阐明有意义的目标，积极与员工互动，鼓励员工在工作中对自己的发展负责，满足员工工作资源的需求。因为拥有足够工作资源的员工更愿意投入资源，以产生更大的资源收益。这种情况可以让员工在工作中产生更大的活力，并可能投入额外的精力来实现与工作相关的目标和个人成长，对工作产生更强的热情和积极的情绪，从而在工作中进一步使用深层扮演策略。

参考文献

[1] HOCHSCHILD A. Comment on kemp's "social constructionist and positivist approaches to the sociology of emotions"[J]. American journal of sociology, 1983, 89(2): 432–434.

[2] GRANDEY A A. Emotion regulation in the workplace: a new way to conceptualize emotional labor[J]. Journal of occupational health psychology, 2000, 5(1): 95–110.

[3] 刘丹, 缴润凯, 李飞飞. 表层表演和深层表演的关系: 来自元分析的证据 [J]. 心理技术与应用, 2021, 9(2): 65–76.

[4] TOTTERDELL P, HOLMAN D . Emotion regulation in customer service roles: testing a model of emotional labor[J]. Journal of occupational health psychology, 2003, 8(1): 55–73.

[5] BOWEN J L. Emotion in organizations: resources for business educators[J]. Journal of management education, 2014, 38(1): 114–142.

[6] AN M. The effect of flight attendants'emotional labor on self–efficacy and CRM[J]. International journal of tourism management and sciences, 2019, 34(5): 103–120.

[7] GROTH M, HENNIG–THURAU T, WALSH G. Customer reactions to emotional labor: the roles of employee acting strategies and customer detection accuracy[J]. Academy of management journal, 2009, 52(5): 958–974.

[8] ASHFORTH B E, HUMPHEY R H. Emotional labor in service roles: the influence of identity[J]. Academy of management review, 1993, 18(1): 88–115.

[9] GRANDEY A A. When"the show must go on": surface acting and deep acting as determinants of emotional exhaustion and peer–rated service delivery[J]. Academy of management journal, 2003, 46(1): 86–96.

[10] TANG C Y, SEAL C R, NAUMANN S E, et al. Emotional labor: the role of employee acting strategies on customer emotional experience and subsequent buying decisions[J]. International review of management and marketing, 2013, 3(2): 50–57.

[11] MORTON D, BYRNE C, DAHLING J J, et al. Spirituality, religion, and emotional labor in the workplace[J].Academy of management briarcliff manor, 2011(1): 1–6.

[12] 杨勇，马钦海，谭国威，等 . 情绪劳动策略与顾客忠诚：顾客认同和情绪价值的多重中介作用 [J]. 管理评论，2015, 27(4): 144–155.

[13] 倪渊，李翠 . 包容型领导与情绪劳动策略选择：来自银行业一线服务人员的实证研究 [J]. 南开管理评论，2021, 24(2): 106–117.

[14] 廖化化，颜爱民 . 情绪劳动与工作倦怠：一个来自酒店业的体验样本研究 [J]. 南开管理评论，2016, 19(4): 147–158.

[15] MISHRA S K, BHATNAGAR D, D-CRUZ P, et al. Linkage between perceived external prestige and emotional labor: mediation effect of organizational identification among pharmaceutical representatives in India[J]. Journal of world business, 2012, 47(2): 204–212.

[16] BROTHERIDGE C M, GRANDEY A A. Emotional labor and burnout: comparing two perspectives of "people work" [J]. Journal of vocational behavior, 2002, 60(1): 17–39.

[17] KRUML S M , GEDDES D. Exploring the dimensions of emotional labor: the heart of Hochschild's work[J]. Management communication quarterly, 2000, 14(1): 8–49.

[18] 赵琛徽，陈兰兰，陶敏 . 服务行业员工资质过剩感知对情绪劳动的影响：组织自尊的中介与心理授权的调节 [J]. 经济管理，2019, 41(1): 89–105.

[19] OLK S, LINDENMEIER J, TSCHEULIN D K, et al. Emotional labor in a non-isolated service encounter: the impact of customer observation on perceived authenticity and perceived fairness[J]. Journal of retailing and consumer services, 2021(58): 102316.

[20] WONG J Y, WANG C H. Emotional labor of the tour leaders: an exploratory study[J]. Tourism management, 2009, 30(2): 249–259.

[21] MORRIS J A, FELDMAN D C. Managing emotions in the workplace[J]. Journal of managerial issues, 1997, 9(3): 257–274.

[22] LEE H J. Does ethical leadership benefit emotional labor outcomes in public service?[J]. International journal of public administration, 2021, 44(4): 311–321.

[23] WANG Z Y, XIE Y H. Authentic leadership and employees'emotional labour in the hospitality industry[J]. International journal of contemporary hospitality management, 2020, 32(2): 797–814.

[24] LU J T, ZHANG Z, JIA M. Does servant leadership affect employees'emotional labor? A social information-processing perspective[J]. Journal of business ethics, 2019, 159(2): 507-518.

[25] KHAN F. Does emotional labor mediate the relationship between transformational leadership style and service recovery performance[J]. Journal of resources development and management, 2020, 63: 1-7.

[26] LIU J, LIU X Y, ZENG X J. Does transactional leadership count for team innovativeness? The moderating role of emotional labor and the mediating role of team efficacy[J]. Journal of organizational change management, 2011, 24(3): 282-298.

[27] 刘朝，张欢，王赛君，等．领导风格、情绪劳动与组织公民行为的关系研究：基于服务型企业的调查数据 [J]. 中国软科学，2014(3): 119-134.

[28] MIRVIS P H. Crossroads: "soul work" in organizations[J]. Organization science, 1997, 8(2): 192-206.

[29] ASHMOS D P, DUCHON D. Spirituality at work: a conceptualization and measure[J]. Journal of management inquiry, 2000, 9(2): 134-145.

[30] FRY L W . Toward a theory of spiritual leadership[J]. The leadership quarterly, 2003, 14(6): 693-727.

[31] MARQUES J, DHIMAN S, KING R. Spirituality in the workplace: developing an integral model and a comprehensive definition[J]. Journal of American academy of business, 2005, 7(1): 81-91.

[32] KINJERSKI V. The spirit at work scale: developing and validating a measure of individual spirituality at work[M]//NEAL J. Handbook of faith and spirituality in the workplace. New York: Springer, 2012: 383-402.

[33] SHEEP M L . Nailing down gossamer: a valid measure of the person-organization fit of workplace spirituality[J].Academy of management proceedings, 2004(1): B1-B6.

[34] USMAN M, ALI M, OGBONNAYA C, et al. Fueling the intrapreneurial spirit: a closer look at how spiritual leadership motivates employee intrapreneurial behaviors[J]. Tourism management, 2021, 83: 104227.

[35] ALI M, MUHAMMAD U, NHAT T P, et al. Being ignored at work: understanding how and when spiritual leadership curbs workplace ostracism in the hospitality industry[J]. International journal of hospitality management, 2020(91): 102696.

[36] FRY L W, SLOCUM J W. Maximizing the triple bottom line through spiritual leadership[J]. Organizational dynamics, 2008, 37(1): 86-96.

[37] ALI M, AZIZ S, PHAM T N, et al. A positive human health perspective on how spiritual leadership weaves its influence on employee safety performance: The role of harmonious safety passion[J]. Safety science, 2020, 131: 104923.

[38] ALI M, USMAN M, SOETAN G T, et al. Spiritual leadership and work alienation: analysis of mechanisms and constraints[J]. The service industries journal, 2022, 42(11/12): 897–918.

[39] SPREITZER G, SUTCLIFFE K, DUTTON J, et al. A socially embedded model of thriving at work[J]. Organization science, 2005, 16(5): 537–549.

[40] WALUMBWA F O, MUCHIRI M K, MISATI E, et al. Inspired to perform: a multilevel investigation of antecedents and consequences of thriving at work[J]. Journal of organizational behavior, 2018, 39(3): 249–261.

[41] PORATH C, GIBSON C, SPREITZER G. Antecedents and consequences of thriving at work: a study of six organizations[J].Journal of organizational behavior, 2008, 39(3): 249–261.

[42] 范雯. 国有企业管理人员组织承诺对情绪劳动的影响研究：基于 BP 神经网络模型 [J]. 甘肃社会科学, 2022(1): 227–236.

[43] LIU Y X, ZHU N, CHEN C, et al. How do employees thrive at work？ impacts of organizational context and a theoretical model[J]. Advances in Psychological Science, 2019, 27(12): 2122–2132.

[44] 张军成, 凌文辁. 国外精神型领导研究述评 [J]. 外国经济与管理, 2011, 33(8): 33–40.

[45] FRY L W, VITUCCI S, CEDILLO M. Spiritual leadership and army transformation: theory, measurement and establishing a baseline[J]. The leadership quarterly, 2005, 16(5): 835–862.

[46] PARKER S K, WILLIAMS H M, TURNER N. Modeling the antecedents of proactive behavior at work[J]. Journal of applied psychology, 2006, 91(3): 636–652.

[47] ZOU W C, HOUGHTON J D, LI J J. Workplace spirituality as a means of enhancing service employee well–being through emotional labor strategy choice[J]. Current Psychology, 2022,41: 5546–5561.

[48] SHAGIRBASHA S, SIVAKUMARAN B. Cognitive appraisal, emotional labor and organizational citizenship behavior: evidence from hotel industry[J]. Journal of hospitality and tourism management, 2021, 48: 582–592.

[49] 郑晓明，卢舒野．工作旺盛感：关注员工的健康与成长 [J]. 心理科学进展，2013，21(7): 1283–1293.

[50] ZHAI Q G, WANG S F, WEADON H. Thriving at work as a mediator of the relationship between workplace support and life satisfaction[J]. Journal of management and organization, 2020, 26(2): 168–184.

[51] WANG T, WANG D D, LIU Z R. Feedback–seeking from team members increases employee creativity: the roles of thriving at work and mindfulness[J]. Asia Pacific journal of management, 2022, 39(2): 1321–1340.

[52] 杨付，刘军，张丽华．精神型领导、战略共识与员工职业发展：战略柔性的调节作用 [J]. 管理世界，2014(10): 100–113, 117.

[53] 王明辉，李婕，王峥峥，等．精神型领导对员工情感承诺的影响：主观支持感的调节效应 [J]. 心理与行为研究，2015, 13(3): 375–379.

[54] 盛宇华，蒋舒阳，杜鹏程．精神型领导与员工创新行为：基于团队间跨层次的被调节中介模型 [J]. 软科学，2017, 31(3): 77–82.

[55] 陈庆文，杨振芳．精神型领导对大学生村官职业承诺与适应性绩效影响的实证研究 [J]. 玉林师范学院学报，2017, 38(6): 131–136.

[56] 史珈铭，赵书松，吴俣含．精神型领导与员工职业呼唤：自我决定理论视角的研究 [J]. 经济管理，2018, 40(12): 138–152.

[57] 张光磊，周金帆，张亚军．精神型领导对员工主动变革行为的影响研究 [J]. 科研管理，2018, 39(11): 88–97.

[58] 孟雨晨，杨旭华，仇勇．从"外在约束"到"内在激发"：精神型领导对员工建言行为的影响机制研究 [J]. 中国人力资源开发，2018, 35(3): 6–17.

[59] 万鹏宇，邹国庆，汲海锋．精神型领导对知识型员工创新绩效的影响：知识分享和领导认同的作用 [J]. 技术经济，2019, 38(5): 29–37, 66.

[60] 王艳子，王聪荣．精神型领导对员工工作偏离行为的影响 [J]. 首都经济贸易大学学报，2019, 21(2): 62–71.

[61] 张世军，王华强．精神型领导对员工工作投入的影响：基于认知与情感视角 [J]. 财会月刊，2020(20): 96–102.

[62] 李金．精神型领导对新生代员工任务绩效的影响研究 [D]. 上海：上海财经大学，2020.

[63] 魏华飞，汪章．精神型领导对员工知识共享行为的影响：组织认同与情感承诺的作用 [J]. 山东科技大学学报（社会科学版），2020, 22(1): 102–110.

[64] 顾建平, 虞挺钟. 精神型领导对员工组织公民行为的影响研究：组织自尊和职场排斥的作用 [J]. 软科学, 2020, 34(10): 111–116.

[65] LIU Y Y, LIU Y S, LIU P Q, et al. The spiritual force of safety: effect of spiritual leadership on employees'safety performance[EB/OL].(2022–04–26)[2022–06–20]. https://doi.org/10.1080/10803548.2022.2056379.

[66] WANG Y D, JIN Y X, CHENG L, et al. The influence of spiritual leadership on harmonious passion: a case study of the hotel industry in China[J]. Frontiers in psychology, 2021, 12: 4626.

[67] 邓志华, 肖小虹, 杨均. 精神型领导对员工工匠精神的影响研究：心理需求满足和工作价值观的不同作用 [J]. 华东经济管理, 2021, 35(2): 120–128.

[68] 刘平青, 崔遵康, 赵莉, 等. 中国情境下精神型领导对研发人员创新行为的影响机理 [J]. 北京理工大学学报 (社会科学版), 2022, 24(1): 65–76.

[69] KRISHNAKUMAR S, HOUGHTON J D, NECK C P, et al. The "good" and the "bad" of spiritual leadership[J]. Journal of management, spirituality and religion, 2015, 12(1): 17–37.

[70] 王明辉, 郭腾飞, 陈萍, 等. 精神型领导对员工任务绩效影响的多重中介效应 [J]. 心理与行为研究, 2016, 14(5): 640–646.

[71] 王永贵, 赵宏文, 马双. 办公室政治、情绪劳动与领导—成员交换关系：基于资源保存理论的实证研究 [J]. 科学决策, 2015(6): 34–48.

[72] KOCAK O E, AGUN H. Explaining employee voice behavior through intragroup relationship quality and the role of thriving at work[J]. Adam akademi sosyal bilimler dergisi, 2019, 9(1): 179–202.

[73] 徐辰雪. 工作资源要素与员工工作旺盛感的关系研究 [D]. 北京：北京林业大学, 2015.

[74] 黄海媚. 变革型领导风格对员工工作旺盛感的影响研究：一个有调节的中介效应模型 [D]. 泉州：华侨大学, 2017.

[75] 孟丽君. 高绩效工作系统对员工工作旺盛感的影响：认知评价和服务型领导的作用 [D]. 徐州：中国矿业大学, 2020.

[76] 沈蕾, 张瑞高, 俞林. 真诚型领导对员工工作旺盛状态的影响研究：基于心理资本中介效应的实证分析 [J]. 领导科学, 2017(20): 36–39.

[77] 朱海琳. 基层公务员工作旺盛感与离职倾向的关系研究：基于河北省调查数据的实证分析 [D]. 北京：北京林业大学, 2015.

[78] LEE L, MADERA J M. A systematic literature review of emotional labor research from the hospitality and tourism literature[J]. International journal of contemporary hospitality management, 2019, 31(7): 2808–2826.

[79] 傅慧, 段艳红. 情绪劳动研究述评与展望 [J]. 管理学报, 2013, 10(9): 1399–1404.

[80] MCCOLL-KENNEDY J R, ANDERSON R D. Subordinate–manager gender combination and perceived leadership style influence on emotions, self–esteem and organizational commitment[J]. Journal of business research, 2005, 58(2): 115–125.

[81] WU W L, LEE Y C. How spiritual leadership boosts nurses'work engagement: the mediating roles of calling and psychological capital[J]. International journal of environmental research and public health, 2020, 17(17): 6364.

[82] JIAO P, LEE C. Perceiving a resourcefulness: longitudinal study of the sequential mediation model linking between spiritual leadership, psychological capital, job resources, and work–to–family facilitation[J]. Frontiers in psychology, 2021, 11: 613360.

[83] NAWAZ M, ABID G, ARYA B, et al. Understanding employee thriving: the role of workplace context, personality and individual resources[J]. Total quality management and business excellence, 2020, 31(11/12): 1345–1362.

[84] SPREITZER G M , PORATH C. Self–determination as nutriment for thriving: building an integrative model of human growth at work[C]//GAGNÉ M. Oxford handbook of work engagement, motivation and self–determination theory. New York: Oxford University Press, 2014: 245–258.

[85] LEVENE R A. Positive psychology at work: psychological capital and thriving as Pathways to employee engagement[D].Philadephia: University of Pennsylvania, 2015.

[86] CHO J, DANSEREAU F. Are transformational leaders fair? A multi–level study of transformational leadership, justice perceptions, and organizational citizenship behaviors[J]. The leadership quarterly, 2010, 21(3): 409–421.

[87] WANG M L, CHANG S C. The impact of job involvement on emotional labor to customer–oriented behavior: an empirical study of hospital nurses[J]. Journal of nursing research, 2016, 24(2): 153–162.

[88] 贺伟婕, 何华敏, 张林. 销售人员自我效能感、组织认同与情绪劳动的关系研究 [J]. 人力资源管理, 2016(11): 227–229.

[89] CHEN L, WEN T, WANG J G, et al. The impact of spiritual leadership on employee's work engagement: a study based on the mediating effect of goal self-concordance and self-efficacy[J]. International journal of mental health promotion, 2022, 24(1): 69–84.

[90] 张光磊, 周金帆, 张亚军. 精神型领导对员工主动变革行为的影响研究 [J]. 科研管理, 2018, 39(11): 10.

[91] EISENBERGER R, HUNTINGTON R, HUTCHISON S, et al. Perceived organizational support[J]. Journal of applied psychology, 1986, 71(3): 500–507.

[92] 沈伊默, 袁登华, 张华, 等. 两种社会交换对组织公民行为的影响 : 组织认同和自尊需要的不同作用 [J]. 心理学报, 2009, 41(12): 1215–1227.

[93] 唐秀丽, 辜应康. 强颜欢笑还是真情实意 : 组织认同, 基于组织的自尊对服务人员情绪劳动的影响研究 [J]. 旅游学刊, 31(1): 68–80.

[94] DUTTON J E, DUKERICH J M, HARQUAIL C V. Organizational images and member identification[J]. Administrative science quarterly, 1994, 39(2): 239–263.

[95] 仇勇, 孟雨晨, 杨旭华. 精神型领导何以激发员工创新 ?：领导成员交换关系与组织认同的链式中介作用 [J]. 华东经济管理, 2019, 33(4): 44–50.

[96] CHEN S L, JIANG W X, ZHANG G L, et al. Spiritual leadership on proactive workplace behavior: the role of organizational identification and psychological safety[J]. Frontiers in psychology, 2019, 10: 1206.

[97] MAEL F, ASHFORTH B E. Alumni and their alma mater: a partial test of the reformulated model of organizational identification[J]. Journal of organizational behavior, 1992, 13(2): 103–123.

[98] GU Y B, YOU X Q, WANG R M. Job demands and emotional labor as antecedents of female preschool teachers' work-to-family conflict: the moderating role of job resource[J]. International journal of stress management, 2020, 27(1): 23–34.

[99] PERRY S J, WITT L A, PENNEY L M, et al. The downside of goal-focused leadership: the role of personality in subordinate exhaustion[J]. The journal of applied psychology, 2010, 95(6): 1145–1153.

[100] HOBFOLL S E. Conservation of resources: a new attempt at conceptualizing stress[J]. American psychologist, 1989, 44(3): 513–524.

[101] JIN Y X, CHENG L, LI Y, et al. Role stress and prosocial service behavior of hotel employees: a moderated mediation model of job satisfaction and social support[J]. Frontiers in psychology, 2021, 12: 698027.

[102] HOBFOLL S E. Conservation of resource caravans and engaged settings[J]. Journal of occupational and organizational psychology, 2011, 84(1): 116–122.

[103] 陶厚永, 韩玲玲, 章娟. 何以达到工作旺盛? 工作支持与家庭支持的增益作用 [J]. 中国人力资源开发, 2019, 36(3): 117–132.

[104] RYAN R M, DECI E L. Self-determination theory and the facilitation of intrinsic motivation, social development, and well-being[J]. American psychologist, 2000, 55(1): 68–78.

[105] RYAN R M, BERNSTEIN J H, BROWN K W. Weekends, work and well-being: psychological need satisfactions and day of the week effects on mood, vitality, and physical symptoms[J]. Journal of social and clinical psychology, 2010, 29(1): 95–122.

[106] GIACALONE R A, JURKIEWICZ C L. Handbook of workplace spirituality and organizational performance[M]. New York: M E Sharp Inc, 2005.

[107] KARKKOLA P, KUITTINEN M, HINTSA T. Role clarity, role conflict, and vitality at work: the role of the basic needs[J]. Scandinavian journal of psychology, 2019, 60(5): 456–463.

[108] SPREITZER G, PORATH C L, GIBSON C B. Toward human sustainability: how to enable more thriving at work[J]. Organizational dynamics, 2012, 41(2): 155–162.

[109] PORATH C, SPREITZER G, GIBSON C, et al. Thriving at work: toward its measurement, construct validation, and theoretical refinement[J]. Journal of organizational behavior, 2012, 33(2): 250–275.

[110] VIVEK S A, RAVEEENDRAN D. Thriving at workplace by bank managers: an empirical study of public and private sector banks[J]. International journal of entrepreneurship and development studies, 2017, 5(1): 1–11.

[111] VAN VELDHOVEN M, DORENBOSCH L. Age, proactivity and career development[J]. Career development international, 2008, 13(2): 112–131.

[112] WEGGE J, SCHUH S C, DICK R V. "I feel bad" "We feel good": emotions as a driver for personal and organizational identity and organizational identification as a resource for serving unfriendly customers[J]. Stress and health, 2012, 28(2): 123–136.

[113] 陈晓敏, 王玉峰, 宋彬彬. 职场友谊对员工职业成长的影响研究: 工作旺盛感 的中介作用 [J]. 中国劳动关系学院学报, 2018, 32(4): 87–96.

[114] BENTLER P M, CHOU C P. Practical issues in structural modeling[J]. Sociological methods and research, 1987, 16(1): 78–117.

[115] PODSAKOFF P M, MACKENZIE S B, LEE J Y, et al. Common method biases in behavioral research: a critical review of the literature and recommended remedies[J]. Journal of applied psychology, 2003, 88(5): 879–903.

[116] NUNALLY J C, BERNSTEIN I H. Psychometric theory[M]. New York: McGraw-Hill, 1994.

[117] HAIR J F, BLACK W C, BABIN B J, et al. Multivariate data analysis[M]. 7th ed. New York: Pearson Education, 2009.

[118] HAIR J F, SARSTEDT M, HOPKINS L, et al. Partial least squares structural equation modeling(PLS–SEM)an emerging tool in business research[J]. European business review, 2014, 26(2): 106–121.

[119] FORNELL C, LARCKER D F. Evaluating structural equation models with unobservable variables and measurement error[J]. Journal of marketing research, 1981, 18(1): 39–50.

[120] KLINE R B. Principles and practice of structural equation modeling[M]. 2nd ed. New York: Guilford, 2005.

[121] MYERS R H. Classical and modern regression with applications[M]. 2nd ed. Boston: PWS–KENT, 1990.

[122] BOWERMAN B L, O'CONNELL R T. Linear statistical models: an applied approach[M]. Belmont: Brooks/Cole, 1990.

[123] Mennard S. Applied logistic regression analysis[M]. California: Sage Publications, 2001.

[124] BOLLEN K A. A new incremental fit index for general structural equation models[J]. Sociological methods and research, 1989, 17(3): 303–316.

[125] BROWNE M W, CUDECK R. Alternative ways of assessing model fit[J]. Sociological methods and research, 1993, 21(2): 230–258.

[126] KNIPPENBERG D V, SLEEBOS E. Organizational identification versus organizational commitment: self–definition, social exchange, and job attitudes[J]. Journal of organizational behavior, 2006, 27(5): 571–584.

附录

精神型领导与情绪劳动调查问卷

先生 / 女士：

您好！

这是一份学术性的研究问卷，目的在于了解贵部门的服务氛围和您对顾客情绪工作的情况，非常感谢您在百忙中抽空填写问卷，答案无所谓对错，请您根据个人的实际感受和看法填写。您的宝贵意见是本研究成功的关键。问卷采用不记名方式，全部资料仅做统计分析之用，绝不对外公开，不会给您和贵单位带来任何不良影响，请安心填写，请勿漏题，衷心感谢您的支持和参与。

第一部分　精神型领导测量

表附录 –1 中的表述是有关您所在部门领导者的一些描述，请根据您的实际情况在最符合的分值上打"√"，1= 完全不符合，2= 有些不符合，3= 基本符合，4= 比较符合，5= 完全符合。

表附录 –1　精神型领导量表

题目	完全不符合—完全符合
我能理解并且致力实现组织愿景	12345
所在的部门（团队）有对组织愿景的陈述，可以让我表现出最佳的状态	12345
所在组织的愿景可以激励我提高工作绩效	12345
对组织为员工设定的愿景充满信心	12345

题目	完全不符合—完全符合
所在组织的愿景很清晰,并且能够激发我的兴趣	12345
相信我的组织,并愿意不惜一切来完成组织目标	12345
坚持不懈并愿意付出额外的努力帮助我的组织成功,因为我对我的组织有信心	12345
工作时总是竭尽所能,因为我对我的组织和领导有信心	12345
会在工作中设定具有挑战性的目标,因为我相信我的组织,并希望我们能够成功	12345
我会做帮助组织成功的一切事情,来证明我对组织的坚定信念	12345
我的组织真的很关心员工	12345
我的组织对员工很友善和体贴,当员工受苦时,想要做点什么	12345
我所在组织的领导人有勇气为员工挺身而出	12345
领导会不定期与员工交流,了解员工想法	12345
组织对我们而言是值得信赖的	12345
组织不会惩罚员工的无心之失	12345
上级领导很坦诚,不会狂妄自大	12345

第二部分 工作旺盛测量

表附录-2中的表述是您自己在工作中可能会遇到的感受,请在最符合您实际情况的分值上打"√",如果有问题让您感到比较模糊,请不必反复推敲,只要按照自己的第一感觉填写即可。

分值从1～5代表表述与您实际情况的符合程度逐步增加,1=完全不符合,2=有些不符合,3=基本符合,4=比较符合,5=完全符合。

表附录-2 工作旺盛量表

题目	完全不符合—完全符合
我感到充满活力	12345

续　表

题目	完全不符合—完全符合
我充满能量和精力	12345
我觉得没那么精力充沛（R）	12345
我感到敏锐和清醒	12345
我期待每一天的到来	12345
我经常学习	12345
随着时间的推移，我学到越来越多的东西	12345
我看到自己在不断提高	12345
我不学习（R）	12345
作为个体，我已经获得了很大的发展	12345

第三部分　情绪劳动测量

表附录 –3 中的表述是您自己在工作中可能会体会到的感受和遇到的情况，请在最符合您实际情况的分值上打"√"。如果有问题让您感到比较模糊，请不必反复推敲，只要按照自己的第一感觉填写即可。

分值从 1～5 代表表述与您实际情况的符合程度逐步增加，1= 完全不符合，2= 有些不符合，3= 基本符合，4= 比较符合，5= 完全符合。

表附录 –3　情绪劳动量表

题目	完全不符合—完全符合
我会装作心情很好，哪怕心中并非如此	12345
我认为在工作时表达合适的情绪是一种表演	12345
当我要在工作中表现特定情绪时，我只需要进行一下伪装	12345
为表现出特定的表情与态度，我会像戴"面具"一样，掩饰内心真实的感受	12345
我会展现出工作需要的情绪，但不会改变目前自己内心的感受	12345
在和顾客（同事 / 领导）互动中，我的内心和外表看起来一样	12345

题目	完全不符合—完全符合
开心工作的时候,我会克服自己的负面情绪,真心地用好的态度为他人服务	12345
就算的确是顾客(同事/领导)有错,我还是会从他的角度出发,真诚地解决他的困难	12345
对于工作中要表现的情绪,我会努力体会,而不仅仅是假装	12345
如果必须在别人面前表现出某种情绪,我会尽可能使自己"发自内心"而非假装	12345
为了工作,我会忘掉糟糕的心情,使自己能以好心情面对他人	12345